Birgit Waßmann
Seelische Abgründe.
Parapsychologische Deutungen für
Hysterie, Zwänge, Asthma, Epilepsie und Manie

Der geradeste Weg in den Himmel
führt mitten
durch die Hölle.

Birgit Waßmann

Seelische Abgründe.

Parapsychologische Deutungen für Hysterie, Zwänge, Asthma, Epilepsie und Manie

Bibliografische Information der Deutschen Nationalbibliothek:
Die Deutsche Nationalbibliothek verzeichnet diese Publikation
in der Deutschen Nationalbibliografie, detaillierte bibliografische
Daten sind im Internet über dnb.dnb.de abrufbar.

TWENTYSIX – Der Self-Publishing-Verlag
Eine Kooperation zwischen der Verlagsgruppe Random House und
BoD – Books on Demand

© 2019 Birgit Waßmann

Herstellung und Verlag:
BoD – Books on Demand, Norderstedt

ISBN: 978-3-7407-4870-8

Inhalt

Vorwort

Die Frage nach den Ursachen seelischer Erkrankungen ist zum überwiegenden Teil leider immer noch nicht ausreichend geklärt. Außergewöhnliche Bewusstseinszustände werden seitens vieler Psychiater und Psychotherapeuten immer noch in einseitiger Weise pathologisiert, womit man dam Phänomen aber in keiner Weise gerecht wird. Das menschliche Bewusstsein ist zu vielfältigen Wahrnehmungen fähig, die den Rahmen der allgemein akzeptierten und anerkannten ‚Normalität' sprengen.

Tatsächlich ist eine erweiterte Wahrnehmung dem menschlichen Bewusstsein nicht immer zuträglich, wie die Vielzahl an Krankheitssymptomen unschwer erkennen lässt. Dies heißt aber nicht, dass eine Erweiterung der bewussten Wahrnehmung in jedem Fall Gefahren mit sich bringt. Die Reaktionen der individuellen Psyche sind entscheidend dafür, ob eine Erfahrung krankmachenden oder die Entwicklung fördernden Charakter annimmt.

Bei der Fragestellung nach der Entstehung psychischer Krankheitssymptome finden sich häufiger, als man erwartet, Antworten im magisch-mystischen Bereich. Hier lassen sich brisante Zusammenhänge entdecken, wenngleich diese auf den ersten Blick nicht klar zu erkennen sind. Somit sind nicht immer allein persönliche Fehlentwicklungen und ungünstige Bedingungen in der Kindheit ausschlaggebend für ein seelisches Leiden.

Nicht selten findet sich in der Vorgeschichte psychisch kranker Patienten ein gesteigertes Interesse für magische und spiritistische Praktiken, wie z.B. die Mitgliedschaft in magischen Zirkeln und die Teilnahme an spiritistischen Sèancen. Oder es haben ‚Einweihungen' stattgefunden in esoterischen Gruppierungen. Auch eine meditative Praxis ist im Vorfeld häufig anzutreffen.

In den meisten Fällen sind die magisch-meditativen Praktiken allerdings keineswegs die primären Auslöser für eine spätere Erkrankung. Auffälligkeiten in der persönlichen Psyche spielen dabei die ausschlaggebende Rolle, wobei ein wenig belastbares Nervenkostüm und die Neigung zu nervösen Überreaktionen leicht zur Überforderung in stressbedingten Situationen führen. Eine übertrieben misstrauische, feindselige Einstellung und die Tendenz, Verfolgungsideen zu entwickeln, können sich in späteren Jahren als pathologische Realitätsverzerrungen manifestieren.

Dennoch lässt sich der Bezug einiger psychischer Erkrankungen zu Mystik und Magie nicht leugnen; die Zusammenhänge sind bislang leider kaum erforscht. In manchen Fällen waren okkulte Praktiken einer der Bausteine, die zur späteren Erkrankung beitrugen. Ohne das Interesse an mystischen und okkulten Themen hätten neurotische Tendenzen womöglich nicht zu psychotischen Reaktions- und Verhaltensweisen geführt.

Die eingeschränkte Sinneswahrnehmung der meisten Menschen, die nicht für übersinnliche Mächte offen sind, wirkt wie ein Schutz, der dem inneren Gleichgewicht dient. Wenn ein psychisch unausgeglichener Mensch erweiterte Bewusstheit erfährt, ist die Gefahr von alptraumhaften Vorstellungen und Horrorvisionen sehr groß. Die daraus entstehenden massiven Ängste können zu einer Destabilisierung der Psyche bis hin zu seelischer Zerrüttung führen.

Der Zusammenhalt des Organismus ist nicht so festgefügt, wie man gemeinhin annimmt. Die einzelnen Teile sind nur lose miteinander verbunden und fügen sich erst im Laufe der Zeit zu einer festen Struktur zusammen. Für den Zusammenhalt der Kräfte ist es förderlich, disharmonische Kräfte nicht erstarken zu lassen.

Da wissenschaftliche Erklärungsversuche für psychiatrische Krankheitsbilder bereits in großem Umfang existieren, wird in dieser Publikation der Schwerpunkt auf Deutungen aus dem magisch-spirituellen Bereich gelegt. Vieles liegt nach wie vor im Dunkeln. Fragt man Psychiater und Psychologen nach den Ursachen der Erkrankung und den Therapieerfolgen, drängt sich die Vorstellung vom ‚hilflosen Helfer‘ auf, der allein auf medikamentöse Behandlung setzt. Die meisten Ärzte und Therapeuten können nicht wirklich nachvollziehen, was in Menschen vor sich geht, die unter massiven

Realitätsverzerrungen leiden, da sie deren Erlebniswelt distanziert gegenüberstehen. Meist mangelt es an der Einfühlung in die Besonderheiten der kranken Psyche und an einem tieferen Verständnis für die magisch-mystischen Anteile der innerpsychischen Konflikte.

Für die Zukunft bleibt zu wünschen, dass Therapeuten und enge Bezugspersonen die Bedeutung von Symptomen psychisch kranker Menschen, die in die Abgründe der Seele geraten sind, erkennen und ihnen grundsätzlich mehr Aufmerksamkeit entgegenbringen. Wenn sie um ein weiter gefasstes Verständnis bemüht sind, können sie von dieser Warte aus den Nöten der Patienten mit einem verbesserten Einfühlungsvermögen begegnen. Nur dann lässt sich ein erfolgversprechender therapeutischer Ansatz entwickeln, der den Patienten hilft, aus einem tiefen Tal heraus zu gelangen.

In der Neuzeit haben viele Menschen aufgehört, die Botschaften und Zeichen, die ihnen aus unterbewussten Quellen zufließen, wahrzunehmen und zu verstehen. Würden sie in schwierigen Zeiten mehr den Kern ihrer Probleme begreifen, hätten sie die Möglichkeit, den Sinn ihrer Krankheitssymptome zu erkennen und letztendlich darüber hinauszuwachsen.

In den vergangenen Jahren auf diesem Gebiet immerhin einiges in Bewegung geraten. Verkrustete Strukturen wurden - zumindest teilweise - aufgebrochen und es weht ein frischer Wind, der auch die unter Symptomen leidenden Menschen in die Behandlungskonzepte mit einbezieht und ihrer Stimme Gewicht verleiht. Es bleibt zu wünschen, dass sich diese ermutigende Entwicklung auch in Zukunft weiter fortsetzt.

Bovenden, Januar 2019

Rätselhafte Hysterie

Was dem einen zum Heil gereicht, kann dem anderen Unheil bringen.

Eine Konversionsneurose

Die Ansichten über hysterische Störungen waren im Lauf der Zeit großen Schwankungen unterworfen, ebenso wie die große Anzahl an Versuchen, das Wesen der Hysterie einzugrenzen. Lange Zeit war die Ansicht vorherrschend, sexuelle Erlebnisse (Genitalreize) seien die Ursache hysterischer Verhaltensweisen. Später galten in erster Linie ‚psychische Erregungen' als Verursacher der Krankheit. Plötzliche, intensive Gefühlsschwankungen konnten unmittelbar einen hysterischen Anfall bewirken. Besonders gefährdet waren labile, leicht erregbare Personen. Eine überspannte, ausschweifende Phantasie in Verbindung mit einem leidenschaftlichen Gefühlsüberschwang konnte leicht zu hysterischen Reaktionen führen.

Bis ins 17. Jhdt hinein wurde die Auffassung vertreten, Sitz der Hysterie sei der weibliche Uterus. Dieses Vorurteil hielt sich, bis auch Hysterie bei Männern und bei Kindern diagnostiziert wurde. Ende des 19. Jhdts setzte sich mit dem französischen Nervenarzt Charcot die Auffassung durch, Hysterie sei keine organische, sondern vor allen Dingen eine psychische Erkrankung.

Für C.L. Schleich, der den „unheimlichen Geist der Hysterie" thematisiert, war sie „für die meisten gleich rätselhaft in ihrem Ursprung wie in ihrer Betätigungsweise", da sie „in allen Werkstätten des Lebens herumgeistert, anklopft und herumpoltert" (S.250). Die seinerzeit herrschende Unsicherheit der Ärzte hysterischen Patienten gegenüber charakterisiert S. Freud in treffender Weise: „Vor den Details der hysterischen Phänomene lässt ihn... (den Arzt) all sein Wissen, seine anatomisch-physiologisch und pathologische Vorbildung im Stiche. Er kann die Hysterie nicht verstehen, er steht ihr selbst wie ein Laie gegenüber. Und das ist nun niemandem recht, der sonst auf sein Wissen so große Stücke hält.

Die Hysterischen gehen also seiner Sympathie verlustig; er betrachtet sie wie Personen, welche die Gesetze seiner Wissenschaft übertreten, wie die Rechtgläubigen Ketzer ansehen; er traut ihnen alles mögliche Böse zu, beschuldigt sie der Übertreibung und der absichtlichen Täuschung, Simulation; und er bestraft sie durch die Entziehung seines Interesses." (In: Gesammelte Werke, Bd VIII, S.6.) Freud selbst änderte mehrfach seine Auffassung über die hysterische. Symptomatik Er erkannte die Verwandtschaft der Hysterie mit anderen Neurosenformen und zog letztlich keine scharfe Trennlinie zu den endogenen Psychosen.

Im Laufe der Entwicklung ist die klassische Symptomatik der Hysterie, die oft in dramatischer und rätselhafter Form auftrat, selten geworden. Möbius gilt als Wegbereiter einer modernen Auffassung der hysterischen Symptome. Hysterisch sind demzufolge alle diejenigen pathologischen Veränderungen des Körpers, die durch Vorstellungen in der Psyche verursacht werden. Die Hysterie sieht er als „krankhafte Steigerung einer Anlage. welche in allen vorhanden ist. Ein wenig hysterisch ist sozusagen jeder" (zitiert in: R. Kraemer, S.8).

Während die neurologische Wissenschaft lange Zeit auf der Theorie einer physiologischen Verursachung beharrte, setzte sich schließlich die Ansicht durch, dass man zu einem Verständnis für hysterische Reaktionen nicht ohne eine Erfassung der Gesamtpersönlichkeit kommt. Die Hysterie, in früherer Zeit eine weit verbreitete gefürchtete Erkrankung, hat im Lauf der Zeit viel von ihrem Schrecken verloren. Der Begriff ‚Hysterie' wurde Gegenstand der psychosomatischen Medizin. Dabei unterscheidet man zwischen einer Vielzahl psychosomatischer und einer geringen Anzahl hysterischer Symptome.

Die Hysterie ist zu einer *Konversionsneurose* geworden. Unter *Konversion* wird die Umwandlung unbewältigter Erlebnisse in körperliche Symptome verstanden. Belastende seelische Inhalte werden verdrängt und in den körperlichen Bereich verschoben. Mit dem Mechanismus der *Konversion* gelingt es der Psyche, einen seelischen Konflikt in physiologische Veränderungen umzusetzen. Damit wird der Konflikt allerdings der bewussten Kontrolle entzogen.

Dieser rätselhafte Sprung aus dem seelischen in den somatischen Bereich bedarf gewisser Voraussetzungen. Die Psychoanalyse geht von einer allgemeinen *Erogeneität* des menschlichen Körpers aus. Verdrängte Triebabkömmlinge finden ihren symbolischen Ausdruck in motorischen oder sensorischen Symptomen (Lähmungen, Erregungen, Schmerzen etc.) Ein heftiger aktueller Konflikt wird in ein bestimmtes Körperteil ,übertragen', wodurch er in symbolischer Form zum Ausdruck gelangt.

Der Begriff ,hysterische Psychose' hat in der Psychopathologie zu Kontroversen geführt (vgl.: Ch. Henning, S.106f.). Physische Stigmata sowie Wahrnehmungsstörungen stehen bei der Symptomatik an vorderer Stelle. Die Verbindung zur allgemein anerkannten Realität scheint unterbrochen. Verdrängte Wunschvorstellungen infantiler Natur drängen an die Oberfläche.

Die Abwendung von der als enttäuschend erlebten Realität bewirkt ein Aufblühen des Phantasielebens. Die Welt der imaginären Bilder beginnt, die Realität zu überwuchern. Das enttäuschende Dasein wird durch eine Hinwendung zur Religion, in der mehr persönliche Befriedigung gesucht wird, kompensiert. Im Vordergrund der Phantasien stehen häufig religiös-erotische Themen.

Während der akuten Phasen ist die Ähnlichkeit zwischen hysterischer Psychose und Schizophrenie unverkennbar. Nach der akuten Phase kommt es bei Hysterikern sehr schnell wieder zu einer authentischen Kontaktaufnahme mit anderen Menschen. Eine Verbindung zwischen den Inhalten der halluzinatorischen Erzeugnisse und der persönlichen Geschichte wird deutlich und von den Patienten auch selbst beobachtet. Die Prognose ist meist recht günstig.

Der Unterschied der hysterischen Symptome zur Schizophrenie besteht in den Einstellungen und in der Gefühlswelt. Während bei schizophrenen Patienten Misstrauen, Ressentiments und Kampfstimmung vorherrschen, steht bei Hysterikern der positive Aspekt ihrer auffälligen Erlebnisse im Vordergrund. Der Bruch der Verbindung mit der Welt erfolgt vielfach aufgrund einer immer intensiveren Beschäftigung mit der Religion.

Das religiöse Element wird daher gewissermaßen als Sprache der Psychose aufgefasst, als wesentliche Form, in der es zum Ausdruck kommt. Erlebnisse, die der therapeutischen Auffassung zuwiderlaufen, da sie ihm nicht bekannt sind, werden zu einem pathologischen Krankheitsbild erklärt. Religiöse Ausnahmeerlebnisse werden zu Wahnbildungen uminterpretiert (vgl. Ch. Henning, S.106f.).

Der Therapeut ist nun der schwierigen Aufgabe enthoben, ein tieferes Verständnis für die Erklärungen seiner Patienten aufzubringen, wodurch eigene Auffassungen in Frage gestellt würden. Die mangelnde Verständnisbereitschaft des Therapeuten geht zu Lasten der Hilfesuchenden.

Um die teils verworrenen Berichte der Patienten zu entschlüsseln, wären Grundkenntnisse über spirituelle Entwicklungswege vonnöten, über die der Behandler in der Mehrzahl der Fälle nichts weiß. Als Folge davon reden Therapeut und Patient aneinander vorbei, so als befänden sie sich in völlig verschiedenen Welten. Der Ausspruch des berühmten Patienten D.P. Schreber, er sei zweifellos „der Wahrheit unendlich viel näher gekommen…, als alle anderen Menschen, denen göttliche Offenbarungen nicht zuteil geworden sind", stößt auf seiten der Ärzteschaft auf wenig Resonanz. (Vgl.: D.P. Schreber, Denkwürdigkeiten eines Nervenkranken, S.1f.)

Vielleicht ist hinter dem undurchsichtig scheinenden Gespinst phantastischer Behauptungen die eine oder andere grundlegende Wahrheit verborgen, die der Wissenschaft deshalb nicht zugänglich ist, weil sie sich vor ihr verschließt? Im günstigen Fall kann die psychotische Erfahrung einer Entdeckungsreise gleichkommen, durch die der Reisende Kosmos und Umwelt besser verstehen lernt, sofern es ihm gelingt, sich anschließend wieder in die Gesellschaft zu integrieren. Dieser positive Ausgang wird bei R.D. Laing erwähnt, doch vielfach misslingt er, und den Patienten gelingt es nicht, ihr früheres Niveau wieder zu erreichen.

Eine einheitliche Definition der Hysterie existiert nicht. Um verschiedene Krankheitsbilder voneinander abgrenzen zu können, wurde ein Klassifikationsschema der hysterischen Symptomatik erstellt. Die hysterischen Bewegungs- und Sinnensausfälle nennt man *Konversionsstörungen*, während *dissoziative Störungen* eine Beeinträchtigung der Bewusstseinsfunktionen bezeichnen. Diese sind als ernsthaftes Krankheitsbild aufzufassen, obwohl keine körperlichen Befunde vorliegen.

Zur *Dissoziation* zählt der teilweise oder völlige Verlust:
- der normalen Integration von Erinnerungen an die Vergangenheit;
- des Bewusstseins der eigenen Identität;
- der unmittelbaren Empfindungen;
- der Kontrolle der Körperbewegungen.

Bei der *dissoziativen Amnesie* können sich Trance- und Dämmerzustände so ausweiten, dass der Eindruck entsteht, mehrere Ichs, die im Bewusstsein des Individuums völlig getrennt sind, existieren nebeneinander. Die Fähigkeit zur bewussten Kontrolle des Seelenlebens ist empfindlich gestört.

Symptom-Vielfalt

Hysterie zählt zu den funktionellen Erkrankungen, da keine pathologischen organischen Veränderungen nachzuweisen sind. Die Symptome geben sich in einer enormen Vielfalt psychischer und physischer Auffälligkeiten zu erkennen. In Augenblicken großer Erregung neigen hysterische Menschen dazu, die Herrschaft über ihre physiologischen Funktionen zu verlieren. Auch das Orientierungsvermögen kann davon betroffen sein.

Auf der anderen Seite werden starke Reize ohne nennenswerte Reaktionen hingenommen. An die Stelle von Angstreaktionen wie Herzklopfen, Zittern, Schweißausbrüche etc. treten andere Störungen, wie z.b. die Lähmung eines Körperteils, die plötzliche Unfähigkeit, ein Wort herauszubringen, die Unempfindlichkeit der Haut oder psychische Dämmerzustände. Eine psychische Erregung wird also in ein anderes physiologisches oder psychisches Symptom, das fremd erscheint, konvertiert.

Eine gesteigerte Suggestibilität, d.h. die Beeinflussbarkeit der inneren Vorgänge durch psychische Einwirkung, ist ein weiteres Kennzeichen der Hysterie. Die Psychoanalyse kennzeichnet den *hysterischen Charakter* als unbeständig, leicht erregbar, mit Neigung zu Phantasterei und Theatralik. Der unsicheren, spannungsgeladenen Persönlichkeit mangelt es an der Fähigkeit, sich den Anforderungen der Realität zu stellen. Sie besitzt zwar oft eine überragende Phantasie, ist aber gleichzeitig übermäßig zerstreut, weshalb ihr Gedächtnis Erinnerungen nur mangelhaft festhält und speichert.

Dass die hysterischen Symptome sich mit der Zeit gewandelt haben, steht außer Frage. Die dramatischen Formen der klassischen Symptomatik treten weniger zahlreich in Erscheinung und sind in ihrer Wirkung abgeschwächt.

Zu den physiologischen Störungen gehören weiterhin:

♦ Schwindelanfälle,
♦ Krampfanfälle, die den gesamten Körper betreffen,
♦ Ohrensausen; Sehstörungen,
♦ Lähmungen; Zittern,
♦ Neigung zu Ohnmacht,
♦ Engegefühle in der Brust; anfallsweise Atemnot,
♦ Würgen im Hals; Erbrechen; Übelkeit etc.

Hysterische Lähmungen sind charakterisiert durch ihr plötzliches Auftreten, die Resistenz gegen jedwede Behandlung sowie ihr plötzliches Verschwinden. Die Lähmungen können eine Hälfte des Körpers befallen oder verschiedene Gliedmaßen in Mitleidenschaft ziehen. Der gleichzeitige Verlust der Stimme kann zudem jede Schmerzäußerung unmöglich machen. Ein solcher Zustand kommt bei organisch bedingten Lähmungen nicht vor.

Fallbeispiele: Ein junger Mann beginnt nach einem Ortswechsel plötzlich auffällig zu stottern. Ihm ist zumute, als befände er sich permanent in einem Rauschzustand. Nur mühsam gelingt es ihm, zu sprechen und er ist kaum imstande, einen klaren Gedanken zu fassen. - Eine Patientin leidet an visuellen Halluzinationen, die Angstzustände bei ihr erzeugen. In der Nacht sieht sie einen fremden Mann mit einem Messer in der Hand an ihrem Bett stehen. - Eine andere Patientin ist unempfindlich gegen taktile Einwirkungen, die ihre Beine betreffen. Sie kann Berührungen mit spitzen und stumpfen Gegenständen nicht unterscheiden; selbst Nadelstiche nimmt sie nicht wahr.

Körperliche Stigmata, die sich bei einigen Patienten bemerkbar machen, werden als psychogen bedingte Symptome eingestuft. Dazu gehören krankhafte Zuckungen, Lach- und Weinkrämpfe, Stottern und Husten sowie Grimassenschneiden.

Hysterische Anfälle

Eine eindrucksvolle und außergewöhnliche Symptomatik kennzeichnet den hysterischen Anfall. Teilweise wurde die Hysterie, deren Symptome bereits seit alter her bekannt sind, mit der epileptischen Erkrankung vermischt (vgl.: M. Lauer, S.32).

Eine ganze Anzahl von Unterscheidungsmerkmalen charakterisieren epileptische und hysterische Anfälle: Epileptische Anfälle gehen häufig mit Bewusstlosigkeit und Schmerzunempfindlichkeit einher, während bei der Hysterie die bewusste Wahrnehmung niemals völlig erlischt. Auch die Persönlichkeitsmerkmale der Betroffen weisen gravierende Unterschiede auf: Während die an Epilepsie Leidenden von Gedächtnisschwund und psychischer Degeneration bedroht sind, wird dem hysterischen Charakter gesteigerte Erregbarkeit, Launenhaftigkeit und Willensschwäche nachgesagt.

In den Anfällen treten des öfteren erotische und mystische Motive auf. PatientInnen erwecken den Eindruck, eine religiöse Ekstase zu erleben oder sie nehmen Posen ein, die Christus am Kreuz darstellen sollen. Von religionspsychologischer Seite wird der katholischen Mystikerin *Theresa von Avila* eine hysterische Veranlagung unterstellt. Um die Jahrhundertwende zum 20. Jhdt gab es einige Wissenschaftler, die trotz der bizarren Formen der Hysterie ihr Blickfeld erweiterten, um das Religiöse als Phänomen im tieferen Sinne zu erfassen. Zu der entsprechenden Literatur gehört u.a. P. Janets *De l'angoisse à l'extase* (1926) und Th. Flournoys *Métaphysique et psychologie* (1890).

Der *kleine hysterische Anfall* kündigt sich durch Vorläufersymptome an. Zu ihnen gehören: allgemeines Unwohlsein, Denkhemmungen, reizbare Stimmung, die Unlust, irgendeine Tätigkeit auszuüben etc. Hinzu kommen quälende Kopfschmerzen, Angstgefühle, verstärktes Herzklopfen, starkes Pulsieren in der Schläfengegend. Selbst eine heitere, ausgelassene Stimmung oder ruhelose Geschäftigkeit können Vorläufer eines Anfalls sein.

Unmittelbar vor dem Ausbruch eines Anfalls geschieht etwas Merkwürdiges: Die Betroffenen haben das Empfinden, als steige aus der Magengrube bzw. der unteren Bauchgegend eine Kugel durch den Körper nach oben bis zur Kehle. Der quälende Eindruck, erdrosselt und erstickt zu werden, wird durch diese Empfindung ausgelöst. Das Gesichtsfeld verdunkelt sich zunehmend; Betäubung, Schwindel und Bewusstlosigkeit folgen.

Daran anschließend beginnt eine konvulsivische Periode, die als das Hauptstadium des Anfalls angesehen wird. Ähnlich wie beim epileptischen Anfall kommt es zu einem tonischen Krampf der Körpermuskulatur, der auch die Gesichtsmuskeln einschließt. Die gezwungen und gekünstelt scheinenden Körperhaltungen bzw. Gliederverrenkungen erwecken den Eindruck, als seien die Patienten mitten in der Bewegung überrascht worden und dann erstarrt.

Unterschiedliche Körperhaltungen und Gliederstellungen werden beschrieben. O. Binswanger bemerkt dazu: „... der Rumpf ist oft gerade gestreckt, der Kopf leicht nach hinten gebogen, die Arme horizontal ausgestreckt, die Finger gespreizt oder zur Faust geballt... Es kommt dann das... als Kruzifixstellung benannte Krampfbild zustande" (S.647). Diese Phase ist in der Regel nur von kurzer Dauer.

Wenig später kommt es zu klonischen Zuckungen in verschiedenen Muskelgruppen, die ruckartig, mit enormen motorischen Entladungen der gesamten Muskulatur, den Organismus erschüttern. Der Körper wird - wie von unsichtbarer Hand - zu den sonderbarsten Gliederverzerrungen und Schleuderbewegungen gezwungen. Das Becken ist (ähnlich den Koitusbewegungen) in eine wiegende Bewegung versetzt; die Beine zucken und stoßen in sinnlosem motorischen Drang. Diese krampfhafte Motorik, die zuweilen nur vereinzelt und in unregelmäßiger Folge auftritt, wird unterbrochen von größeren Zwischenräumen, in denen der Körper wieder in die vorherige Starre zurücksinkt.

Dann beschreibt Binswanger ein merkwürdiges Phänomen, *Arc de cercle* (Kreisbogen) genannt, das sich auch bei anderen Autoren (z.B. bei Charcot) findet. Gleich zu Beginn der Phase kommt es zu Verzerrungen und Verdrehungen des Rumpfes und der Gliedmaßen: „... die tetanisch gespannte Wirbelsäule hebt sich langsam von der Unterlage, die... Krümmung wird immer stärker, der Hinterkopf bohrt sich immer tiefer ins Kissen, Becken und untere Extremitäten werden emporgehoben, wobei die letzteren leicht im Knie gebeugt werden. Schließlich ruht der ganze Körper nur noch auf dem Hinterkopf und auf der Fußsohle. Dann ist jene charakteristische gezwungene Körperstellung erreicht, welche als Kreisbogenstellung (*Arc de cercle*) bezeichnet wird..." Zuckende Stöße, die in den Gelenken (Schulter und Hüfte) beginnen, versetzen Rumpf und Extremitäten in sich drehende und schleudernde Bewegungen.

Vorwiegend weibliche Patienten sind von dieser zwanghaften, den gesamten Körper umfassenden, bizarren Bewegungsanomalie betroffen. Einige werden aus den Betten geschleudert oder wälzen sich mit enormer Geschwindigkeit durch das Krankenzimmer. „...sie schlagen mit den Fäusten gegen Brust und Kopf, wühlen das ganze Bett auf, schleudern Kissen umher oder richten sich plötzlich im Bett hoch auf, hüpfen in weitem Sprunge zum Bett heraus, schlagen Purzelbäume auf dem Fußboden, springen über Tische und Stühle, klettern an den Fensterkreuzen empor, suchen durch die Tür zu entweichen, entreißen sich ihren Pflegerinnen, flüchten sich in eine Zimmerecke, kauern sich dort zusammen, um dann wieder plötzlich mit gewaltigen Sätzen ihrer Umgebung zu entrinnen" (S.649). Währenddessen ist der Gesichtsausdruck starr und leer. Dann wieder spiegelt er in expressiver Weise die jeweilige Gemütsverfassung; den vehementen Zorn, den abgrundtiefen Schrecken oder die alles übersteigende Furcht.

Im Anschluss an die heftigen motorischen Entladungen erwachen einige Patientinnen ganz unvermittelt, während andere in einen ausgeprägt lethargischen Zustand versinken oder in einen leichten, unruhigen Schlaf verfallen. Einige „... liegen mit geschlossenen Augen und schlaffen Gliedern und unterhalten sich gewöhnlich mit lauter Stimme mit einer imaginären Person, ohne dabei Gesten zu vollführen. Es handelt sich um eine Art von gesprochenem Traum, welcher hauptsächlich Erinnerungsbilder mit lebhaften Affekttönen wiedergibt. Die Kranken sind dabei meistens von der Außenwelt noch abgeschlossen, antworten nicht auf Fragen, die an sie gerichtet sind. Doch gibt es Fälle, in welchen sie einsilbig auf Fragen antworten, sich selbst überlassen aber immer wieder in Träumereien zurücksinken" (ders. S.65l).

Bei vollem Wachbewusstsein können sich viele Betroffenen an nichts erinnern oder nur vereinzelte Bilder heraufbeschwören. Sie fahren plötzlich wie aus einem tiefen Schlaf empor; und groß ist ihr Erstaunen und ihr Erschrecken, wenn sie begreifen, was mit ihnen geschehen ist. Einige fühlen sich wie zerschlagen klagen über große Müdigkeit und Schmerzen in Kopf und Gliedern. „Die Hysteriekranken hören hauptsächlich beim Herannahen eines Anfalls ein durchdringendes Pfeifen, den Schreien von tausend Vögeln vergleichbar, die aus ihren unermüdlichen Kehlen die schneidendsten Töne schmettern", so beschreibt G. Hahn den Beginn eines Anfalls (S.22).

Das Auge ist verschleiert oder bisweilen sogar mit Blindheit geschlagen für die Zeit des Anfalls.

Eindrucksvoll ist, was E. Swedenborg in diesem Zusammenhang berichtet. Für das kuriose Verhalten, das den behandelnden Ärzten völlig unverständlich erschien, liefert er eine Deutung: Wenn unreine Geister nach himmlischen Freuden verlangen, dann hätten diese bei ihnen eine gegenteilige Wirkung! Sie würden anfangen, „sich so sehr zu quälen, dass sie vor Schmerzen nicht wussten, wie sie ihren Leib verrenken sollten. Man sah, wie sie den Kopf bis zu den Füßen hinunter bogen, sich zu Boden warfen und sich dort wie ein Lindwurm vor innerer Qual krümmten" (vgl.: Himmel und Hölle, S.241).

Die himmlische Lust sei den irdischen Trieben entgegengesetzt, und wenn Gegensätzliches aufeinander stößt, entstehen höllische Qualen.

Die Empfindung einer aufsteigenden Kugel wird bei Hahn erwähnt: „... diese hysterische Kugel steigt von der Herzgrube bis in den Hals hinauf und verursacht, hier angekommen, die ganze Angst einer regelrechten Erstickung" (S.23). Der Hals schwillt an, während der Atem stockt und sich die Glieder verrenken. Der ‚hysterische Husten' ist im Grunde ein Atmungskrampf. Plötzliche heftige Schmerzen in der Magengegend und im Bereich des Herzens treten auf. Dann verlieren die Kranken, von Konvulsionen geschüttelt, die Besinnung und stürzen der Länge nach zu Boden.

Interessanterweise wird bei F. Bardon eine Übung erwähnt, die Teil einer magischen Schulung ist und eine Energiestauung in Form einer Kugel zum Inhalt hat: Im Solarplexus wird eine zusammengepresste Kugel mit einem Durchmesser von 10 - 20cm, bestehend aus Elementarmagie, imaginiert. Diese Kugel soll aus dem Solarplexus heraustreten und in der Luft schweben. Nach Beendigung der Übung löst Bardon die imaginierte Kugel wieder auf (S.131f.). Auch tibetische Gläubige imaginieren im Verlauf einer rituellen Übung, *Powa* genannt, eine Kugel, die von der Körpermitte aus nach oben steigt und zum Scheitel hinaustritt. Die Frage scheint nicht ganz abwegig, ob mystisch-magische Übungen, die der Kontrolle entgleiten, womöglich zu einem späteren Zeitpunkt spezifische Krankheitssymptome hervorrufen können?

Die Anfallssymptomatik scheint eine unverkennbare sexuelle Komponente aufzuweisen, die Rätsel aufgibt. Lange Zeit war die Ansicht verbreitet, Hysterie sei eine ,Genitalneurose'. Man ging davon aus, das vorherrschende Symptom sei eine gesteigerte sexuelle Erregbarkeit. In Wahrheit gibt es zwar unter Hysterikern tatsächlich eine Gruppe von Patienten, bei der sexuelle Empfindungen eine herausragende Rolle spielen. Doch häufiger ist eine Verringerung der Empfindungsfähigkeit oder gar psychosexuelle Anästhesie anzutreffen.

Bei einer relativ kleinen Gruppe sexuell übererregbarer Patientinnen und Patienten lösen bereits geringfügige körperliche Reize heftige Wollusterregungen aus mit phantastisch-erotischen Vorstellungsbildern, erklärt O. Binswanger. Es genügt dann der Anblick eines Bildes, einer Statue oder auch das Lesen einer amourösen Szene in einem Roman, um heftige libidinöse Erregungen wachzurufen. Diese gesteigerten Empfindungen können von gleichzeitigen heftigen Angstattacken begleitet sein.

Bei vielen hysterischen Menschen kann keinerlei pathologische Veränderung der sexuellen Verhaltensweisen nachgewiesen werden. Darüber hinaus sind die Ansichten darüber, welche sexuellen Reaktionen als abnorm gelten, abhängig vom jeweils herrschenden Zeitgeist.

Im Gegensatz zur Epilepsie, bei der die Anfälle im Mittelpunkt des Geschehens stehen, ist eine genaue Scheidung zwischen den Anfällen und sonstigen Symptomen bei der Hysterie nicht ohne weiteres möglich. O. Binswanger erwähnt das Fehlen einer Temperaturerhöhung und die relativ geringe Gefährdung der Kranken bei hysterischen Anfällen im Unterschied zur Epilepsie (S.662).

Bei einer der Patientinnen häuften sich die Krampfanfälle und zogen sich über mehr als zwei Monate hin. Sie verlor regelmäßig das Bewusstsein, ihr Gesicht schwoll an, die Augen verdrehten sich, Schaum trat vor den Mund. Die Körperstarre wurde immer wieder unterbrochen von Konvulsionen. An einem der Tage dauerten die Konvulsionen elf Stunden ohne Unterbrechung an! Hinterher fühlte sich die Frau wie zerschlagen. - Bei einem männlichen Patienten traten 80 Anfälle innerhalb von 12 Stunden auf, während bei einem 15-jährigen Jungen während eines Monats 2.500 Anfälle gezählt wurden!

Die Patienten überstanden alle diese Krampfanfälle, ohne in lebensgefährliche Zustände zu geraten, wie das bei der schweren Epilepsie geschieht. Die Schwierigkeit einer solchen Unterscheidung zeigt sich in Fällen, wo bei denselben Patienten abwechselnd hysterische und epileptische Anfälle vorkommen (ders. S.663).

Der große hysterische Anfall, der gekennzeichnet ist von einem bogenförmigen Aufbäumen des Körpers (*Arc de Cercle*) und damit einhergehenden halluzinativen Wahrnehmungen, wird nicht mehr oft beobachtet. Er gehört aber keineswegs der fernen Vergangenheit an und ist zudem auch bei epileptischen *Grand Mal*-Anfällen anzutreffen. A. Fadiman beschreibt den Anfall eines kleinen Mädchens namens Lia, das bereits ab dem 3.Lebensmonat unter epileptischen Anfällen litt: „Als Lia älter wurde, breitete sich die abnorme elektrische Hirnaktivität auf immer größere Areale ihres Gehirns aus und verursachte immer häufiger Grand Mal-Anfälle. Rücklings auf dem Boden liegend, bog sich ihr Körper so gewaltig durch, dass nur noch Fersen und Hinterkopf die Matratze berührten, und nach etwa einer Minute starrer Muskelkontraktionen begannen die Arme und Beine zu schlagen." Auch die Atemmuskulatur kontrahierte, so dass die Atmung teilweise aussetzte. Oft erlitt sie mehrere Anfälle hintereinander; das Kind spannte sich an, „streckte die Füße und gab einen merkwürdig tiefen Schrei von sich" (S.52).

Während der dramatisch verlaufenden Anfälle ist der bewusste Geist teilweise ausgeschaltet. Die dabei auftretenden krampfartigen Bewegungen erfolgen unfreiwillig, - ohne Mitwirkung des Wachbewusstseins, - in einem nur schwer fassbaren psychischen Ausnahmezustand. Anscheinend werden Kräfte aktiv, die noch wenig erforscht sind. Die hysterischen Anfälle, die oft mit dem Stigma des Eingebildeten, Theatralischen und Unechten versehen wurden, erweisen sich bei näherer Betrachtung als etwas ganz anderes: Es sind ernstzunehmende, bis zur Bewusstlosigkeit führende pathologische Zustände, deren Genese noch ungeklärt ist.

F. Moser erwähnt die „typische Hysterika... gepeinigt von eingebildeten Leiden und Wahnideen, in einer Scheinwelt von Trug und Schrecken lebend..." (S.244). Doch sie verweist darüber hinaus auch auf eine andere, ‚okkulte' Seite der Hysterie, die noch weitgehend unerforscht sei.

In der Gegenwart werden die hysterischen Anfälle teilweise der Epilepsie zugerechnet. Falls keine erkennbaren Hirnschädigungen als Ursache vorliegen, sind Ärzte und Psychiater bis heute nicht in der Lage, für die keiner bewussten Steuerung unterliegenden Anfälle eine Erklärung abzugeben. Der Ausdruck *kryptogenetische Epilepsien* wird verwendet, um zum Ausdruck zu bringen, dass die diagnostischen Verfahren bislang keine Ursache der Epilepsie finden konnten (vgl.: Epilepsie - Information, S.11).

Hysterie – ein ungelöstes Rätsel

Abgesehen davon, dass Hysterie mittlerweile als Konversionsneurose gilt (d.h. eine Übertragung der psychischen Problematik auf den Körper findet statt), wird dieser Erklärungsansatz nur bedingt der hysterischen Symptomatik gerecht.

S. Freud gelang es in der Mehrzahl der Fälle nicht ohne weiteres, die Verursachung der zutage tretenden Symptome zu klären. Anfangs nahm er die hypnotische Behandlung zu Hilfe und fand traumatische Erlebnisse, die häufig den Beginn einer Erkrankung markierten. Während hysterischer Anfälle wurde oft ein und derselbe Vorgang halluziniert, der die erste ‚Attacke' hervorgerufen hatte. (Vgl.: Gesammelte Werke, Bd XVII, S.82.)

Die verschiedenen Symptome stehen nicht selten in Zusammenhang mit einem ursächlichen traumatischen Erlebnis, das ein Unfall, ein schwerer Schock, ein sexueller Übergriff, grobe Gewaltanwendung, ein Kriegserlebnis etc. sein kann. Die Zusammenhänge sind allerdings nicht immer leicht zu erkennen; manchmal zeigt sich lediglich eine ‚symbolische Beziehung' zwischen der Veranlassung und den pathologischen Symptomen. Anästhesien, epilepsieartige Konvulsionen, Schwindelanfälle, anfallsweise Atemnot, Würgen im Hals, Ohrensausen etc. stoßen zunächst auf Unverständnis.

Freud erklärt in diesem Zusammenhang, „dass das psychische Trauma, respektive die Erinnerung an dasselbe, nach Art eines Fremdkörpers wirkt, welcher noch lange Zeit nach seinem Eindringen als gegenwärtig wirkendes Agens gelten muss..." (S.85). Er bekennt, dass sich die motorischen Phänomene ebenso wie die hysterischen Stigmata teilweise einer Erklärung entziehen und verhehlt nicht, dass „eben nur der Mechanismus hysterischer Symptome und nicht die inneren Ursachen der Hysterie unserer Kenntnis näher gerückt worden sind. Wir haben die Ätiologie der Hysterie nur gestreift..." (ebd., S.95f.).

Die selbstsuggestive und psychosomatische Komponente hysterischer Erkrankungen ist mittlerweile unbestritten, doch auch die psychosomatische Medizin ist nicht in der Lage, in umfassender Weise Erklärungen zu liefern. Auch sie vermag nur zum Teil Klarheit in die verwirrende Symptomvielfalt bringen.

Ein Grundphänomen der Hysterie ist eine „Tendenz zur Dissoziation und damit zur Einengung des Bewusstseinsfeldes zugunsten des Unterbewusstseins, das sich dadurch in pathologischer Weise auf Kosten des Oberbewusstseins bereichern und emanzipieren kann", erklärt F. Moser (S.245). Hieraus resultiert u.a. eine auffällige Zerstreutheit.

S. Freud hält ebenfalls die Annahme einer Dissoziation, einer Spaltung des Bewusstseins, zur Erklärung hysterischer Symptome für unentbehrlich. Er stellt mit kritischem Unterton fest, dass bei der Mehrzahl der Ärzte offenbar die Meinung vorherrsche, „im hysterischen Anfall eine ‚periodische Entladung der motorischen und psychischen Zentren der Hirnrinde' zu sehen." (Vgl.: Gesammelte Werke, Bd XVII, S.9.) Seiner Ansicht nach sind hysterische Anfälle geprägt von der „Wiederkehr einer Erinnerung". Diese Erinnerungen sind keineswegs beliebig, sondern sie beinhalten jenes Erlebnis, das für den hysterischen Ausbruch ursächlich verantwortlich ist.

Problematische psychische Zustände, welche die Patienten in früheren Zeiten erlebt haben, sind wesentlicher Inhalt wiederkehrender Anfälle. In der Regel liegt der Erkrankung ein psychisches Trauma zugrunde. Jedes unter Lebensgefahr durchgestandene Ereignis kann eine psychische Erkrankung hervorrufen: Ein heftiger Sturz, ein Unfall, sexueller Missbrauch, ein plötzlicher Schreck, schwere Kränkungen und Enttäuschungen können sich als Trauma auswirken. Die Erinnerung, die den Inhalt des hysterischen Anfalls bildet, ist oft unbewusst, „sie gehört dem zweiten, bei jeder Hysterie mehr oder minder hoch organisierten Bewusstseinszustande an" (ebd., S.10f.). Im Normalzustand können sich die Betroffenen nicht oder nur bruchstückhaft an das auslösende Ereignis erinnern.

Wann wird ein Erlebnis, anstatt im normalen Bewusstsein gespeichert zu werden, in das *zweite Bewusstsein* aufgenommen? Dies geschieht immer dann, wenn die Betroffenen ein unangenehmes Erlebnis unter allen Umständen vergessen wollen oder wenn sie eine belastende Vorstellung gewaltsam von sich weisen. Dann werden die belastenden Inhalte in das *zweite Bewusstsein* verdrängt. Doch sie sind damit keineswegs verschwunden, sondern entfalten eine permanente Wirksamkeit und können letztlich als ‚hysterischer Anfall' wiederkehren. „In den zweiten Bewusstseinszustand geraten auch jene Eindrücke, welche während eines ungewöhnlichen psychischen Zustandes (Affekt, Ekstase, Autohypnose) empfangen worden sind", betont Freud.

Während der Anfälle befinden sich die Patienten teilweise oder völlig im *zweiten Bewusstseinszustand*. Gelingt es irgendwann, das verdrängte Ereignis vollständig ins normale Bewusstsein zu ziehen, verliert es seine Wirksamkeit. „Das Auftreten hysterischer Anfälle folgt leicht verständlichen Gesetzen", bekundet Freud (ebd., S.237). Doch es hat den Anschein, als beruhe die leichte Verständlichkeit auf einer vereinfachten Sichtweise, wobei die unverständlichen Aspekte in das grobe Raster des bereits Bekannten hineingezwängt werden.

Diese Vorgehensweise, die sich hinter einer intellektuellen Terminologie verbirgt, liegt einer ganzen Anzahl wissenschaftlich begründeter Schlussfolgerungen zugrunde. Freuds genialer Scharfblick reicht nicht aus, um einen tiefgreifenden Mangel in seiner Vorstellungswelt auszugleichen: Sein fehlendes Interesse für religiöse und mystische Themen. In einer *Ansprache an die Mitglieder des Vereins B'Nai B'rith* im Jahr 1926 bekennt Freud: „… ich war immer ein Ungläubiger, bin ohne Religion erzogen worden, wenn auch nicht ohne Respekt vor den ‚ethisch' genannten Forderungen der menschlichen Kultur" (S.52).

F. Moser ist mit den Erklärungen Freuds und anderer Psychotherapeuten seiner Zeit nicht einverstanden, da diese ihrer Ansicht nach schwierige psychische Zusammenhänge zu sehr vereinfachen. Sie selbst hat sich ausgiebig mit dem Phänomen der Spaltung der Persönlichkeit befasst. Dem Unterbewusstsein gelingt es dabei, sich Teile der Fähigkeiten und Empfindungen des Wachbewusstseins zu bemächtigen und selbständig darüber zu verfügen. Hierdurch kommt es zu Ausfällen, die z.B. durch Blindheit auf einem Auge, Taubheit, Unempfindlichkeit gegen Schmerzen etc. in Erscheinung treten können.

Diese Fehlentwicklung geht bis zur Persönlichkeitsspaltung, bei der im gleichen Individuum „nebeneinander und gleichzeitig zwei Gedanken, zwei Willen, zwei getrennte Handlungen, von denen die eine bewusst, die andere dagegen unbewusst ist (existieren). Das menschliche Hirn ist dann wie ein Theater, auf dem sich zugleich mehrere Stücke auf verschiedenen Ebenen abspielen, von denen aber nur das eine im vollen Licht ist", schreibt F. Moser, und sie ergänzt: „Dieses Nebeneinander von Ober- und Unterbewusstsein, bei dem beide um die Herrschaft ringen und sich der verschiedenen Glieder oder Sinne abwechselnd bemächtigen, kann zum Sieg bald des einen, bald des anderen führen. Siegt das Unterbewusstsein, indem es ihm gelingt, das Oberbewusstsein vollständig zu verdrängen, tritt Somnambulismus ein: das Oberbewusstsein schläft und wir haben eine Transmutation" (S.248). Die Autorin bringt einige anschauliche Beispiele für die partielle Verdrängung des Oberbewusstseins. Eine zufriedenstellende Erklärung hierfür wird leider nicht gegeben.

Bei G. Meyrink werden gewisse Arten von Hysterie nicht als Krankheit angesehen, ganz im Gegenteil: „Zwischen Hysterie und Hysterie ist ein großer Unterschied. Nur diejenige Hysterie, die Hand in Hand geht mit Ekstase und Geistesverwirrung, ist einer Krankheit gleichzustellen und führt nach abwärts, die *andere* Art jedoch ist die *Geistesentwirrung* – das Kommen zur Klarheit, und ist der Weg nach aufwärts, der über das Erfassen der Erkenntnisse durch das Denken hinaus den Menschen zum Wissen durch direktes ‚Schauen' führt." (In: Das grüne Gesicht, S.65.) Spirituelles Wissen befindet sich jenseits der anerkannten Wissenschaften. Eine geheimnisvolle Sprache, das ‚innere Wort', führt über bloße Annahmen und Fehleinschätzungen hinaus.

Bei hysterischen Reaktionen muss man auf der Hut sein, denn Suggestion und Phantasie spielen dabei eine große Rolle. Kräfte wirken durch den Körper auf den Geist und umgekehrt. Auch Energien außerhalb der eigenen Persönlichkeit werden wirksam. Nach Initiations-Erlebnissen stellt sich bei einigen das Empfinden ein, als seien sie physisch am Ende: Die Beine gehorchen nur widerwillig und der Verstand ist umnebelt, was an die hysterischen Paralysen und Anästhesien erinnert. Derartige Zusammenhänge werden leider zu wenig erkannt.

Die ‚arktische Hysterie' bei Schamanen

Wer körperliche Grenzen überwindet, hat Zugang zu übersinnlichen Wahrheiten

Unter den Bewohnern der arktischen Gebiete wurden in der Vergangenheit immer wieder psychische Auffälligkeiten festgestellt, die unter dem Begriff *arktische Hysterie* bekannt wurden. Darunter wird ein hysterisches Zustandsbild bei Bewohnern arktischer Regionen verstanden, das Peters beschreibt als: „Extreme Beeinflussbarkeit durch Suggestion bei gleichzeitig sexuellen Reizempfindungen. Tritt häufig in Form von Anfällen auf…" (in: J.U. Haas, S.165).

Der Begriff *arktische Hysterie* ist schillernd und letztlich nicht eindeutig zu definieren. Verschiedene Formen auffälligen Verhaltens unter der arktischen Bevölkerung, die epidemieartig in Erscheinung traten, wurden unter diesem Begriff zusammengefasst. Vielfach wird eine nervöse Übererregung beschrieben, die sich in Zittern der Gliedmaßen, dem Ausstoßen lauter Schreie und anschließendem lethargischem Verhalten äußert. Auch Besessenheitszustände und Wutausbrüche mit obszönen Beschimpfungen werden erwähnt.

Zahlreiche Autoren stellen einen Zusammenhang her zwischen dem Schamanentum und der *arktischen Hysterie*. Schamanen werden als die auffälligsten Symptomträger dieser Verhaltensweisen dargestellt. Sternberg behauptet: „Die Hysterie ist… bekanntlich der günstige Boden, der die Gabe des Hellsehens, des Halluzinierens, der Zwangsvorstellungen hervorbringt" (zitiert in: J.U. Haas, S.49).

Als Zeichen der Schamanenkrankheit treten hysterische Symptome auf zu einer Zeit, in welcher der angehende Schamane seine Berufung durch die Geister erfährt. Dieser meist dramatische Verlauf der Schamanenkrankheit währt solange, bis die Vorbereitungszeit der Adepten beendet ist.

Anfangs wirken sie zerstreut, schlafen sehr lange und sind nicht fähig, einer Beschäftigung nachzugehen. Manche leiden unter hysterischen Anfällen mit all den typischen Begleiterscheinungen. „Nach der erstem Einwohnung der Geister lässt man den Schamanenkandidaten oft für mehrere Monate in Ruhe, hin und wieder sogar auf einige Jahre" (ebd., S.49f.).

Einen interessanten Vergleich zwischen psychotischen Symptomen und Schamanismus stellt K.E. Müller an. Er beschreibt Parallelen zwischen Hysterie, Epilepsie und schamanischen Séancen, doch gleichzeitig deutet er auf gewichtige Unterschiede hin. Während unter Epilepsie Leidende Opfer einer Erkrankung sind, der sie sich schutzlos ausgeliefert fühlen, sind Schamanen in der Lage, eine gewisse Kontrolle auszuüben.

Im Gegensatz zu vielen psychotischen Patienten verfügen Schamanen über ein ausgeprägtes soziales Verantwortungsgefühl und eine strenge Selbstdisziplin. Andernfalls wären sie kaum in der Lage, ihre Tätigkeit auszuüben. Die Schamanen, so wird allgemein anerkannt, nehmen eine wichtige Rolle bei der Heilung nervöser Erkrankungen in ihrer Gemeinschaft ein, sobald sie ihre persönlichen Schwierigkeiten überwunden haben.

Nach Auffassung europäischer Psychiater zeigen die schamanischen Ausnahmezustände deutliche Symptome der Hysterie und auch der Epilepsie. Auch Zwangsneurosen und schizophrene Symptome werden mit dem Wirken der Schamanen in Zusammenhang gebracht. Die Schamanenkrankheit mit ihren „periodisch vielfach abgestuften hystero - epileptischen Ausbrüchen" sei dem Krankheitsbild der ‚großen Hysterie' nicht unähnlich (ebd., S.74f.). Ein hysterischer Ausbruch kann mit Katalepsie oder Bewusstlosigkeit enden, Symptome, die auch bei Schamanen angetroffen werden.

Einige Schamanen haben das Empfinden, eine glühende Kugel trete vom Magen aus in die äußeren Körperteile ein. Dieses merkwürdige Phänomen erinnert an die ‚hysterische Kugel', die während der ersten Phase eines Anfalls - ausgehend vom Unterleib - bis in den Hals hinaufgelangt. Eine seltsame Übereinstimmung, die bislang nicht erklärt werden konnte.

Obwohl eine ganze Anzahl hysterischer und psychotischer Symptome einer Schamanen-Séance ähneln, geht man nicht so weit, Schamanismus mit Krankheit gleichzusetzen.

Religiöse und parapsychologische Deutungen

*„Die Hysterie zeigt uns den Menschen zugleich in seiner jammer-
vollsten und seiner erhabensten Gestalt."*
Fanny Moser

Täuschend echte Symptome: Hysterischen Menschen wird weitrei-
chende Macht über die physiologischen Prozesse nachgesagt. Sie
entwickeln Symptome komplizierter organischer Erkrankungen, von
denen sie im bewussten Leben nicht die leiseste Ahnung haben.
Dennoch ist die Wiedergabe des Krankheitsbildes oft täuschend ähnlich, so dass selbst erfahrene Ärzte irregeführt werden. Als Beispiel
erwähnt F. Moser die Scheinschwangerschaften und fragt: „Woher
nimmt die Seele dieses Wissen, das ihr die Nachahmung von etwas
vollständig Unbekanntem ermöglicht? Dafür fehlt jede Erklärung"
(S.245).

Auf der einen Seite sieht Moser willensschwache, leidende Individuen unter Hysterikern, auf der anderen Seite finden sich geistvolle,
kritische Persönlichkeiten. Bei der Hysterie findet man alle Übergän-
ge, sie „schillert… in allen Farben und scheint jede Formel unmöglich zu machen" S.244). Die Hysterie ist imstande, alle physischen
und psychischen Fähigkeiten in erstaunlicher Weise umzuwandeln,
zu steigern oder zu vermindern. Das Zentralnervensystem wird in
außergewöhnlicher Weise beeinflussbar und ist zu ungewöhnlichen
Leistungen befähigt. „Sie verfügt also ihrerseits über Kräfte, deren
Grenzen und Quellen unbekannt sind und zu ähnlicher Steigerung
führen können wie auch bei Geisteskranken, von denen Lombroso
erklärte: ‚Der Psychiater kann nicht umhin, zu erkennen, dass der
Verrückte alle geistigen Kräfte anspornt und die psychischen Tätigkeiten fast bis zur Höhe des Genies aufregt.' Durch interessante Beispiele belegt er das" (ebd.).

Notwendigerweise müssten in vielen Fällen die Grenzwissenschaften zu Rate gezogen werden, um eine Deutung zu ermöglichen, über-

legt Moser. Allerdings sei die Bezeichnung ‚Grenzwissenschaften' illusionär, wenn sie davon ausgeht, dass die Wissenschaft das Gebiet des Okkultismus bereits zu ihrem Besitz zählt. Leider hat sich daran bis in die Gegenwart hinein nicht allzu viel geändert.

Die Seele mit all ihren Kräften ist im Grunde noch immer ein Mysterium: „Die Literatur über Hysterie und Hypnotismus spricht ihrerseits eine unverkennbare Sprache: richtig besehen sind beide z.T. nicht weniger rätselhaft als viele okkulte Erscheinungen. Gewöhnung und wissenschaftliche Beschäftigung täuscht nur darüber hinweg" (dies. S.142). Kann die wissenschaftliche Gemeinschaft mit tiefgründigen okkulten Zusammenhängen nichts anfangen, werden diese einfach ignoriert.

„Auffallend ist, wie häufig speziell bei der Hysterie sog. okkulte Fähigkeiten sind... Die Tatsache gewinnt besondere Bedeutung im Zusammenhang mit der Tatsache, dass das Unterbewusstsein hier eine Hauptrolle spielt, daher seine verborgenen Kräfte und Fähigkeiten leichter in Erscheinung treten und in erhöhtem Maße zur Geltung kommen", schreibt Moser (S.254).

Bei A. Besant wird die Unbeständigkeit des Geistes erwähnt, die man sowohl bei genialen Menschen als auch bei zur Hysterie neigenden Personen antrifft. Wodurch wird diese Unbeständigkeit hervorgerufen? Die Autorin erklärt: „Entweder entsteht sie durch ein mächtiges Aufwogen des sympathischen Nervensystems oder durch den Druck höherer und feinerer Kräfte auf ein dafür nicht vorbereitetes Gehirn, das nicht imstande ist, auf diese feineren Kräfte zu reagieren, ohne dass sein Mechanismus dadurch Schaden litte und außer Ordnung geriete" (S.41). Wie dieser Druck ‚höherer und feinerer Kräfte' zustande kommt, wird leider nicht erklärt.

Indische Yogaübungen haben u.a. den Zweck, alle diejenigen, die mit den höheren Regionen in Berührung kommen wollen, vor den Gefahren der Hysterie zu schützen. Die Übungen schulen die Gedanken und disziplinieren und läutern Körper und Geist.

Die Erklärungen der Psychologie und Psychiatrie versagen gegenüber den außerordentlichen Leistungen hysterischer Patienten. Auch die Ansichten über die Beschaffenheit des Unterbewusstseins sind ungenügend. Je vollständiger und autonomer sekundäre Persönlichkeiten erscheinen und je mehr dieser Teil die Ich-Funktionen überragt, umso rätselhafter wird das Ganze. Unzweifelhaft aber ist, dass es sich dabei um Kräfte und Fähigkeiten handelt, die zum Teil dem Ich unerreichbar sind und tieferen Schichten außerhalb der bewussten Sphäre der Persönlichkeit angehören.

Bewusstseinsspaltung und Medialität: Hysterischen Menschen wird oft ein Mangel an Selbstkritik und Selbstbeherrschung zugeschrieben. Andererseits scheint eine geniale Geistesverfassung ohne hysterieähnliche Züge kaum möglich, betont CG. Jung: „Wie Schopenhauer mit Recht sagt, eignet dem Genie eine große Sensibilität, etwas von der Mimosenhaftigkeit und der Emotionalität der Hysterischen." (Vgl.: C.G. Jung, Die Psychologie und Pathologie sogen. okkulter Phänomene, S.108.) Als ‚hysterisch' gelten bei C.G. Jung vor allem Zerstreutheit des Geistes und träumerisches Wesen. Spontan entstehende Traumzustände werden allgemein der Hysterie zugerechnet. Auch eine Störung der Aufmerksamkeit wird als Grundlage hysterischer Anästhesien betrachtet.

Die veränderten Bewusstseinszustände medialer Menschen sind für Jung „merkwürdige somnambule Anfälle", die sich aus „Zerstreutheitszuständen" entwickeln könnten. Das durch den Mund eines Mediums sich zu Wort meldende Wesen nennt er „überbewusste Persönlichkeiten". Diese Persönlichkeiten seien auf „hysterische Bewusstseinsspaltungen" zurückzuführen. Das charakteristische dieser ‚Störungen' sei, dass sie nur die Oberfläche des Bewusstseins betreffen. Das Fundament des ‚Ich-Komplexes' dagegen bleibe fest gegliedert und sei nicht in seiner Tiefe betroffen (ebd., S.84).

Elemente des Bewusstseins entwickeln demzufolge bei der Hysterie eine starke Tendenz zur Selbständigkeit. Das bedeutet, „neben dem Ich-Komplex, welcher seinen eigenen Vorstellungen nachhängt, existiert ein anderer Bewusstseinskomplex, welcher liest, richtig auffasst, und sich dabei einige Änderungen des Ausdrucks gestattet…"

(ebd., S.101). Psychische Funktionen werden abgespalten und erlangen damit eine gewisse Selbständigkeit.

Menschen mit medialen Fähigkeiten werden seit der Entstehung der psychoanalytischen Theorien gern mit dem Etikett ‚Hysterie' versehen. J.M. Verweyen, dessen persönliche Bekanntschaft mit Medien ihn vor derartigen Vorurteilen bewahrte, kritisiert die einseitige Auffassung etlicher Wissenschaftler: *„Was man nicht definieren kann, das sieht man im Umkreise gewisser ungewöhnlicher seelischer Erscheinungen einfach als hysterisch an und denkt sich darunter allerlei Merkmale, deren Klärung der Psychopathologie nicht geringe Schwierigkeiten bereitet"* (S.27f.). Die Persönlichkeit der Medien sei aber eher unauffällig, betont Verweyen.

Tatsächlich entsprechen einige Medien den landläufigen Vorurteilen. Doch nur eine eingeschränkte Sichtweise neigt dazu, die psychopathologischen Erscheinungen, die bei einigen medialen Menschen anzutreffen sind, zu verallgemeinern.

Zwang und Besessenheit: Eine Anzahl hysterischer Patienten wird von unangenehmen Vorstellungen heimgesucht, gegen die ihr bewusster Wille nicht viel auszurichten vermag. S. Freud bezeichnet diese als *peinliche Kontrastvorstellungen*: „Die Kontrastvorstellung etabliert sich sozusagen als ‚Gegenwille‘, während sich der Kranke mit Erstaunen eines entschiedeneren aber machtlosen Willens bewusst ist." (In: Gesammelte Werke, Bd I, S.10f.) Der bewusste Wille der Patienten ist nicht in der Lage, sich gegen die peinlichen Vorstellungen durchzusetzen. Freud spricht in diesem Zusammenhang von einer ‚Willensperversion', die „Staunen und Erbitterung... über den unverständlichen Zwiespalt" hervorruft.

Mühsam unterdrückte Vorstellungen der Psyche werden - vor allem in Erschöpfungszuständen - infolge einer Art von ‚Gegenwillen' an die Oberfläche befördert. Freud bemerkt hierzu: „Im ganzen verdankt die Hysterie diesem Hervortreten des Gegenwillens jenen dämonischen Zug, der ihr so häufig zukommt, der sich darin äußert, dass die Kranken gerade dann und dort etwas nicht können, wo sie es am sehnlichsten wollen, dass sie das genaue Gegenteil von dem tun, um was man sie gebeten hat, und dass sie, was ihnen am teuersten ist, beschimpfen und verdächtigen müssen."

Diesem Zwang sind sie für eine zeitlang hilflos preisgegeben. Unterdrückte Vorsätze werden im Unterbewusstsein aufbewahrt; sie fristen in einer Art von ‚Schattenreich' eine ungeahnte Existenz, „bis sie als Spuk hervortreten und sich des Körpers bemächtigen, der sonst dem herrschenden Ich-Bewusstsein gedient hat." Besonders peinliche Inhalte bilden die Grundlage hysterischer Zwänge. Sie sind vor allem bei wohlerzogenen Personen anzutreffen und finden sich ebenfalls häufig bei Nonnen und auch bei Heiligen.

Ebenso wie die Epilepsie wurde auch die Hysterie vielfach zu den ‚diabolischen Pseudobesessenheiten' gezählt. Die französischen Psychiater Charcot und Richer erklärten die Phänomene der Besessenheit und Hysterie für nahe verwandt. Eine ganze Reihe gemeinsamer Symptome unterstützt diese Annahme, wie: Krampfanfälle, Lähmungen, Erregungszustände, Stigmata, somnambule Zustände, Sinnesstörungen etc. Gegen Ende des 19.Jhdts wurden Besessenheitszustände als vorwiegend psychogene Erkrankung aufgefasst.

Hysterische Personen haben nach Meinung einiger Autoren in den Hexenprozessen des Mittelalters das Heer der Zauberer und Hexen vergrößert. Charcot, Richer und auch Binswanger meinten, in den Schilderungen über Besessenheiten früherer Jahrhunderte schwere hysterische Krankheitszustände zu erkennen. Auch Kranke, die an Melancholie oder an chronischer Paranoia litten, ebenso wie Epileptiker und Psychotiker, seien dem Teufels- und Hexenglauben zum Opfer gefallen.

Geisteskranke und hysterische Personen waren dem Volksglauben nach besessen, bezaubert und verhext von böswilligen, mit Dämonen im Bunde stehenden Individuen. Den Hexenglauben stellte man zudem in Beziehung zu sexuellen Verirrungen sadistischer Natur. Die Anschuldigung, ein Schutzbündnis mit dem Bösen zu unterhalten, wurde aufgrund körperlicher Anzeichen, den *Stigmata diaboli*, verfestigt. Dazu gehörten u.a. unempfindliche Stellen auf der Haut. Diese sind auch bekannt unter dem Namen *hysterische Stigmata*.

Hysteriker zählte man zu den Besessenen, die gegen ihren Willen in die Gewalt eines Dämons geraten waren. Daher wurden exorzistische Maßnahmen angewandt, um das Böse auszutreiben. Darüber hinaus wurde nach Schuldigen gefahndet, die für diesen bedauernswerten Zustand verantwortlich gemacht wurden. Es wird angenommen, „dass die Zahl der passiv beteiligten, d.h. als Hexen und Hexer verbrannten Geisteskranken in der Zahl der Gesamtopfer eine verschwindend kleine ist, dass aber die Zahl der aktiv beteiligten eine weit größere ist, indem sie als besessen angesehen wurden und so zur Jagd auf vermeintliche Zauberer oder die Hexe anreizten oder direkt zum Angeber wurden; hier haben die Hysterischen eine besonders hervorragende Stellung eingenommen und über die Identificität zwischen Besessenen und Hysterischen besteht heute kein Zweifel mehr" (in: H. Hoffman, S.11).

Diese These vernachlässigt allerdings die Rolle, die hysterischen Personen sehr wahrscheinlich als Angeklagte in den Prozessen zugemutet wurde. ‚Hysterische' Unempfindlichkeit einzelner Körperstellen galt als Beweis für die Verbindung mit übernatürlichen dunklen Mächten. Offen bleibt bei alldem die Frage, wie denn diese *Stigmata* tatsächlich entstanden sind?

Für H. Hoffmann sind die Hexenprozesse Wirkungen von Massensuggestionen der ausschweifenden Phantasie ganzer Menschengruppen. Den Glauben an Hexerei und Besessenheit wertet der Autor als „Rückfall in eine primitive Denk- und Erlebnisweise", ohne allerdings diese These gründlich und differenziert darzulegen. Magisch-mystischem Denken begegnet er mit Unverständnis und erheblichen Vorurteilen.

Psychologische Phänomene führen auch in der Gegenwartsliteratur zu unterschiedlichen Deutungen: Laut *Handwörterbuch der Psychologie* kann ein hypnoider Trancezustand als hysterischer Anfall, als Besessenheit oder als Seelenverlust interpretiert werden (S.433). Bei der Hysterie finden sich nach S. Freud Inhalte, die aus hypnoiden

Zuständen resultieren. Er spricht in diesem Zusammenhang von einem „mehr oder minder hochorganisierten Rudiment eines zweiten Bewusstseins, einer condition seconde." (In: Gesammelte Werke, Bd I, S.95.)

Im Hinblick auf die Anfälle bemerkt Freud, ein hysterischer Anfall zeuge von einer höheren Organisation dieses zweiten Zustandes und bedeute einen Moment, in dem sich dieses hypnoide Bewusstsein der gesamten Existenz bemächtigt hat: „Während des Anfalls ist die Herrschaft über die gesamte Körperinnervation auf das hypnoide Bewusstsein übergegangen."

Das normale Bewusstsein sei zwar weitgehend ausgeschaltet, doch nicht völlig verdrängt worden, denn es könne teilweise die motorischen Begleiterscheinungen während eines Anfalls wahrnehmen, während ihm die psychischen Vorgänge entgehen. „Kann die normale Person die Herrschaft wieder übernehmen, so kehrt das, was von jenem hypnoiden Vorstellungsinhalt überlebt hat, in hysterischen Anfällen wieder und bringt die Person zeitweise wieder in ähnliche Zustände..." (S.96). Mit der Zeit stellt sich eine Art Gleichgewicht her, bei dem das normale Leben und die Anfälle nebeneinander existieren.

Für den Psychiater W. Schulte lässt sich Besessenheit nur zum Teil mit hysterischen Symptomen erklären. Er sieht eine Grenze der medizinischen Deutbarkeit erreicht und äußert die Ansicht, das Wesentliche zu diesem Problemkreis könne nicht vom Psychiater gesagt werden (zitiert in: B. Schulz, S.39f.). Alles medizinisch nicht Erklärbare werde vorschnell der Hysterie zugeordnet; eine überaus bequeme Strategie. Hysterie könne allenfalls als Vorform von Besessenheit angesehen werden. Eine Lockerung der körper-seelischen Zusammenhänge begünstige das Auftreten parapsychologischer Phänomene.

Einen interessanten Hinweis auf die Entstehung hysterischer Symptome, wie etwa plötzlich auftretende Schwellungen, Narben und Flecken, für die keine natürliche Verursachung zu erkennen ist, gibt die okkulte Schriftstellerin und Gründerin eines mystischen Ordens

D. Fortune. Sie ist davon überzeugt, dass Angriffe aus der Astralebene zu blauen Flecken, Schmerzempfindungen, Fingerabdrücken auf verschiedenen Körperteilen und dgl. führen können. „Es ist eine bekannte Tatsache, dass ein Okkultist, der außerhalb seines Körpers auf der Astralebene auf Unerfreuliches stößt oder dessen feinstofflicher Körper gesehen und geschlagen oder angeschossen wird, die Zeichen davon auf seinem physischen Körper trägt. Ich selbst habe viele Male nach einem astralen Geplänkel seltsam geformte Flecken an meinem Körper gefunden.

Der Entstehungsprozess solcher Zeichen muss nach meiner Überzeugung von derselben Art sein wie bei den Stigmata der Heiligen und den seltsamen physischen Zeichen und Schwellungen bei Hysterikern." (In Selbstverteidigung mit PSI, S.68.) Diese Annahme liefert eine Erklärung dafür, weshalb bei einigen Hysterikern merkwürdige körperliche Symptome zu beobachten sind. Die sichtbaren Zeichen beruhen entweder auf Autosuggestion oder aber sie sind Ausdruck geheimnisvoller Vorgänge in der unsichtbaren Welt, die der wissenschaftlichen Neugier bisher entgangen sind.

Hysterische Symptome können zuweilen auch aus einer Verirrung auf dem spirituellen Weg entstehen, der in manchen Fällen zu einer ,Kapelle der Gefahren' wird. Das menschliche Gehirn hat nicht nur eine rationale, sondern auch eine irrationale Seite, erklärt R.A. Wilson in seinem Roman *Masken der Illuminaten:*. „Völlig rational zu bleiben heißt, nur ein halber Mensch zu sein. Wenn aber das Irrationale in Ihnen Übermacht gewinnt, ergeben sie sich entweder religiöser Besessenheit oder einem Leiden, das die Psychiatrie Hysterie nennt. Die große Aufgabe besteht darin, das Rationale und das Irrationale gemeinsam in einer Harmonie zu verschmelzen, die beide transzendiert" (S.94). Wichtig dabei sei, den Unsinn zu ignorieren, der aus den irrationalen Regionen der Psyche ans Tageslicht emporsteigt

D. Fortune prophezeite bereits vor einigen Jahrzehnten Fortschritte in der Medizin, die auch einiges Wissen über die Funktion des normalerweise unsichtbaren *ätherischen Doppels*, das in seiner Form dem physischen Körper entspricht, beinhalten würden. Damit könnten einige bisher schwer verständliche Erscheinungen und Beschwerden gedeutet werden. Leider lassen diese Fortschritte in der Gegenwart immer noch zu wünschen übrig.

Ekstatische Erlebnisse: Exaltierte visionäre Zustände wurden früher durchweg in die Kategorie ‚Hysterie' eingeordnet. Die Religionen wiesen nach damaliger Auffassung eindeutig einen Bezug zum Pathologischen auf. Religiöse Offenbarungen schienen in engem Zusammenhang mit hysterischen Anfällen zu stehen. Mystikerinnen wie *Therese von Jesus* litten von der psychiatrischen Warte aus gesehen unter hysterischen Symptomen, wie H. Grabert darlegt.

Therese ist häufig als ausgesprochen psychopathische Persönlichkeit bezeichnet und bewertet worden, dennoch wurde im gleichen Atemzug immer wieder auf die Unterschiede zwischen Heiligen und hysterischen Patienten hingewiesen. Therese wies eindeutig hysterische Stigmata auf; bekannt war auch ihr nervöses, reizbares Temperament. Anscheinend kann sich manchmal durch eine ‚hysterische' intensive Ausprägung der Gefühlswelt das religiöse Leben in seinem ganzen Reichtum entfalten.

Zu Beginn ihrer Zeit als Nonne verfiel *Therese* für vier Tage in einen kataleptischen Zustand. Daraus erwacht, litt sie unter großen körperlichen Qualen. „Es war mir, als ob alle Glieder meines Leibes verrenkt wären: mein Kopf war ganz verwirrt und mein Leib zusammengezogen wie ein Knäuel. So übel hatte mir das Leiden jener Tage zugesetzt. Ich konnte weder das Haupt, noch Arme, noch Hände und Füße bewegen, sondern regungslos lag ich da wie ein Toter, wenn nicht andere mich bewegten" klagt sie (vgl.: H. Grabert, S.35). Sie durchlebt Zeiten, in denen ihr alles wie ein Traum erscheint; in ihrem Kopf hört sie ein Getöse „wie das Rauschen vieler großer Wasserfälle".

Die ekstatischen Erlebnisse der Heiligen sind gut dokumentiert (siehe auch G. Hahn). Grabert verweist darauf, dass ekstatische Erlebnisse in manchen Fällen auch Krankheitsäußerungen sein können

(S.16f.). Die Intensität dieser Erlebnisse hängt vom individuellen Grad der Erregbarkeit ab und der Fähigkeit zur Hingabe. Suggestibilität der Psyche in diesem Zusammenhang grundsätzlich als pathologisches Zeichen zu deuten, wäre eine willkürliche Sichtweise. Die Phasen des ekstatischen Erlebens oder verwandter Zustände wie Träume, Dämmerzustände, Visionen oder Scheintod weisen formal die gleichen Merkmale auf wie diejenigen, die in pathologischen Symptomen zutage treten. Entscheidend für deren Beurteilung ist die Stabilität der Ich-Funktionen, die dem erlebenden Individuum zu eigen sind.

Grabert zieht einen Vergleich zwischen den Erlebnissen der heiligen Therese und den Symptomen einer 25-jährigen Psychiatrie-Patientin. Letztere sieht nachts Spukgestalten in ihrem Zimmer; sie hört Stimmen und berichtet von visuellen Wahrnehmungen, die ausgesprochen real wirken. In einem ihrer Traum-Erlebnisse fühlt sie sich sexuell berührt und hört bald darauf eine Stimme, die wie das Rauschen des Windes klingt. Die Stimme sagt zu ihr: „Du bist Maria." Fortan hängt sie dem Glauben an, mit Jesus schwanger zu gehen. Sie fühlt sich diesem Zustand begreiflicherweise keineswegs gewachsen, auch scheint ihr einiges widersprüchlich zu sein.

Die mystischen Phantasien der Patientin weisen im Vergleich mit den Erlebnissen der Heiligen unleugbare Unterschiede auf, auf die H. Grabert hindeutet (S.51):

▪ Dem Erleben der Patientin fehlt die innere Geschlossenheit und Folgerichtigkeit.

▪ Sie ist außerstande, aus ihren Visionen einen Weg in die Wirklichkeit zu finden.

▪ Ihr Verhalten ist von einem hohen Maß an Ambivalenz geprägt.

▪ Sie sucht letztlich einen Ausweg in Form mehrerer Suizidversuche. (!)

Der Patientin mangelt es an der seelischen Differenziertheit, die „zum Lauschen nach innen und zur feinsten Wahrnehmung der äußeren Dingwelt geschaffen ist" (ebd.). Die Persönlichkeit der heiligen Therese unterscheidet sich durch Tatkraft und Seelenstärke, psychologischen Scharfsinn, großen Verstand sowie Organisationstalent von psychopathischen Persönlichkeiten.

Ob aufgrund der gravierenden Unterschiede pathologische Begriffe überhaupt auf beide Typen anwendbar sind, bleibt zu bezweifeln, meint H. Grabert. Er warnt davor, klinische Kriterien einseitig auf geistesgeschichtliche Phänomene anzuwenden ohne ausreichende Kenntnis der Eigengesetzlichkeit anderer Lebensbereiche.

Bei J. Hanauer kommt die Beziehung zwischen hysterischem Verhalten und religiöser Exaltation allerdings deutlicher zum Vorschein. Seine Schrift hat den Glaubens- und Leidensweg christlicher Schwestern zum Inhalt, die unter Ohnmachtsanfällen, Schmerzen aller Art, Schluckbeschwerden und Brechreiz, Halluzinationen, Hören von Stimmen etc. zu leiden hatten. Die zu Rate gezogenen Ärzte sahen sich außerstande, eine Diagnose zu stellen. Die Stellungnahme der kirchlichen Obrigkeit blieb in solchen Fällen häufig zwiespältig. **„Manch heftige Leiden, so fand man heraus, hatten einen übernatürlichen Ursprung, darum vermochten die Ärzte nicht zu helfen, während das Wort eines Priesters Abhilfe schaffte"** (S.47).

Hanauers Bericht lässt die Schlussfolgerung zu, dass es durchaus angemessen wäre, hinsichtlich der Probleme hysterischer Patienten (und nicht nur hier) auch die religiös-mystische Seite in die Untersuchung mit einzubeziehen. Dies trifft in ganz besonderer Weise auf die historisch überlieferten Fälle zu, die auch heute noch wertvolles Material liefern zum Verständnis der Krankheit.

C. Corveleyn erwähnt eine 42-jährige Patientin, die bei der Aufnahme in einer psychiatrischen Klinik von einer drohenden Weltkatastrophe überzeugt ist. Sie glaubt, es sei an ihr, die Welt zu retten. Die Katastrophe könne nur dann verhindert werden, wenn ‚die Welt' auf ihre Botschaft höre. Sie hält sich für auserwählt und ist von einer ‚leidenschaftlichen Liebe' zu Gott ergriffen.

Angeblich steht sie in fortwährendem Kontakt mit Jesus. Tagsüber bleibt sie im Bett, wo sie sich der sehr erotischen Liebe mit Jesus hingibt. „Sie sagt, sie sei von ihm besessen. Später vertraut sie uns an, dass sie in den Armen des göttlichen Liebhabers alle Freuden körperlicher Liebe genießt, aber auch ein inniger Austausch über spirituelle und andere Dinge erfolgt. (Vgl.: C. Corveleyn in: Ch. Henning, S.122.)

Gott wird als der idealisierte Vater gesehen, bei dem sie in gewisser Weise in ihrem Wunsch nach Liebe Erfüllung finden will. Die hysterische Frau wähnt sich als ‚Braut Jesu'; sie glaubt sich erwählt, entbrennt in Liebe zu Gott und erlebt eine Vereinigung mit ihm. Auffällig ist, dass der angebliche ‚religiöse Wahn' in den Grundzügen, - wenngleich in übertriebenen und verzerrten Formen, - den Berichten christlicher Mystiker entspricht. Die Ausgestaltung der numinosen Beziehung ist individuell unterschiedlich.

Im Tagebuchform beschreibt die Patientin bei Corveleyn ihre ekstatischen Erlebnisse: „Ich habe bemerkt, dass ich nach einer Stunde Meditation und Empfang des Lichts in eine Ekstase der Liebe falle. Das bedeutet, dass mein Herz so heiß brennt und mein Körper so hoch schwebt, dass er eine gebogene Form annimmt" (ebd.). Diese Ausführungen erinnern an die Symptome beim *Grand Mal*. Das Aufbäumen des Körpers wird *Arc de Cercle* genannt und findet keine zufriedenstellende Erklärung. Anscheinend spielen dabei ekstatisch-sexuelle Komponenten eine ausschlaggebende Rolle. (Zur Problematik von Okkultismus und Sexualität vgl. auch mein Buch *Channel Medien. Zwischen Licht und Schatten*, S.221f.)

Die Psychoanalyse geht davon aus, dass hinter den theatralisch wirkenden Symptomen hysterischer PatientInnen Verdrängung steht. Dazu bemerkt P. Vandermeersch: „Es scheint Fälle zu geben, bei denen selbst nach der Beseitigung von Formen manifester hysterischer Pathologie das Erleben besonderer Erfahrungen andauert. Ob man dies dann als Zeichen wirklicher Religiosität und/oder als direktes Eingreifen Gottes in diese Welt akzeptiert, wird davon abhängen, welcher religiöser oder theologischer Meinung man zugetan ist" (in: Ch. Henning, S.28). Der Autor hat seine Zweifel im Hinblick auf die Akzeptanz transzendenter Erfahrungen, ist aber selbst nicht in der

Lage, für die beobachteten Fälle eine ausreichende Erklärung zu finden.

Die säkulare Auffassung von Psychologie und Psychiatrie ist in ihren Ansprüchen im Grunde nicht viel weniger totalitär als ältere Auffassungen, die religiöse Gesichtspunkte bei diversen psychischen Problemen in den Vordergrund stellten.

Eine mit Vorurteilen behaftete Bewertung könnte vermieden werden durch eine veränderte, erweiterte Sichtweise, die auch religiöse Aspekte in die Überlegungen mit einbezieht. Ein großer Teil der Symptome entzieht sich einem grundlegenden Verstehen, wenn ein wichtiger Bereich bei der Beurteilung ausgeklammert bleibt.

Religion und Verrücktheit haben tatsächlich vieles gemeinsam; wahrscheinlich mehr, als man gemeinhin annimmt. Mystiker und Hysteriker wandeln auf Pfaden, die sie auf ihre ganz eigene, persönliche Weise beschreiten. Beschwerliche Umwege und Verirrungen können für einige zum endgültigen Hindernis werden, da sie nicht in der Lage sind, diese zu bewältigen.

Verborgene Ursachen: Mit den Methoden der Psychoanalyse, die im menschlichen Unterbewusstsein nach den Ursachen für das Auftreten von Krankheitssymptomen fahndet, setzt sich Rudolf Steiner auseinander. Verborgene Hintergründe sollen mithilfe psychoanalytischer Methoden dem Bewusstsein zugänglich gemacht werden.

Als ein „Spiel mit gefährlichen Waffen" bezeichnet Steiner das Forschen der Psychoanalytiker in den verborgenen Abgründen der Seele. Dasjenige, was unterhalb der Schwelle des Bewusstseins heraufdringt wie eine unterirdische Woge, bewirke u.a. hysterische Erscheinungen. Die Beteiligten seien in der Regel nicht gewillt, zum wahren Verständnis solcher Erscheinungen vorzudringen. Dies könne nur gelingen, wenn sie bereit wären, die Geisteswissenschaften mit hinzuzuziehen. (Vgl.: Individuelle Geistwesen..., S.113.) Bei hysterischen Symptomen würden bspw. unbeträchtliche Vorkommnisse, wie etwa sexuelle Verirrungen der Jugend, in den Fokus der Aufmerksamkeit gerückt, während andere Gesichtspunkte ganz außer

Betracht bleiben. Die Geisteswissenschaft hingegen sehe auch in den hintersten Winkel und begreife Zusammenhänge, wo die herkömmlichen Analysemethoden versagen.

Das wahre Heilmittel sieht Steiner in der Verbreitung von Kenntnissen, welche die Zusammenhänge mit der geistigen Welt thematisieren. Diese könnten Aufschluss geben bezüglich geistiger Verursachungen. Die Psychoanalyse bringe zwar die Menschen dazu, die Aufmerksamkeit verstärkt auf innerpsychische Vorgänge zu richten, doch veranlasse sie die Betreffenden auf der anderen Seite, diese Vorgänge mit unzulänglichen Erkenntnismitteln zu betrachten.

Bei der Analyse von Bewusstseinsvorgängen geht es darum, nicht lediglich individuelle Erlebnisse zu erforschen, sondern auch auf überindividuelle seelische Inhalte das Augenmerk zu richten. Dieses überpersönliche Unbewusste wird bei C.G. Jung *Akasha-Chronik* genannt. Die Patienten sollen im Verlauf der Behandlung erkennen, dass eine geistige Welt existiert, in der verschiedene Wesen, Götter und Dämonen, ihr Dasein haben.

Jede menschliche Seele unterhält in irgendeiner Form eine Beziehung zu geistigen Wesenheiten. Oft ist eine Krankheitsursache in der Unkenntnis dieser Beziehung begründet. Zusammenhänge, die nicht erkannt werden, können in unangenehmer Weise in Erscheinung treten. Das Nichtwissen rächt sich „und es kommt diese Rache als Hysterie zum Vorschein", meint R. Steiner (a.a.O., S.137). Viele Menschen werden von Geistwesen heimgesucht. Da sie aber auf derartige Zusammenhänge nicht hingewiesen werden, projizieren sie ihre Dämonen nach außen, auf bekannte oder unbekannte Personen, von denen sie sich verfolgt oder gar misshandelt fühlen.

Psychoanalytiker befürchten, es könnte sich für einige Menschen verhängnisvoll auswirken, wenn sie Beziehungen zum überpersönlichen Unbewussten unterhielten. Doch Steiner entgegnet dieser Befürchtung mit dem Argument, die anthroposophisch orientierte Geisteswissenschaft sei in der Lage, selbst für merkwürdige Krankheitsfälle eine Lösung zu finden (S.141). Er räumt ein, die Psychoanalyse sei es immerhin zu verdanken, auf innerseelische Vorgänge die Aufmerksamkeit gelenkt zu haben.

Aus anthroposophischer Sicht ist die menschliche Seele ein dreigliedriger Organismus. Eine geistige Entwicklung betrifft u.a. das Denken, Fühlen und Wollen eines Individuums. Liegt eine Ich-Schwäche vor, dann kann sich das Denken mit dem Fühlen und Wollen in unvorteilhafter Weise vermischen. Im Seelenleben entsteht ein Durcheinander, wie Steiner erklärt: „Das geschieht in Fällen, die geschildert werden von den Psychoanalytikern als hysterische und nervöse Fälle. Da schwenkt gewissermaßen Denken, Fühlen und Wollen nach der entgegengesetzten Seite ab von jener gesunden Richtung, die in das geistige Gebiet hineinführen würde" (S.161f.).

Ein ungesteuerter Gedanke wird bspw. sogleich von den Gefühlswogen ergriffen. Ist das Denken nicht stark genug, um Abstand von den Gefühlen zu halten, wird auch der Organismus in Mitleidenschaft gezogen. Die Gedanken strömen fortwährend in die Gefühlswelt hinein. „Aber: nur das Denken ist orientiert auf den physischen Plan; das Fühlen ist nicht mehr bloß auf dem physischen Plane, sondern das Fühlen steht eo ipso im Zusammenhang mit der geistigen Welt. Das Fühlen steht wirklich im Zusammenhang mit all den geistigen Wesen, von denen man als real sprechen muss. So dass der Mensch, wenn er mit unzulänglichen Mitteln untertaucht in sein Gefühlsleben, in Kollisionen kommt mit den Göttern – wenn man so sagen will -, aber auch mit den bösen Göttern" (ebd.).

Die Kenntnisse der Geisteswissenschaft könnten verhindern, dass sich im Unterbewusstsein Denken, Fühlen und Wollen chaotisch verwirren, „worauf alle Hysterie und alle Nervosität in Wirklichkeit beruht, die innerseelisch ist – und von solchem spricht ja die Psychoanalyse" (S.163). Mit unzulänglichen Begriffen und Vorstellungen sei es dem Menschen nicht möglich, sich zu emanzipieren von seinem Zusammenhang mit der geistigen Welt. Der einzige Weg aus diesem Dilemma sei in der Kenntnis der geistigen Welt, die für die Allgemeinheit Gültigkeit besitzt, zu suchen.

Die therapeutischen Methoden der Psychologie erweisen sich demzufolge oft als unzureichend, da sie den Betreffenden nicht wirklich helfen, aus dem seelischen Dilemma, in das sie hineingeraten sind, heil herauszukommen.

Die Welt als Spiel der Phantasie: In seinem Werk *Die Welt als Wille und Vorstellung* betrachtet Schopenhauer die gesamte Welt mit allen ihren Erscheinungen als das Ergebnis subjektiver Halluzinationen. Alles sei nur Vorstellung, eine Art halluzinatorischer Traum; ohne diese Vorstellungen würde die Welt nicht existieren. Der Autor C.L. Schleich vertritt die Auffassung: „Die Macht der Gedanken ist ungeheuer groß; alles Geistige hat die Tendenz, über die individuellen Grenzen hinaus sich auszubreiten und andere zu beeinflussen" (S.48f.). Die Konzentration des Geistes könne, besonders in kollektiven Zusammenhängen, zu einem explosionsartigen Gefüge werden mit verheerender Wirkung.

Als Beweis für die formgebende Kraft der Ideen führt Schleich die Hysterie ins Feld, denn sie sei eine Gauklerin, die krankheitsähnliche Zustände erzeugt; die etwas ungemein Rätselhaftes in sich birgt, da bislang niemand den eigentlichen Grund dieser sonderbaren Variationen aufdecken konnte. Man habe „die Hysterie geradezu für ein Leiden erklärt, das ‚Krankheit ohne Ursache' bedeute", und man sei „soweit gegangen, jede Krankheit, für die man keine Ursache fand, für hysterisch zu erklären." Er fährt fort: „… die Medizin hat allzu oft da, wo sie keine Diagnose stellen konnte, diesen Begriff der Hysterie verwandt wie einen Regenschirm, unter dem man sich behaglich verkriechen konnte, wenn es Rätsel hagelte" (S.59f.).

Der Autor selbst meint, dem ‚Geheimnis Hysterie' sehr nahe gekommen zu sein. Die Hysterie hat demzufolge ihren Ursprung nicht in stofflichen Veränderungen, sondern **„sie ist geistiger Natur, sie birgt ein noch zu enträtselndes, metaphysisches Geheimnis, merkwürdiger und wunderbarer als jedes spiritistische Geschehen, verblüffender als alle bisher studierten Erscheinungen okkulter Vorgänge…"** Schleich sieht in der Hysterie einen „Spezialfall der Schöpfung aus Idee", sie sei „der einzig erkennbare objektive Beweis für die allgemeingültige Lehre Platos, dass erst die Idee von der Welt da war, ehe sie selbst entstehen konnte!" (ebd.).

Der Autor vertritt die Ansicht, das Spiel der Phantasie übe einen formenden Einfluss auf das physische Geschehen aus. (Mittlerweile sind derartige mystisch-magische Überzeugungen zum Allgemeingut in esoterischen Kreisen geworden.) Die Hysterie ist für Schleich keine Erkrankung des Nervensystems, sondern eine „Perversion der Phantasietätigkeit." Daher sind auch häufiger Menschen mit lebhafter Phantasie, z.B. Künstlernaturen, betroffen.

Phantasien und Vorstellungen allein seien in der Lage, Schmerzen auszulösen und Körperfunktionen zu verändern. Einige Hysteriker könnten willentlich ihren Puls- und Herzschlag beeinflussen. Die Tyrannei der Phantasie könne soweit gehen, dass allein durch den Anblick gewisser Krankheitssymptome diese übertragen werden, betont Schleich. Hysterische Symptome beruhen demzufolge auf Selbstsuggestion, was den modernen Auffassungen der psychosomatischen Medizin weitgehend entspricht.

Ein Grundgesetz der Natur, die Bildung der Formen aus Ideen, wird in hysterischen Menschen sichtbar. Hysterie ist ein Einbruch der Phantasie in die Struktur auch komplizierter Organe. Im Symptomenkomplex der Hysterie kann ein aufmerksamer Beobachter den Beweis für Platos Behauptung erkennen, dass die schöpferische Idee der Welt ihrer tatsächlichen Erscheinung vorausgegangen ist.

Zwänge: Tyrannei von innen

*Geist schafft Ordnung aus dem Chaos, doch der Zwang
begrenzt den Geist.*

Wie Zwänge das Leben bestimmen

Zwängen unterworfen zu sein bedeutet, sich im Alltag in seiner Handlungsfreiheit empfindlich eingeschränkt zu fühlen und einen Teil der Kontrolle abzugeben. Umgekehrt sind Zwangspatienten von dem Drang besessen, alle möglichen Handgriffe und Reaktionen kontrollieren zu müssen, auch wenn dies völlig unsinnig erscheint.

Eine Vielzahl vegetativer Störungen begleitet die Symptomatik zwangskranker Menschen: Neben Schlaflosigkeit wird über mangelnden Appetit, Kopfschmerzen, Schweißausbrüche und Herzklopfen geklagt. Die Patienten leiden unter massiver Anspannung und Angstzuständen. Selbst unter intensiver Betreuung in stationärer Behandlung zeigen ca. ein Drittel der Patienten keinerlei Veränderung des Zustandsbildes. Zwangskranke werden als emotional labil und selbstunsicher eingestuft. (Vgl.: M. Wueschner-Stockheim, S.282.)

Zwangssymptome können Denken und Handeln eines Menschen völlig beherrschen. In schweren Fällen zwingt die Beeinträchtigung zwangskranke Patienten, ihren Beruf aufzugeben, auf soziale Kontakte weitgehend zu verzichten und in strenger Zurückgezogenheit zu leben.

Zu den Zwangssymptomen zählen u.a.:

• *Kontrollzwang*: alltägliche Verrichtungen müssen immer wieder kontrolliert werden, z.B. ob die Herdplatte ausgeschaltet ist oder das Licht noch brennt.

- *Reinlichkeitszwang*: das Vermeiden von Schmutz in jedweder Form, dazu gehören häufiges Baden oder Händewaschen.
- *verbale Zwänge*: Wiederholen von gewissen Wörtern, z.B. obszönen Ausdrücken.
- *Zählzwang*: dabei werden u.a. die Buchstaben oder Vokale in Wörtern gezählt.
- *Ordnungszwang*: eine bestimmte Anordnung von Gegenständen wird unverrückbar beibehalten usw.

Leidet jemand unter verschiedenen Zwangshandlungen, können diese ein Hindernis sein, um den Alltag sinnvoll zu gestalten. Dazu zählen:
- Hinter jede Tür schauen, ob dort jemand steht;
- in jeden Spiegel hineinsehen;
- Worte mit dem Finger in die Luft schreiben;
- an höchst unangenehme Dinge denken müssen etc.

Ein Zwang kann die Lebensqualität extrem einschränken, indem bspw. die Nahrungsaufnahme erschwert wird, weil die verwendeten Lebensmittel in einer bestimmten Weise zerteilt und zubereitet werden müssen. Die quälend langandauernde Aufbereitung der Nahrungsmittel kann eine Nahrungsaufnahme fast unmöglich werden lassen.

Zu den Zwangskrankheiten gehören:
Zwangsgedanken: Unerwünschte und peinliche Gedanken drängen sich immer wieder in den Vordergrund, Grübeleien nehmen kein Ende. Der Drang, sich ein Erlebnis immer wieder gedanklich vor Augen zu führen oder über ein bestimmtes Thema nachzusinnen, lässt sich nicht abzuweisen.

Gegen nahestehende Personen gerichtete aggressive Gedanken führen zu Denkzwängen, von denen sich die Betroffenen nicht lösen können. Kennzeichnend für den Zwang ist die Aufdringlichkeit, mit der er sich gegen den bewussten Willen in den Vordergrund drängt und so die Steuerungsmechanismen der Psyche lahm legt. Die Beharrlichkeit der Zwangsideen und Gedankenketten wird zwar als unsinnig empfunden, dennoch ist der Zwanghafte ihnen weitgehend unterworfen.

Zwangsvorstellungen: Sie treten gegen den Willen des Normalbewusstseins auf, stören den Fluss der Gedanken und zwingen sie in eine bestimmte Richtung. Sie werden als persönlichkeitsfremd empfunden, so als gehörten sie nicht den Denkgewohnheiten der eigenen Psyche an.

Zwangszustände: Darunter werden Bewusstseinsinhalte verstanden, die dem Individuum unverständlich bleiben und mit dem Erleben des subjektiven Zwangs verbunden sind. Obschon sie objektiv als unsinnig erkannt werden, lassen sie sich nicht verleugnen.

Zwangshandlungen: Sie treten als Folge dieser Zustände auf. Ein unwiderstehlicher Zwang treibt die Person dazu, bestimmte Handlungen – auch entgegen der eigenen Absicht - auszuführen. Zwanghaftes Verhalten kann auf die Umgebung sehr bizarr wirken und zu einer regelrechten Plage ausarten, die allgemeines Befremden auslöst.

Werden die unter einem Zwang Stehenden an der Ausführung einer Zwangshandlung gehindert oder wagen sie selbst einen Versuch, sich dem Zwang zu entziehen, geraten sie unter einen extremen inneren Druck. Ein intensives Angstgefühl nötigt sie zur Gefügigkeit gegenüber dem Zwang. Der eigene Wille des Individuums vermag nicht mehr einzugreifen. Die Zwangsideen, Impulse, Zwangshandlungen etc. werden durch Gegenmaßnahmen noch verstärkt. Die Ausführung der Zwangshandlung hingegen reduziert und verhindert die Ängste; diese werden ersetzt durch die Symptombildung.

Zwangsimpulse: In Zusammenhang mit Zwangsimpulsen stehen vielfach aggressive Motive, die andrängen und bestimmte Handlungen fordern. Dazu gehört bspw. der Drang, irgendetwas zu zerstören oder sich im Extremfall die Pulsadern aufzuschneiden. Wird der Zwang nicht in derselben Weise umgesetzt, wie der ‚innere Drang' es vorgibt, kommt es zu erheblicher innerer Unruhe, die sich auch in Lautäußerungen oder Zuckungen bemerkbar machen kann.

Autonome Komplexe: Sie sind bei C.G. Jung ein Teil des Unterbewusstseins. Ein Komplex steht mit anderen in keinem oder nur sehr lockerem Zusammenhang. Ein gegenseitiger Austausch findet nicht statt, was eine Korrektur oder einen Ausgleich verhindert. Die gedankliche Einengung auf ein Thema hat zwar eine feste Verbindung und Geschlossenheit des Vorstellungskomplexes zur Folge, gleichzeitig wird der Komplex aber gegen alles nicht dazu Gehörige abgeschlossen und gewissermaßen isoliert. Ein besonders starker und unbeeinflussbarer Komplex kann sich daher zur *überwertigen Idee* erheben, jeder Kritik trotzen und sich sogar zur alles beherrschenden Größe, zum *Spleen* aufschwingen.

C, G. Jung bemerkt dazu: „In krankhaften Fällen wird sie zur Zwangsidee oder zur paranoischen Idee, d.h. zu einer absolut unerschütterlichen Größe, welche das ganze Leben des Individuums in ihren Dienst zwingt. Dadurch wird die ganze Mentalität anders zentriert, der Standpunkt wird ‚verrückt'." (Vgl.: Das Typenproblem in der Psychopathologie. In: Gesammelte Werke Bd 6, S.297f.)

Auch das Denken gewöhnlicher Menschen kreist von Zeit zu Zeit um immer dieselben Fragen. Sie leiden zwar darunter, doch ist ihnen die Rückkehr aus dem Kreis dieser Zwangsgedanken mehr oder weniger leicht möglich. Zwangskranke hingegen sind nicht imstande, sich der Macht bestimmter Fragestellungen willentlich zu entziehen. Sie können nicht verhindern, sich immer wieder neu mit ihnen zu befassen. Auf unentrinnbare Weise sind diese mit ihrem Denken verbunden.

Zwanghafte Persönlichkeitsstörung. Trotz mancher Ähnlichkeiten in der sichtbaren Symptomatik mit der *Zwangsstörung* handelt es sich nach Auffassung der medizinischen Diagnostik um zwei unterschiedliche Störungen. Die Kennzeichen der *zwanghaften Persönlichkeitsstörung* sind: fehlende Flexibilität im Denken und Handeln, Perfektionismus, Rigidität, ständige Kontrollen, Zweifel und ängstliche Vorsicht, übertrieben strenge Normen sowie Streben nach Vollkommenheit.

Die Zwänge erfüllen einen bestimmten Sinn: Unangenehme Vorkommnisse und Situationen sollen kontrollierbar werden. Je mehr Kontrolle angestrebt wird, desto weniger Vertrauen wird der Umwelt entgegengebracht. Hohe moralische Standards können eine Anfälligkeit für zwanghaftes Verhalten bewirken. Die Symptome werden als *ich-synton*, als integraler Bestandteil der eigenen Person, empfunden. Die *Zwangsstörung* wird hingegen als *ich-dyston*, als ich-fremd und nicht zur eigenen Persönlichkeit gehörend, erlebt.

Ein Kranker berichtet bspw., er fühle sich wie eine Marionette, die von einem Puppenspieler gezogen wird und Dinge tun muss, die ihm zutiefst widerstreben.

Die Opfer von Zwängen werden in schwerwiegenden Fällen von vielen Symptomen gleichzeitig geplagt und an der Ausführung dessen, was sie eigentlich beabsichtigen, gehindert. Will jemand eine Musikkassette anhören, dann kann er z.B. nicht dem inneren Drang widerstehen, die Kassette immer und immer wieder zurückzuspulen und von neuem anzufangen. „Allen Ausdrucksformen dieser Störung liegt eine kaum nachvollziehbare Intensität des Drangs, zum Beispiel sich waschen oder etwas kontrollieren zu müssen, oder die Übermacht eines bestimmten Gedankens zugrunde: Wenn der Gedanke kommt, wird alles, aber auch alles in meinem Leben zurückgedrängt, er besetzt mich voll und ganz", heißt es bei A. Scholz und A. Rothenberger (S.194).

Dem Zwang zu entkommen ist äußerst schwierig. Er nimmt einen großen Teil des täglichen Lebens in Anspruch und schränkt die Freiheit des Individuums in sehr nachhaltiger und eindrücklicher Weise ein.

Zwangssymptome in der Psychose

Zwangsvorstellungen sind nicht immer ohne weiteres von psychotischen Wahnideen zu unterscheiden, daher sind in schweren Fällen Ähnlichkeiten mit schizophrenen Erkrankungen nicht von der Hand zu weisen, betont S. Gruner. Eine seiner Patientinnen führte diverse Kontroll- und Ordnungszwänge aus, da sie sich von einer Stimme massiv bedroht fühlte. Die Stimme behauptete, der Mutter oder Schwester werde ein schweres Unglück zustoßen, falls sie sich den Befehlen verweigere!

Ihr Erinnerungsvermögen wurde konfus; zum Teil konnte sie nicht zwischen mentalen Vorstellungen und ausgeführten Handlungen unterscheiden. Eine andere Patientin wurde von der Angstvorstellung gequält, andere Menschen unter Zwang töten zu müssen. Sie litt unter der Phantasievorstellung, fremde Leute und Kinder mit gewissen Pflanzen zu vergiften.

Zu den Zwangssymptomen in der Psychiatrie zählen:
● *Stereotypien*: Bestimmte Bewegungsabläufe oder Gewohnheiten wiederholen sich in abnormer, stets gleich bleibender Weise. Die Ausführenden wirken dabei, als wären sie Automaten ohne eigenes Bewusstsein. Die objektiv beobachtete Bewegung kann von den Betreffenden subjektiv als unfreiwillig ausgeführte Zwangshandlung erlebt werden. Dann werden dem Empfinden nach *Stereotypien* von dritter Seite aufgedrängt ohne eigenen Anteil der ausführenden Person.

Der Unterschied zwischen Stereotypie und Zwang kann völlig unkenntlich sein, meint E. Bleuler. Ein Patient erklärt seine stereotypen Bewegungsabläufe auf folgende Weise: „Alle meine Bewegungen sind von außen gesteuert und hängen nicht von meinem Willen ab" (vgl.: H. Feer, S.71). Ein anderer Patient bemerkt über seine Assoziationen: „Meine Einfälle werden mir eingegeben, eingeblasen wie von Stimmen".

Bei Schizophrenen, die sich von äußeren und inneren Mächten gesteuert fühlen, entstehen daraus nicht selten *Stereotypien*. Die Widersacher bzw. Verfolger beeinflussen ihr Opfer dahingehend, auf einen Reiz in bestimmter Weise reagieren zu müssen. Ein Patient steht bspw. unter dem Zwang, sich jedesmal, nachdem er an einem Gewässer vorüber gegangen ist, umzuwenden und sich zu vergewissern, niemanden ins Wasser gestoßen zu haben.

Selbst Maßnahmen zur Verringerung der Ängste sind dem Empfinden nach im Grunde nicht die eigenen, sondern werden von fremden Mächten eingegeben und diktiert (S.76).

- *Zwangsphobien:* Dazu gehört die zwanghafte Angst, sich zu beschmutzen bzw. unrein zu werden durch Berühren von Gegenständen oder Menschen. Manche Patienten entwickeln eine panische Angst vor dem Feuer oder befürchten, vergiftet zu werden. Andere leiden unter extremen Schuldgefühlen da sie meinen, das Unglück und den Tod anderer Menschen herbeigeführt zu haben.

Eine unüberwindliche *Zwangsidee* zeigt an, dass irgendein Komplex, häufig sexueller Natur, unterdrückt wurde, erklärt C.G. Jung. (Vgl.: Zwang und Unterbewusstsein. In: Gesammelte Werke Bd 3, S.231f.) Eine seiner Patientinnen wird von Schuldgefühlen geplagt, da sie in früher Kindheit masturbiert hatte. Der Drang nach sexueller Betätigung wird immer fordernder. In jeder Bewegung irgendeines Menschen legt sie eine sexuelle Note. Sie leidet unter dem unbezähmbaren Drang, das Geschlechtsteil anderer Menschen anzustarren. Selbst wenn sie ein Kruzifix sieht, kommen ihr sexuelle Phantasien in den Sinn. Beim Anblick des Gekreuzigten taucht der zwingende Einfall auf, sich die Gestalt nackt vorzustellen. Diese Gedanken quälen sie bei Tag und Nacht.

Derartigen Zwängen ist nur schwer beizukommen, denn die Betroffenen erweisen sich oft als resistent gegen jede therapeutische Intervention.

Dem Zwang unterworfen

„Wenn wir je eine dämonische Schicksalsmacht am Werke sehen wollen, so sehen wir sie hier…"
C.G. Jung

Mit dem Begriff *Obsession* bezeichnen französische Psychologen Zwangszustände, denen sich Personen mehr oder weniger ausgeliefert fühlen. Ihr Denken und Tun wird zu Zwangsgedanken und -handlungen. Da sie selbst die Gründe für ihr Tun nicht erkennen, suchen einige das Motiv dafür in Ursachen, die außerhalb ihrer persönlichen Psyche liegen. Ähnlich wie bei Besessenheitszuständen erscheint ihnen ihr Wollen und Handeln unerklärlich und rätselhaft. Obwohl sie keine Veranlassung dafür sehen, schreiten sie dennoch zur Tat, so als befände sich ein anderes Wesen in ihrem Innern, das an ihrer Stelle handelt.

Zwanghaftes Denken tritt gelegentlich in Zusammenhang mit Blickkrämpfen auf. Solange der Krampf andauert, bleiben die Augen zwanghaft auf eine Stelle fixiert. Währenddessen verändert sich das Bewusstsein in eigenartiger Weise: Die Aufmerksamkeitsspanne sinkt, die Gedanken reißen ab; eine deutliche Einengung des Bewusstseins findet statt. Auch traumhaft anmutende Veränderungen der Umgebung und ihrer Größenverhältnisse kommen vor.

Steigern sich zwanghafte Zustände und erreichen ein gewisses Maß, so entsteht Besessenheit, behauptet T. K. Oesterreich. Er bezeichnet Besessenheit als „simultane innere Spaltung", als einen Zwangszustand, da die Betroffenen sich entgegen ihrem Willen zu verschiedenen Handlungen gezwungen fühlen (S.10f.). Inbesitznahmen können bei dieser Sichtweise als eine fortgeschrittene Stufe von Zwangsprozessen angesehen werden. Häufig werden Besessenheitssymptome mit dem Phänomen der Bewusstseinsspaltung gleichgesetzt. Diese Auffassung scheint nicht auszureichen, um den rätselhaften Seelenzustand umfassend zu erklären.

Das *Rituale Romanum* der katholischen Kirche, der Grundlagentext für eine exorzistische Behandlung, betrachtet Zwangsvorstellungen und -handlungen als eines der Hauptkennzeichen für Besessenheit. Viele Betroffene geben an, unter einem inneren Zwang zu stehen, sobald sie heilige Orte aufsuchen oder sich mit religiösen Dingen befassen. Es kommt ihnen so vor, als gehorchten ihre Glieder und Organe einem fremden Einfluss. Zwar hören sie die Worte, die aus ihrem Mund kommen, doch das Sprechen unterliegt nicht ihrer bewussten Kontrolle.

Die zwanghaften Vorstellungen und Handlungen im Leben eines Menschen werden von CG. Jung in metaphysischen Begriffen umschrieben: „Wenn wir je eine dämonische Schicksalsmacht am Werke sehen wollen, so sehen wir sie hier in diesen düsteren und schweigsamen Tragödien, die sich langsam und qualvoll in den kranken Seelen unserer Neurotiker vollenden. Die einen befreien sich Schritt für Schritt unter beständigem Kampfe gegen die unsichtbaren Mächte aus den Klauen des Dämons, der die Ahnungslosen von einem brutalen Schicksal ins andere zwängt, die anderen bäumen sich auf und gewinnen das Freie, um später, von der Schlinge der Neurose eingefangen, auf ihre alten Pfade zurückgeführt zu werden.

Niemand darf einwenden, dass diese Unglücksmenschen eben Neurotiker oder ‚Degenerierte' seien. Wenn wir Normale unser Leben durchforschen, so sehen auch wir, wie eine mächtige Hand uns unfehlbar zu Schicksalen leitet, und nicht immer ist diese Hand eine gütige zu nennen. Oft heißen wir sie die Hand Gottes oder des Teufels und drücken damit einen psychologisch höchst wichtigen Faktor unbewusst richtig aus, nämlich die Tatsache, dass der das Leben unserer Seele gestaltende Zwang den Charakter einer autonomen Persönlichkeit hat, beziehungsweise als solcher Art empfunden wird, so dass seit jeher und auch noch im heutigen Sprachgebrauch die Quelle derartiger Schicksale als ein Dämon, als ein guter oder böser Geist, erscheint." (Vgl.: Die Bedeutung des Vaters. In: Gesammelte Werke Bd 4, S.363f.)

Der Glaube an sogenannte ‚Reinigungsdämonen' beruht auf zwanghaften Reinigungsritualen, denen ganze Patientengruppen unterworfen sind. Die inneren Instanzen scheinen durchaus nicht lediglich persönlicher Herkunft zu sein, werden aber durch individuelle Absichten und innere Haltungen herbeigezogen und verstärkt.

Wie Zwangshandlungen unter dem Eindruck eines unheimlichen nächtlichen Spuks ihren Anfang nehmen, zeigt folgende Begebenheit, die W. Weihrauch erzählt: Die kleine Tochter eines befreundeten Ehepaares leidet unter einer Erscheinung, die sie zu nächtlicher Stunde zutiefst erschreckt. Abends vor dem Einschlafen verändert sich die Zimmerwand auf höchst seltsame Weise. Sie „beginnt zu leuchten, und in dem Muster der Tapete zeichnen sich die Umrisse einer hässlichen grünen männlichen Gestalt ab, die sich nach und nach aus der Wand löst und an das Fußende des Bettes tritt.

Zuerst schaute das Männchen sie nur an, später begann es aber zu sprechen und forderte Simone auf, verschiedene Dinge zu tun, z.B. ihre Puppen in Reih und Glied auf die Bettkante zu setzen, bestimmte Gegenstände auf dem Schreibtisch genauestens zu ordnen und zu stapeln und ein Engelbild vor dem Schlafengehen abzuhängen und zu verstecken. Verbunden waren diese Forderungen teilweise mit Versprechungen, z.B. dass sie an bestimmten Schultagen eine gute Mathearbeit schreiben würde." (In: Flensburger Hefte. Nr. 65: Doppelgänger, S.49.)

Das Kind leidet nach kurzer Zeit unter starken Angstzuständen. Es entwickelt verschiedene Tics und Zwangshandlungen, die sie tagsüber „auf Befehl des grünen Mannes" ausführt. Eines Nachts sieht das Mädchen in der geöffneten Tür ein strahlend helles Licht. Eine Engelsgestalt, die in der rechten Hand ein feuriges Schwert hält, erscheint ihr. - Von da an ist der Spuk vorüber.

Da dem Glauben an unsichtbare Mächte im westlichen Denken kein Platz eingeräumt wird, werden Berichte über derartige Erlebnisse ins Reich der Phantasie verwiesen. Damit wird man dem inneren

Erleben der Betroffenen aber in keiner Weise gerecht. Sie werden mit ihren Problemen weitgehend allein gelassen.

Zwanghafte schöpferische Inspiration

Auch berühmte schöpferische Persönlichkeiten sind nicht frei von Zwangsgedanken, die sich permanent in den Vordergrund drängen. In Stunden seelischer Entspannung steigen unwillkürlich fremdartige Vorstellungen an die Oberfläche des Bewusstseins und verschaffen sich mit ungewöhnlicher Lebhaftigkeit Geltung. K. Birnbaum hat sich mit den Biografien berühmter Persönlichkeiten intensiv beschäftigt und darüber berichtet.

Bei dem französischen Schriftsteller *Theophile Gautier* setzt sich eines Tages ein bestimmter Satz, den er auf einem gedruckten Theaterzettel gelesen hat, im Gedächtnis fest. Die zufällig im Gedächtnis gespeicherten Worte drängen sich fortan zwangsweise seinem Bewusstsein auf. Gegen seinen Willen wiederholt er den Satz unentwegt in Gedanken; - so lange, bis er die Worte deutlich zu hören glaubt! Über mehrere Wochen kehren sie unvermutet immer wieder ins Gedächtnis zurück (S.93).

Den Volksdichter und Pfarrer *Heinrich Hansjakob* brachten seine Zwangsvorstellungen in die Psychiatrie. Er schreibt in seinem Tagebuch, dass: „…das Elend und die Krankheit gerade darin besteht, dass man jene Vorstellungen nicht aus dem Kopfe schlagen kann… Am peinlichsten ist das mit den Zwangsvorstellungen meistens verbundene Angstgefühl, das einen zittern und erschrecken lässt, wenn nur eine Tür aufgeht oder der Briefträger einen Brief bringt. Ich bekam dieses Gefühl, das mich noch lange, lange plagte…, so oft ich von irgendeinem Unglück oder einem Verbrechen hörte, in höchstem Grade. Hörte ich von einem Mord oder von einer Brandstiftung, so bekam ich alsbald Zwangsvorstellungen und Angst, ich würde in diese Verbrechen verwickelt. Was das für eine Pein ist, vermag ich nicht zu schildern" (S.95).

Die quälenden Zwangszustände des Schriftstellers *Gottfried Keller* fielen in seine Jugendjahre, als er innerlich stark mit religiösen Themen beschäftigt war. In seinem berühmten Roman *Der grüne Heinrich*, welcher autobiografische Züge trägt, schreibt er: „So gereichte es mir eine zeitlang zu nicht geringer Qual, dass ich eine krankhafte Versuchung empfand, Gott derbe Spottnamen, selbst Schimpfworte anzuhängen, wie ich sie etwa auf der Straße gehört hatte. Mit einer Art behaglicher Stimmung begann immer diese Versuchung, bis ich nach langem Kampfe nicht mehr widerstehen konnte und im vollen Bewusstsein der Blasphemie eines jener Worte hastig ausstieß…, bis die seltsame Aufregung vorüber war. Vorzüglich vor dem Einschlafen pflegte mich diese Erscheinung zu quälen" (ebd., S.97).

Gerade das religiöse Leben erzeugt eine besonders enge Beziehung zu psychischen Zwangsvorstellungen, bemerkt K. Birnbaum. Eine starke innere Spannung, die auf quälenden Gewissensängsten basiert, begünstigt die Zwänge. Auch religiöse Zweifel, die zu inneren Kämpfen führen, geben Anlass zu psychischen Störungen und zu Zwangssymptomen.

Ausgeprägte Episoden schöpferischer Inspiration können sich ebenfalls zu einem übermächtigen seelischen Zustandsbild entwickeln, das mit den Zwangsvorgängen nah verwandt ist. Die Inspiration überfällt den Künstler manchmal unvermittelt, mit zwingender Gewalt. Goethe erklärte gegenüber Eckermann: „Jede Produktivität höchster Art…, jede Erfindung, jeder große Gedanke, der Früchte bringt und Folge hat, steht in niemandes Gewalt und ist über aller irdischen Macht erhaben…. Es ist dem Dämonischen verwandt, das übermächtig mit ihm tut wie es beliebt und dem er sich bewusstlos hingibt während er glaubt, er handelt aus eigenem Antriebe. In solchen Fällen ist der Mensch oftmals als ein Werkzeug einer höheren Weltregierung zu betrachten, als ein würdig befundenes Gefäß zur Aufnahme göttlichen Einflusses" (S.99f.).

Bekannt sind auch die Worte von Friedrich Nietzsche in seinem Werk *Ecce Homo*: „Man hört - man sucht nicht; man nimmt – man fragt nicht, wer da gibt; wie ein Blitz leuchtet ein Gedanke auf…

Alles geschieht in höchstem Grade unfreiwillig, aber wie in einem Sturm von Freiheitsgefühl, von Unbedingtsein, von Macht, von Göttlichkeit. Die Unfreiwilligkeit des Bildes, des Gleichnisses ist das Merkwürdigste; man hat keinen Begriff mehr, was Bild, was Gleichnis ist, alles bietet sich als der nächste, der richtigste, der einfachste Ausdruck an" (S.100).

Inspiriertes Schaffen, das von einem inneren psychischen Zwang beherrscht ist, kann dem bewussten Willen entzogen sein, ganz ähnlich, wie dies bei spiritistischen Medien der Fall ist. Die Schriftstellerin Klara Eysell-Kilburger berichtet in ihren Aufzeichnungen von derartigen Schaffensperioden. Sie schreibt: „… dass ich niemals in dem Sinne ‚Schriftstellerin' gewesen bin, dass es einfach von meinem Willen abgehangen hätte, irgend ein Werk zu schreiben. Stets ist bei mir die Inspiration das wichtigste Moment gewesen, oft hat sie mich so beherrscht, dass sie mir Schlaf und Appetit nahm und mich am Schreibtisch festhielt, bis die Arbeit fertig war." Es hat Momente gegeben, in denen sich die Schriftstellerin ganz unter dem Bann einer fremden Individualität gefühlt hat und sich gezwungen sah, in einer fremden Handschrift Gedichte niederzuschreiben, erzählt K. Birnbaum (S.101). Der schöpferische Gedankengang kann sich pathologischen Zwangsgedanken immer mehr annähern.

Unter einem eigentümlichen Zwang zur Produktion stand auch der russische Dichter I. Turgenjew. Er ging oft mit großen Schritten im Zimmer auf und ab und klagte: „Ach, ich bin so elend…, ich muss heute schreiben!" Er hatte schon zuvor mehrere Tage unter dem unentrinnbaren Drang gelitten. Um sich diesem zu entziehen, war er auf die Jagd gegangen oder hatte mit sich allein Schach gespielt. Doch schließlich fühlte er sich genötigt, an seinem Schreibtisch Platz zu nehmen. - Tagelang blieb er gebannt bei der Arbeit. Die Türen waren fest verschlossen und hielten jeden Besucher von ihm fern (S.104).

Der Zwang, dem sich Turgenjew unterworfen sah, weist Ähnlichkeiten auf mit dem Schreibzwang von Medien, die eine zeitlang automatisches Schreiben praktiziert haben. Diese Beschäftigung kann sich mit der Zeit verselbständigen. Sehr aufdringlich und gebieterisch wird die Aufmerksamkeit des Mediums - auch in den unpassendsten Momenten - eingefordert. (Näheres zu dieser Thematik findet sich in meinem Buch: Übergriffe aus dem Jenseits, S.38f.) Widerstand zu leisten oder dem Zwang zu entkommen, ist schwierig und erfordert ein enormes Maß an Willensstärke und Selbstvertrauen.

Religion und Tabu

Der stark verinnerlichten Religiosität wird eine Beziehung zu zwanghaftem Verhalten nachgesagt, wobei das äußere Reinlichkeitsbedürfnis, das bei einigen Zwanghaften stark ausgeprägt ist, der angestrebten inneren Reinheit entspricht

S. Freud zieht einen Vergleich zwischen Zwangssymptomen und Tabuverboten bei Naturvölkern, denn Tabuverbote scheinen ebenso rätselhaft und unmotiviert zu sein wie bestimmte Zwangsverbote. Die Einhaltung der Verbote wird durch die unbezwingbare Angst, eine Übertretung könnte schreckliches Unheil nach sich ziehen, gesichert. Auch die unbestimmte Ahnung, nahestehende Personen würden bei Nichteinhaltung der Verbote zu Schaden kommen, schmiedet das Opfer an die Zwänge. Freud hebt besondert das Tabu der Berührung hervor, womit nicht nur eine direkte Berührung gemeint ist, sondern das umfassendere ‚sich sehr nahe stehen': „Alles, was die Gedanken auf das Verbotene lenkt, eine Gedankenverbindung hervorruft, ist ebenso verboten wie der unmittelbare leibliche Kontakt; dieselbe Ausdehnung findet sich beim Tabu wieder." (Vgl.: Gesammelte Werke Bd IX, S.37.)

Der Angehörige eines Volksstammes, der ein Tabu übertreten hat, etwa durch die Berührung von etwas Verbotenem, wird selbst zum Tabu erklärt. In der Folgezeit wird jede Berührung mit ihm strikt gemieden. Auch manche Zwangskranke verhalten sich so, als könnten gewisse Personen und Dinge eine gefährliche Ansteckung auf sie übertragen und bei Kontakt alles in ihrer Nähe Befindliche infizieren.

Zwangsverbote, die Verzicht und Einschränkungen fordern, können zum Teil aufgehoben werden,
durch die Ausführung gewisser Handlungen, die gleichfalls einen Zwangscharakter aufweisen. Ohne Zweifel liegt diesen Zwangshandlungen eine Sühne, Abwehr und Reinigung zugrunde. Tabuverbote können durch ein ‚Zeremoniell‘ ersetzt bzw. für nichtig erklärt werden. Die am häufigsten praktizierte Handlung, um Tabus aufzuheben, ist die Reinigung mit Wasser. Ein solches Zeremoniell weist eine nicht zu übersehende Verwandtschaft mit ausgeprägten Waschzwängen auf, wie sie bei Zwangskranken häufig zu beobachten sind. Die Grundlage sowohl des Tabus wie auch des Zwanges ist nach Auffassung Freuds ein mit Verboten belegtes Tun, zu dem im Unbewussten eine starke Neigung vorhanden ist.

Zwänge haben manchmal Ähnlichkeit mit Ritualhandlungen, die der Angstabwehr dienen. Die Schutzmaßregeln enthalten eine magische Komponente. Eiserne Tabus werden aufgestellt, deren Übertretung in der Phantasie des Zwangskranken schwerwiegende Folgen hätte. Magisch scheinende Abwehrhandlungen sollen daher eine künstliche Sicherheit gewährleisten und den inneren Frieden wiederherstellen. Die Rituale müssen oft wiederholt werden, bis sie mit der Zeit selbst zum Haupthemmnis werden. Trotz der Einsicht in die Unsinnigkeit der Zwangshandlungen werden diese ständig aufs Neue ausgeführt. Der ‚Zauber‘ wirkt sich beruhigend auf das Unterbewusstsein aus und vermittelt das vorübergehende Gefühl einer Problemlösung.

Doch die Beruhigung ist nur von kurzer Dauer, denn der Zwanghafte weiß im Grunde, wie wenig wirksam einfache ‚Bannübungen‘ sind. Dennoch vermag sein Unterbewusstsein darauf nicht zu verzichten. Der gebieterische Zwang, mit dem sich kleinliche, ins Einzelne gehende Handlungen durchsetzen, verrät die enorme, im Unbewussten wurzelnde Macht der Regungen, die das Bewusstsein verleugnen möchte.

Viele Patienten sind überzeugt von der besonderen Kraft, die den Gedanken innewohnt. Ein unter Zwangsvorstellungen leidender intelligenter Mann berichtete Freud von sonderbaren und unheimlichen Geschehnissen, die ihn zu verfolgen schienen (ebd., S.106f.). Erkundigte er sich zufällig nach dem Befinden eines Bekannten, den er lange nicht gesehen hatte, dann musste er zu seinem Leidwesen erfahren, dass dieser gerade gestorben sei. Daher kam ihm die Idee, der Tote habe sich ihm telepathisch bemerkbar gemacht. Dachte er an eine bestimmte Person, dann geschah es oft, dass dieselbe ihm kurz danach auf seinem Weg entgegen kam. Verwünschte er jemanden in heftigem Groll, konnte es geschehen, dass diese Person kurz darauf das Zeitliche segnete.

Diese ‚Allmacht der Gedanken' entspricht animistischen Vorstellungen, von denen Freud sich distanzierte. Daher tat er die Beobachtungen des Mannes als „abergläubische Erwartungen" ab. Er äußert dazu: „Alle Zwangskranke sind in solcher Weise, meist gegen ihre bessere Einsicht, abergläubisch." Der Glaube an die Allmacht der Gedanken bedeute eine Überschätzung der seelischen Vorgänge, die im Affektleben von Patienten unbeschränkte Wirksamkeit entfalten.

Die Furcht, im Affekt geäußerte böse Wünsche könnten in Erfüllung gehen, ist für Freud in Indikator dafür, wie nah mancher Zwangskranke den Überzeugungen von Naturvölkern kommt. Auch diese glauben daran, durch bloße Gedanken die Außenwelt verändern zu können. „Die primären Zwangshandlungen dieser Neurotiker sind eigentlich durchaus magischer Natur", erklärt Freud. „Sie sind, wenn nicht Zauber, so doch Gegenzauber, zur Abwehr der Unheilserwartungen bestimmt…" (ebd., S.108). Diese Unheilserwartungen bezögen sich häufig auf den Tod. Die Ähnlichkeit trete allerdings nicht immer klar zutage, denn sie werde in der Neurose oft durch Verschiebung auf ein Kleineres, auf eine geringfügige Handlung, entstellt.

Auf die Ähnlichkeit von Zwangshandlungen mit religiösen Zeremonien wird bei Freud ebenfalls hingewiesen. Das zwanghafte Zeremoniell besteht aus kleinen Verrichtungen und Einschränkungen, die bei bestimmten alltäglichen Handlungen in immer gleicher Weise ausgeführt werden. Obwohl die Verrichtungen den Ausführenden bedeutungslos erscheinen, sind sie dennoch unfähig, dieselben zu unterlassen, „… denn jede Abweichung von dem Zeremoniell straft sich durch unerträgliche Angst, die sofort die Nachholung des Unterlassenen erzwingt." (Vgl.: Gesammelte Werke Bd VII, S.130.)

Die Handlungen, die durchweg einen kleinlichen Charakter aufweisen, entsprechen in etwa den Anlässen und Tätigkeiten, die durch das Zeremoniell verzerrt und verzögert werden, wie z.B. das An- und Auskleiden, das Zubettgehen und dgl. Eine Reihe ungeschriebener Gesetze bestimmt die Ausübung der jeweiligen Handlung. In leichten Fällen ähnelt das Zeremoniell der Übertreibung einer im Grunde berechtigten Ordnung. Die „besondere Gewissenhaftigkeit der Ausführung und die Angst bei der Unterlassung kennzeichnen das Zeremoniell als ‚heilige Handlung'" (ebd.).

Die Ähnlichkeit der Zwänge mit Handlungen religiösen Charakters zeigt sich in:

▶ der Gewissensangst bei Unterlassung derselben,
▶ der Isolierung von allen anderen Tätigkeiten,
▶ der Gewissenhaftigkeit der Ausführung.

Die Motive und Vorstellungen, die den Zwangshandlungen zugrunde liegen, sind den Ausführenden meist nicht bewusst. Auch ein religiöser Mensch fragt bei der Ausübung des Zeremoniells in einer Kirche normalerweise nicht nach dessen tieferer Bedeutung.

Eine Frau in mittleren Jahren verspürt beim Anhören einer Predigt den schwer zu bezähmenden Drang, Gotteslästerungen auszustoßen, berichtet B. Heyne. Sie kämpft mit Gebeten dagegen an, doch je mehr sie sich verweigert, desto unwiderstehlicher wird der Drang, laute Flüche auszustoßen. Schließlich denkt sie an Selbstmord.

In Fällen wie diesen erscheint den Betroffenen das eigene Wollen und Handeln unerklärlich. Obwohl sie die Handlung oder die lästerlichen und obszönen Gedanken mit Nachdruck ablehnen, können sie nichts dagegen tun. „Es ist ihnen, als wenn noch ein anderes Wesen in ihnen sei, das durch sie handle. Da sie selbst den Grund ihres impulsiven Handelns nicht erkennen, suchen sie leicht den Grund in etwas anderem, z.B. dem Teufel. Bezeichnenderweise haben französische Autoren für diese Zwangszustände den Ausdruck *l'obsession* eingeführt, weil eben diese Zwangszustände so große Ähnlichkeit haben mit wirklicher Besessenheit", berichtet B. Heyne (S. 86). Für den Autor kommt zwar Besessenheit als Erklärung für das absonderliche Verhalten nicht in Betracht, - diesbezügliche Deutungsversuche der Betroffenen weist er als ‚wahnhaft' zurück -, doch er selbst bleibt die Aufklärung schuldig.

Die nähere Betrachtung der Zwangshandlungen lässt erkennen, dass sie bis in ihre Einzelheiten einen Sinn enthalten und nicht selten Geschehnisse betreffen, die für das Individuum bedeutsam waren. Sie bringen gefühlsbetonte Erlebnisse und Gedanken in direkter oder symbolischer Form zum Ausdruck. Die zwanghaften Äußerungen können als Kompromiss zwischen miteinander streitenden innerpsychischen Mächten aufgefasst werden.

Die unter Zwängen und Verboten leidenden Patienten verhalten sich so, als stünden sie unter der Herrschaft eines Schuldbewusstseins, dessen Inhalt sie allerdings nicht kennen. Eine lauernde Erwartungsangst, eine Unheilserwartung entsteht in einer Situation, die mit der Vorstellung einer Bestrafung verknüpft ist. Das Zeremoniell stellt somit eine „Schutzmaßregel", eine „Abwehr- oder Versicherungshandlung" dar, erklärt S. Freud (a.a.O., S.136).

Dieser Haltung entsprechen religiöse Übungen, Gebete und Anrufungen, die ebenfalls die Bedeutung von Abwehr und Schutz haben, besonders dann, wenn jede Tätigkeit des Tages oder jede außergewöhnliche Unternehmung mit ihnen eingeleitet wird. Religiös motivierte Bußhandlungen finden, wie es scheint, ihr Gegenstück in der Zwangsneurose. Aufgrund dieser Übereinstimmung könnte man die Zwangsneurose als „pathologisches Gegenstück zur Religionsbildung" ansehen, erklärt Freud, „die Neurose als eine individuelle Religiosität, die Religion als universelle Zwangsneurose" bezeichnen (S.139).

Die Übertretung des Tabus bedeutet für den Zwangskranken den sicheren Untergang. Diese phantasierte Gewissheit zwingt ihn zu peinlicher Einhaltung der selbst auferlegten Gebote und Verbote.

Erklärungsversuche bezüglich der Zwangshandlungen gehen dahin, eine Abwehrhaltung gegen den Verlust der Sicherheit, den Zerfall der Ordnung und den Zusammenbruch der Persönlichkeit zu sehen. Jede Unregelmäßigkeit muss vermieden werden. Der Zwang dient somit als Schutzschild gegen drohende chaotische Zustände.

Leben mit Tourette-Syndrom

Das Tourette-Syndrom gilt als neuro-psychiatrische Erkrankung, die charakterisiert ist durch vokale und motorische Tics. Dabei kommt es - entgegen dem Willen der Betroffenen - zu Muskelzuckungen und Lautäußerungen mit ungewöhnlichem Inhalt. Die abnormen Bewegungen und Impulshandlungen von Tourette-Patienten haben für einen außenstehenden Beobachter etwas höchst Befremdliches. Plötzlich hervorgestoßene Obszönitäten sind keine Seltenheit.

Im 19. Jhdt wurde das Syndrom erstmalig von *Gilles de la Tourette* beschrieben. O. Sacks berichtet: „Für Tourette und seine Kollegen lag es auf der Hand, dass dieses Syndrom eine Art von Besessenheit darstellte, bei der der Betroffene von primitiven Impulsen und Trieben beherrscht wurde, eine Besessenheit, die jedoch eine organische Grundlage hatte und durch eine ganz bestimmte (wenn auch noch unentdeckte) neurologische Störung hervorgerufen wurde." (In: Der Mann, der seine Frau mit einem Hut verwechselte, S.130.)

Ein großer Teil der Patienten, die unter dem Tourette-Syndrom leiden, ist gleichzeitig von Zwangsstörungen betroffen. Der Beginn der Erkrankung liegt in der Regel vor dem 18. Lebensjahr. Die Symptomatik weist ein breites Spektrum auf: Zu Beginn zeigt sich häufig ein Augenblinzeln oder Augenrollen, das Verziehen der Mundwinkel, ruckartige Kopfbewegungen und Grimassieren. Dazu kommen unwillkürliche Lautäußerungen, plötzliche Muskelzuckungen, Schlenkern der Arme und Verkrampfen der Finger. Zu den vokalen Tics gehören Räuspern, Grunzen, Fiepen, Bellen oder Miauen, lautes Schreien und das Ausstoßen obszöner Wörter *(Koprolalie)*. Letzteres ist besonders peinlich. In den unpassendsten Momenten werden Obszönitäten in den Raum geschleudert, wie z.B. „Schweinehund!" - „Drecksack!" usw., was verständlicherweise den Betreffenden in unangenehme Situationen bringt und erhebliche soziale Probleme verursacht.

Die häufigste Begleiterscheinung des Tourette-Syndroms ist ADHS (= Aufmerksamkeitsdefizit-Hyperaktivitäts-Störung). Patienten berichten von dem rasenden Tempo ihrer Gedanken, Einfälle und Assoziationen. Sie reagieren impulsiv und bisweilen auch produktiv auf die Vielzahl an Einfällen. Das Syndrom kann manchmal ungewöhnliche und verblüffende Leistungen begünstigen. Der Neurologe Oliver Sacks thematisiert in seinen Büchern u.a. den Zusammenhang zwischen Tourette und Musik. Während des Musizierens und Komponierens sind die meisten Betroffenen frei von quälenden Symptomen.

Zu den Tics gesellen sich teilweise Zwänge mit ungewöhnlichem Inhalt: Bei einigen zeigt sich ein Hang zu gefahrvollem und verbotenen Verhalten, wie z.B. der Drang, in rasantem Tempo Auto zu fahren, irgendwelche Alarmknöpfe grundlos zu betätigen, mit Messern zu hantieren oder mit dem Feuer zu spielen, etwas zerbrechen zu müssen etc. Manuel, ein Junge mit Tourette-Syndrom, erzählt, dass es eine ganze Anzahl von Dingen gibt, die er einfach ausführen *muss*, auch gegen seinen Willen! Sobald er im Bett liegt, geschieht folgendes: „Wenn ich auf dem Kopfkissen liege, dann ist so'n Magnet, das zieht mich nach vorne, und dann muss ich wieder aufstehen, und dann hinten (am Bett)… alles anfassen. Und wenn ich das nicht mache, dann hab' ich Rückenschmerzen, ganz dolle." (In: A. Scholz und A. Rothenberger, S.21f.)

Wenn der Junge ein Spielzeug in die Hand nimmt und dieses nach dem Spiel wieder weglegt, verspürt er arge Schmerzen. Nimmt er den Gegenstand erneut in die Hand, ist der Schmerz verschwunden. Dieser Vorgang erinnert an Lehrmethoden des Behaviorismus; dem bedingten Reflex und die Konditionierung nach dem Reiz-Reaktions-Schema: Ein bestimmtes, unerwünschtes Verhalten wird ‚bestraft' durch Zufügen von Schmerzen, während bei Änderung des Verhaltens der Schmerz sogleich nachlässt. Diese Strategie der Beeinflussung, die von Tierdressuren her bekannt sind, entfaltet nach kurzer Zeit in der Psyche die gewünschte Wirkung.

Es bereitet Außenstehenden immense Schwierigkeiten, den Tics einen Sinn abzugewinnen, denn sie erschweren die alltäglichen Verrichtungen ganz erheblich und wirken so als fortwährendes Hindernis im Tagesablauf. Manuel sieht sich mitunter von gefährlichen Impulsen heimgesucht. Geht er bspw. an einem Seeufer entlang, kostet es ihn einige Mühe, nicht in den See zu springen. Befindet er sich im Wasser, dann sieht er sich gedrängt, länger unterzutauchen, als der Sauerstoff reicht. Doch glücklicherweise verfügt er über genügend innere Kraft, um sich derartigen Aufforderungen regelmäßig zu widersetzen. In der Folge fühlt er sich von inneren Instanzen unter Druck gesetzt. Sie drohen: Sollte er sich weiterhin ihren Befehlen widersetzen, würden seine Eltern schwer krank werden oder sterben!

Manche Kinder leiden an ‚Schütteltics'. Dabei wird der gesamte Oberkörper in eine schüttelnde Bewegung versetzt. Ein erwachsener Tourette-Patient berichtet, wie er als Kind immer wieder Dinge tat, die ihm widerstrebten: „… aber aus einem inneren Drang heraus tun musste. Ich fühlte mich ständig gegen meinen Willen selbstvergewaltigt und war verzweifelt" (ebd., S.110).

Mit dem Tourette-Syndrom geht häufig eine vermehrte Impulsivität und Aggressionsbereitschaft einher. Infolge des nervenaufreibenden Zustandbildes entwickeln sich heftige Aversionen, die sich teilweise gegen die eigene Person richten. Ohne ersichtlichen Grund kommt es zu Wutausbrüchen; die Betroffenen werden von Drang nach Zerstörung übermannt. Sie schildern, wie schwierig es ist, sich in solchen Situationen zu beherrschen; dass ‚ES' mit ihnen durchgeht und nicht mehr der eigenen Steuerung unterliegt.

Ein 12jähriges Mädchen erzählt, hin und wieder komme es vor, „dass in meinem Kopf etwas sagt, ich solle jetzt etwas ‚Unnormales' machen. Reagiere ich nicht auf dieses ‚Signal', wird es immer stärker. In Gedanken schreie ich dieses Etwas an, immer wieder. Dann hört ‚es' langsam auf. Das Ganze dauert höchstens eine Minute. Denke ich dann nicht ganz intensiv an eine bestimmte andere Sache, kommt dieses komische Signal wieder. Überhaupt kommt dieses Signal nur, wenn ich anfange, mich zu konzentrieren" (ebd., S.115f.). Sie ist dem Druck aus ihrem Innern aber nicht völlig ausgeliefert und auch die ‚komischen Verrenkungen', die sie unfreiwillig macht, stören sie nicht übermäßig.

Ein anderes Mädchen versteht ihre Symptomatik als ‚schicksalhafte Fügung'. Sie muss Häuser, Fenster und Bodenfliesen immer wieder zählen, schnipst mit den Fingern, zieht einen Fuß nach oder gibt hohe Töne von sich, alles ohne bewusste Absicht. Eines Tages geschieht etwas höchst Merkwürdiges. Sie betont, währenddessen ‚ganz bei Sinnen' gewesen zu sein: „Ich hatte das Gefühl, eine Art Elefantenrüssel gehe von meinem Nacken und meinen Schultern aus. Dieses interessante Gebilde konnte sich ganz lang ziehen, irgendwo einhängen und die Gegend erkunden. Das war mein einziger ‚Tic', der mich etwas aufgeregt hat" (S.118). Sie hegt den festen Glauben, die Krankheit irgendwann einmal loszuwerden.

Abnorm schnelle und wahllos scheinende Assoziationen und Reaktionen sind ein charakteristisches Merkmal des Syndroms. Manchen gelingt es, mit dem rasanten Tempo der Gedankenassoziationen und Einfälle Schritt zu halten und sie sogar für ihre Zwecke zu nutzen. Dich nicht alle können dem Syndrom eine positive Seite abgewinnen O. Sacks meint dazu: „Andere dagegen sind tatsächlich ‚besessen' und angesichts des verwirrenden Chaos und des gewaltigen Drucks der Impulse kaum imstande, ihre wahre Identität zu finden." (In: Der Mann, der seine Frau mit einem Hut verwechselte, S.131.)

Ein Kampf tobt in der Psyche zwischen einem Es und einem Ich, zwischen unterbewussten Impulsen und dem Wachbewusstsein. Sobald ein Patient sich künstlerisch betätigt, etwa wenn er singt, tanzt oder Theater spielt, ist er zeitweilig vollkommen befreit von allen Symptomen. „Das Ich gewinnt die Oberhand und bezwingt das Es" resümiert Sacks. Er erwähnt einen Patienten, der auch im Schlaf, beim Schwimmen und kurz nach einem Orgasmus frei war von Tics.

Ein Tourette-Patient ist andauernd gefordert, sich gegen die ihn fortwährend bestürmenden Impulse zu behaupten. O. Sacks schildert den bedauernswerten Zustand von Kranken, die unter einer extremen Ausprägung des Tic-Syndroms leiden: „Da dem Ich des Tourette-Patienten die normalen, schützenden Hemmschwellen, die normalen, organisch festgelegten Grenzen des Selbst fehlen, ist es einem lebenslangen Bombardement ausgesetzt. Der Erkrankte wird überfallen und verleitet von Impulsen, die von innen und von außen an ihn herantreten…

Wie soll, wie *kann* das Ich diesem Bombardement standhalten? Wird die Identität überleben...? Auf der Seele des Tourette-Patienten lastet ein physiologischer, ein existentieller, ja ein beinahe religiöser Druck, und die Frage ist, ob sie dies unbeschadet und heil übersteht oder ob sie scheitert und von jedem Impuls unverzüglich in Beschlag genommen und somit gewissermaßen enteignet wird" (ebd., S.171).

Manche Autoren bezeichnen die Erstarrung in der Katatonie als das Gegenteil der überdrehten, hektischen Bewegungen, die für Tics symptomatisch sind. Einige Tourette-Patienten fallen von einem Extrem ins andere, sobald sie neuroleptische Medikamente einnehmen. Von den enorm beschleunigten Reaktionen sinken sie - selbst unter einer minimalen Dosis - in eine katatone Erstarrung. Ihnen ist es nicht möglich, einen Mittelweg zu finden.

Andere vermissen, sobald sie Medikamente einnehmen, die genialen Improvisationen und Eingebungen, die früher an ihrer Lebendigkeit einen wesentlichen Anteil hatten. Ein Patient von O. Sacks bringt diesen Mangel zum Ausdruck: „Mit dem Touretteschen Syndrom ist das Leben wild und ausgelassen, so als wäre man die ganze Zeit betrunken. Mit Haldol ist es langweilig, man wird nüchtern und spießig. Aber in keinem der beiden Zustände ist man wirklich frei…" (S.142).

Das natürliche Gleichgewicht, in dem sich gewöhnliche Menschen befinden, fehlt den Patienten. Sie leiden keineswegs in irgendeiner Weise unter einer geistigen Behinderung. Die meisten sind ganz im

Gegenteil sehr scharfsinnig und erkennen deutlich ihre Lage, fühlen sich aber nicht imstande, etwas dagegen zu unternehmen.

Tic-Störungen können bis heute weder geheilt noch ursächlich behandelt werden. Die Symptome lassen sich durch die Einnahme von Psychopharmaka lediglich mindern (vgl. Wikipedia). Manche Nahrungsmittel und Stimulantien wie Kaffee oder Amphetamine können die Ticneigung noch verstärken, während Entspannung und erholsamer Schlaf die Tics reduzieren. Sogar Cannabis und Alkohol können zur Verminderung der Tics beitragen.

Hanf ist ein Rohstoff mit einem enormen Potential; über 400 Inhaltsstoffe wurden mittlerweile nachgewiesen. Der daraus gewonnene Cannabis gilt als appetitanregend, krampflösend und schmerzlindernd. Er wurde mittlerweile für medizinische Zwecke freigegeben. Cannabis ist eines der sichersten Heilmittel, denn die Nebenwirkungen der herkömmlichen Medikamente, wie Leber- und Nierenschäden, Impotenz, irreversible Spätfolgen usw. werden vermieden. Auch eine tödliche Überdosierung ist nicht möglich.

Bestimmten Patientengruppen wird der Zugang zu Cannabis inzwischen ermöglicht. Zu ihnen gehören Schmerz-, Krebs- und AIDS-Kranke sowie Menschen, die an *Multipler Sklerose* leiden. Eine im Bundestag beschlossene Gesetzesreform, die im März 2017 in Kraft getreten ist, regelt den Bezug von Cannabis für medizinische Zwecke. Es bleibt zu hoffen, dass auch die Tourette-Patienten von der Reform profitieren werden.

Ursachenforschung und Behandlung

„Bis heute gibt es keine eindeutige und allumfassende Erklärung für die Entstehung der Zwänge."
A. Rothenberger

Die Ursache von Zwängen zu ergründen, ist offenbar ein schwieriges Unterfangen, denn die Forschung ist immer noch nicht zu einem eindeutigen Ergebnis gelangt. Eine übertrieben strenge Erziehung durch die Eltern, die man eine zeitlang mit Zwängen in Verbindung brachte, zeigte keinen eindeutigen Zusammenhang mit späteren Zwangsstörungen. Für den Einfluss angelernter Verhaltensweisen spricht allerdings die Besserung der Symptomatik nach der Anwendung von Verhaltenstherapie.

Psychoanalytische Deutung: S. Freud meint, den Zwangssymptomen liege eine psychische Fixierung aus der frühen Kindheit zugrunde. Eine heftige Triebregung oder ein starker Wunsch werde ins Unterbewusstsein verbannt, da ihnen aufgrund von Verboten die Erfüllung versagt bleibt. Der Wunsch sei durch diese Verbannung aber nicht aufgehoben. Daraus entstehe in der Folgezeit ein fortdauernder Konflikt. Die Stärke des ursprünglichen Verbotes entspricht der Stärke des Konflikts, der sich allerdings der bewussten Einsicht entzieht. Jeder Vorstoß, der darauf abzielt, das Verbot zu umgehen, führt zu einer weiteren Verschärfung.

Zwanghaften Abwehrhandlungen, die zur Abwendung von Unheil dienen sollen, liegen mit großer Wahrscheinlichkeit starke Schuldgefühle zugrunde. Dies gilt wohl vor allem für Menschen mit ausgeprägten Sexualphantasien. Die aufwendigen Zwangsübungen dienen u.a. der Selbstkasteiung, um die Schuldgefühle zu besänftigen.

In vielen Berichten kommt die Ratlosigkeit zum Ausdruck, welche die Suche nach den Hintergründen von Zwängen begleitet. „Man nimmt an, dass sowohl biologische, erbliche als auch Faktoren aus der Lern- und Lebensgeschichte eine wichtige Rolle für die Entstehung der Zwänge spielen", behaupten A. Scholz und A. Rothenberger (S.199). Zwänge als Abwehrmaßnahmen gegen verbotene Impulse aus dem Unbewussten zu verstehen, wie es die Psychoanalyse und Tiefenpsychologie versuchen, wird von den Autoren allerdings angezweifelt: „Eher von Interesse könnten scheinbare Ähnlichkeiten zwischen zwanghaften Ritualen im Rahmen von Zwangserkrankungen und religiösen Ritualen sein", meint A. Rothenberger (S.202).

Die Nachgiebigkeit gegen den Zwang schafft vordergründig Erleichterung und Entspannung. Daher schrecken die Betroffenen davor zurück, eine Zwangsbewegung zu unterdrücken. Wird dennoch der Versuch unternommen, entsteht eine quälende Unruhe, bis hin zu Schmerzempfindungen und Angstattacken. Die anschließende Ausführung der Bewegung erfolgt mit vermehrter Heftigkeit.

Innere Konflikte erscheinen bei oberflächlicher Betrachtung manchmal unentwirrbar, können aber durch angemessenes therapeutisches Vorgehen schließlich dennoch entwirrt werden. Gewisse Zwangsbewegungen erwecken von außen den Eindruck, „dass es sich um sinnloses oder ‚irrsinniges‘ Tun handle, während wiederum die Einfühlung restlos ihren Gehalt erfasst", meint F. Kehrer (S.63). Unter den Behandlungsmethoden hat sich Verhaltenstherapie als sehr wirksam erwiesen; in vielen Fällen konnte eine dauerhafte Besserung erzielt werden. Andererseits können Fehler im Behandlungsverlauf zu einer Verstärkung der Symptomatik führen.

Hirnorganische Störungen? Immer dann, wenn es der psychologischen Forschung an Erkenntnissen mangelt, wird nach hirnorganischen Störungen gesucht, die das Unverständliche fassbar erscheinen lassen. Allerdings konnte der anatomische Beweis für die Entstehung von Zwangskrankheiten bisher nicht erbracht werden, es liegen lediglich „Vermutungen aufgrund von Analogieschlüssen" vor (ders. S.67f.). Für Zwangsneurosen eine rein psychoanalytische Deutung zu befürworten, weist ebenfalls einige Mängel auf, denn wesentliche Fragen hinsichtlich der Entstehung bleiben unbeantwortet.

Ein wichtiger Anhaltspunkt bei der Kennzeichnung psychischer Zwangsvorgänge ist die immer wiederkehrende Empfindung der Überwältigung durch fremde Vorstellungen, Denkinhalte, Gefühle oder Impulse, die aus dem Unterbewusstsein emporsteigen. Damit verbunden ist der bewusste Drang, immer wieder dagegen anzugehen, auch wenn die Vergeblichkeit solcher Bemühungen längst erkannt wurde. Der seelische Zwang beruht, vom dynamischen Standpunkt aus betrachtet, darauf, „dass zwei an sich gleich starke und dabei gleich bewegliche Kräfte miteinander ringen, und zwar dauernd ringen müssen, weil… keine der beiden unterliegt" (ders. S.71f.). Immer wieder verfällt der zwangsneurotische Mensch diesem Mechanismus.

Ausgesprochen deutlich hervortretende Zwangsvorstellungen finden sich gehäuft bei Menschen mit ausgeprägter Persönlichkeitsstruktur. Den Zwangskranken wird eine besondere Klarheit des Bewusstseins, eine ‚Steigerung der Wachheit' nachgesagt. In der Vorgeschichte vieler Zwangsneurosen ist ein Hang zu Pedanterie, zu gewissenhafter Ordnung und Sauberkeit anzutreffen.

A. Rothenberger weist auf die Wahrscheinlichkeit neurobiologischer Zusammenhänge hin, obwohl über die genauen genetischen Mechanismen bislang wenig bekannt ist (S.200f.). Vermutet wird eine Veränderung des Hirnstoffwechsels, wobei ein Ungleichgewicht der Überträgerstoffe Dopamin und Serotonin eine wesentliche Rolle spielen soll.   Im Gehirn sind – zur Erfüllung bestimmter Aufgaben – eine Vielzahl von anregend oder hemmend wirkenden Nervenzellen zu ‚Regelkreisen' miteinander verschaltet. Einer dieser Regelkreise ist zuständig für die Steuerung und Kontrolle von Gedankenabläufen und Gefühlszuständen. Daneben existieren noch sogen. ‚globale Systeme', die aus tiefer liegenden Gehirnbereichen in die lokalen Netzwerke aufsteigen.

Diese vereinfachte Darstellung gibt einen ungefähren Einblick in die Wirkungsmechanismen des Gehirns. Doch die Frage stellt sich, wie bei einer rein neurobiologischen Betrachtungsweise die Besserung von Zwangsstörungen durch Verhaltenstherapie zu erklären ist. Zwar scheinen tatsächlich Zusammenhänge zwischen Verhaltensmustern und Gehirnstrukturen zu existieren. Allerdings kann davon ausgegangen werden, dass den Veränderungen im Gehirn eine sekundäre Rolle zukommt. Für die im Gehirn aufgefundenen Strukturen sind in erster Linie Verhaltensmuster verantwortlich und nicht umgekehrt.

Einerseits wirkt sich ein krankhaft verändertes Gehirn auf die Befindlichkeit aus, doch umgekehrt hat auch die psychische Situation eines Menschen Auswirkungen auf die Gehirnstruktur. Eine an rein biologischen Zusammenhängen orientierte Anschauung, die in erster Linie physiologische Veränderungen im Gehirn für bestimmte Erkrankungen verantwortlich macht, kommt damit ins Wanken. Übertriebene und unerwünschte Tendenzen in der Psyche wirken viel stärker irritierend als eine relativ ausgeglichene Gemütslage; die Möglichkeit eines Zwanges ist in höherem Maße gegeben. Der Zwang wird in diesem Fall dazu benutzt, unerwünschte Tendenzen zu verdrängen.

Entstehung von Tics: Menschen, die am Tourette-Syndrom erkrankt sind, stehen unter dem Zwang, unsinnige Worten und Gesten stetig zu wiederholen. Das Tourette-Syndrom ist eine Erkrankung, die jeden Menschen irgendwann einmal treffen kann. Nicht immer sind die Merkmale gleich. Die anfänglich fast unmerklichen Tics können sich zu heftigen Bewegungsabläufen steigern, die sich immer mehr der Kontrolle entziehen. Ein heftiger Kampf tobt dann im Innern der Patienten.

Bislang sind die Ursachen für die Entstehung von Tics nicht abschließend geklärt. In seinem Fallbericht *Emmy v. N.* beschreibt S. Freud eine Patientin, deren Tic-Symptomatik in einem Schnalzen mit der Zunge bestand. Die Entstehung des Tics konnte unter Hypnose aufgeklärt werden. Freud führte das Symptom auf einen psychischen Ausnahmezustand zurück, in dem sich eine peinliche Kontrastvorstellung durchsetzte. Die Befürchtung, plötzlich in Gegenwart anderer Menschen unflätige Worte auszustoßen, kann geradezu das Eintreffen des peinlichen Geschehens provozieren. Damit gelingt es denjenigen Inhalten, die im Dunkeln bleiben sollen, sich Ausdruck zu verschaffen. Unterdrückte, gehemmte Vorstellungsinhalte können die Oberhand gewinnen, sobald sich die Psyche in einem Erschöpfungszustand befindet.

In der Gegenwart wird von wissenschaftlicher Seite - ähnlich wie bei den Zwängen - von einer Stoffwechselstörung im Gehirn ausgegangen. A. Rothenberger verweist auf eine Überfunktion des Neurotransmitters Dopamin, wodurch ein Ungleichgewicht entsteht. Er weitet sein Modell aus im Hinblick auf die Zwänge, die das Tourette-Syndrom häufig begleiten und postuliert, den Zwängen lägen bestimmte ,Verschaltungen' im Nervenzellsystem zugrunde. Diese seien allerdings psychotherapeutischer Einflussnahme zugänglich. Damit wird die rein organisch-biologische Betrachtungsweise als unzulänglich erkannt, wenngleich nicht ganz darauf verzichtet wird.

Das Tourette-Syndrom ist der Behandlung zugänglich, auch wenn dies nicht immer klar erkannt wird. Es existiert allerdings keine Behandlungsform, die das Tourette-Syndrom vollständig heilt. Die medikamentöse Behandlung ist mit zum Teil erheblichen Nebenwirkungen verbunden. Von psychotherapeutischer Seite wird den Patienten vermittelt, dass sie selbst die Verursacher ihrer Gedanken und Handlungen sind. Der Tourette-Kranke erstarrt häufig in einer Pose des Selbstmitleids, anstatt tatkräftige Schritte zu seiner Heilung zu unternehmen. Wäre er bereit, aktiv an der Verbesserung seines Zustandes zu arbeiten, wäre ein deutliches Nachlassen der Beschwerden der Lohn. Das Bewusstseinsfeld ist nicht so festgefügt, wie es scheint. Immer gibt es Lücken im System, Muster, die durchbrochen werden können.

Ein Ausweg aus dem Dilemma kann die Suche nach verborgenen Ursachen sein. Nur wenn das Feld der Einflussmöglichkeiten erweitert wird, können sinnvolle Zusammenhänge hergestellt werden. Das Unterbewusstsein und sein Zusammenwirken mit geistigen Kräften ist immer noch zu wenig erforscht, um gegen schädliche Einflüsse eine wirksame Gegenwehr zu ermöglichen.

Das Tagesbewusstsein: Menschen befinden sich tagsüber in unterschiedlichen Bewusstseinszuständen, ohne dies zu bemerken. Das Tagesbewusstsein befasst sich mit den Dingen des alltäglichen Lebens, die bspw. konkrete Handlungsabläufe erfordern: Putzen, waschen, kochen, Reparaturen vornehmen etc. Bei diesen Tätigkeiten ist das menschliche Bewusstsein gänzlich fokussiert auf den jeweiligen Bezugspunkt in Zeit und Raum, ohne dem Bewusstsein Abschweifungen auf Nebenschauplätze zu erlauben.

Diese Konzentration ist in manchen Augenblicken lebensnotwendig, z.B. in schwierigen Situationen beim Autofahren. Aufgrund dieser Notwendigkeit verfallen viele Menschen in den Fehler, sich ausschließlich mit ihrem Tagesbewusstsein zu identifizieren und ihm eine Bedeutung zu geben, die nicht angemessen ist. Andere Bewusstseinsmöglichkeiten geraten so gänzlich aus dem Blickfeld und werden nur noch über das Unterbewusstsein wahrgenommen.

Bei vielen nebensächlichen Handlungsabläufen ist eine ausschließliche Konzentration nicht notwendig. Das Bewusstsein hat in diesen Momenten die Möglichkeit, in andere Dimensionen der Erfahrung zu reisen. Vermeidet das Bewusstsein aber - aufgrund innerer Ängste – rigoros das Abschweifen auf andere Ebenen, dann werden banale Tätigkeiten in übertriebener Weise mit Energie versorgt. Dies verleiht ihnen einen erhöhten Stellenwert. Das Bewusstsein wird gezwungen, seinen Focus einzuengen, was den Energiefluss verstärkt. Wird ein alltäglicher Handgriff derart mit Energie aufgeladen, dann findet in der Psyche des Betreffenden mit der Zeit eine Fixierung statt.

Die ausdauernde Konzentration auf einen bestimmten Bezugspunkt führt zur Vertiefung des jeweiligen Spektrums. Die Einzelheiten gewinnen an Bedeutung und rücken immer stärker in den Vordergrund. Wird die Aufgabenstellung der intensiven Wahrnehmung von Einzelheiten gerecht, dann ergibt sich daraus keine Störung. Die intensive Konzentration auf Einzelheiten wird erst dann auffällig, wenn sie in wiederkehrender, starrer Form erfolgt, die auch durch die Gewohnheit wenig aufgelockert wird und sich auf alltägliche, einfache Handlungen bezieht. Tiefsitzende Ängste liegen dieser Bewusstseinseinstellung zugrunde.

Zwanghaftes Verhalten ist die Folge von Fixierungen aufgrund einer zu starken Einengung des Bewusstseins. Die Kontrollfunktionen sind in übertriebener Weise ausgebildet; der Fluss der Energie wird immer unflexibler. Jede Handlung wird mit peinlichster Sorgfalt ausgeführt und häufig wiederholt. Daraus resultieren zwanghafte Verhaltensmuster. Wasch- und Putzzwänge sind ein anschauliches Beispiel für eine übertriebene Einengung des Bewusstseinsspielraums.

Ein flexibles Bewusstsein erlaubt zumindest hin und wieder ein Abschweifen in andere Dimensionen der Erfahrung. Der Bewusstseinsausschnitt, welcher der Wahrnehmung zugrunde liegt, kann sich vergrößern. Ein weiter gespanntes Bewusstsein schöpft aus einem umfassenderen Reservoir, daher sind ihm vielfältigere Informationen und Erfahrungen zugänglich.

In anderen, erweiterten Bewusstseinzuständen verweilt ein Mensch normalerweise mehrmals am Tag, ohne dies zu bemerken. Jedes Bewusstsein ist mit der ‚Quelle‘ verbunden, dem allumfassenden Sein. Momente, in denen die Konzentration auf alltägliche Belange nachlässt, Augenblicke der Muße und Zerstreutheit, nutzt das Bewusstsein zur Erkundung anderer Dimensionen des Geistes. Je weiter ein Bewusstsein entwickelt ist, desto umfassendere, höhere Schwingungsebenen sind ihm zugänglich, mit denen es sich verbinden kann und aus deren Reservoir es sich bereichert.

Ein sich entwickelndes Bewusstsein ist dazu aufgerufen, sich mehrmals am Tag willentlich mit anderen Bewusstseinsebenen in Verbindung zu setzen. Diesen Vorgang kann man mit dem Ein- und Ausschalten eines Lichtschalters vergleichen. Konzentriert sich das Bewusstsein gänzlich auf die materielle Ebene, ist es für die rein geistigen Bewusstseinszustände weitgehend ausgeschaltet. In Stunden der Entspannung hingegen, in denen die Psyche ‚abschaltet‘, ist die Verbindung mit anderen geistigen Dimensionen möglich; das Bewusstsein ist nun ‚eingeschaltet‘. Im Zustand des erweiterten Gewahrseins gibt der Mensch einen Teil seiner Kontrolle ab. Die Verbindung hält in der Regel nur so lange an, wie der Mensch in dem entspannten Zustand verweilt.

Das Tagesbewusstsein eines Menschen ist Zyklen unterworfen. Die durch eine erneute Konzentration bewirkte Unterbrechung führt zu einem ‚Rückfall‘ des Gewahrseins auf ausschließlich irdischmateriell ausgerichtete Bereiche; der Kontakt ‚nach oben' ist unterbrochen und damit der Zugang zu höherem Wissen. Allein die Bewusstwerdung dieser Zusammenhänge gibt dem Menschen die Möglichkeit, seine Geisteshaltung zu ändern, um den Bewusstseinsspielraum zu erweitern. Hierdurch erschließen sich umfassendere Wahrnehmungsbereiche, zu denen das Individuum bei einer starren Fokussierung keinen Zugang hätte.

Die Verbindung mit höheren Bewusstseinszuständen wird hergestellt, indem ein Mensch bewusst die Aufmerksamkeit in diese Richtung lenkt. Dieser einfach erscheinende Vorgang ist schwieriger, als es den Anschein hat. Das bewegliche, fluktuierende Bewusstsein bleibt selten in eine Richtung zentriert, daher wird es einem Übenden anfangs schwer fallen, die Zentrierung auch nur über einen kurzen Zeitraum beizubehalten. Störende Energien machen sich bemerkbar, die das Bewusstsein in verschiedene Richtungen abgleiten lassen.

Elementale: Es gibt unterschiedliche Grade von Zwanghaftigkeit. Einen besonderen Zugang zu pathologischen Zwangsstörungen hatte der griechische Heiler *Daskalos*, der auf Zypern lebte und verblüffende Heilungserfolge erzielte. Über das Leben und Wirken des *Daskalos* hat der Schriftsteller K.C. Markides sehr eindrucksvoll berichtet. Zwangsvorstellungen werden laut *Daskalos* durch *Elementale*[1] verursacht. Darunter versteht er Gedankenformen, die im Unterbewusstsein angesiedelt sind. Ein hellsichtiger Mensch ist fähig, die Gestalt eines *Elementals* zu erkennen.

Die Gefühls- und Gedankenwelt eines jeden Menschen erzeugt *Elementale* von unterschiedlicher Intensität und Dauer. Jedes *Ele-*

---

[1] Elementale sind Gedankenformen: Jedes Gefühl, jeder Gedanke, den wir aussenden, formt Elementale von unterschiedlicher Kraft und Dauer. Die Elementale besitzen eine eigene Gestalt und ein eigenes Dasein, unabhängig von dem, der sie ausgesandt hat.

mental unterscheidet sich von anderen durch seine Form, in der energetischen Ausprägung sowie der Art, Einfluss auszuüben. Intensive Emotionen und Phantasien erzeugen *Elementale* von großer Kraft und Beständigkeit, weshalb sie imstande sind, die bewusste Wahrnehmung des Betreffenden zu verändern und auch sein Handeln zu beeinflussen.

Die Wächterinstanz: Zwänge erinnern an bestimmte Verhaltensweisen der Naturvölker, wenn man deren Neigung, sich bestimmte Dinge zu merken, einzelne Wörter umzudrehen, zu zählen oder Beziehungen zwischen inneren und äußeren Vorgängen herzustellen, in Betracht zieht.

Die Genese eines Zwangs ist vom Geheimnisvollen umgeben, glaubt H. Feer, denn eine außerbewusste Instanz sei daran beteiligt, die er als ‚Wächterinstanz' bezeichnet. Diese überwache die nähere Umgebung eines Menschen und werde aktiv, sobald sie eine Störung bemerkt. Sie wache über die Sicherheit und lenke die Aufmerksamkeit auf potentielle Gefahren. Zuweilen spreche der Wächter auf Reize an, die für die bewusste Aufmerksamkeit keinerlei Gefahr darstellen. In solchen Fällen könne die Wächterinstanz in Widerstreit mit der bewussten Aufmerksamkeit geraten, - und ein Zwang entsteht.

Ein Teil der Zwangssymptomatik kann nur dann verstanden werden, wenn auch okkulte Gesichtspunkte in die Überlegungen mit einbezogen werden. Mystisches Erleben ist nicht frei von überwältigenden Einflüssen. Etliche spirituelle Menschen erleben zeitweilig die ergreifende, in Besitz nehmende Gewalt einer geistigen Macht; sie wandeln sich zu ‚Gefäßen' der ‚Gottheit'. Ein gewisses Maß an Zwang ist im religiös-mystischen Geschehen nicht zu übersehen. Dabei überwiegt entweder das Erleben einer spirituellen Erweiterung und Erfüllung oder die Erfahrung von Unfreiheit und Willenlosigkeit. Letzteres führt zu zwanghaftem Verhalten und geht nicht selten einher mit dem Verlust der Herrschaft über die willkürlichen Körperbewegungen.

Verbindung mit Wesenheiten: Zwangskranke haben womöglich den Fehler begangen, eine Verbindung mit Wesen aus der unsichtbaren Welt einzugehen, die weit unter ihnen stehen. Am Tourette-Syndrom Leidende neigen zu Flüchen und obszönen Äußerungen; ein Hinweis auf die Natur der ihnen innewohnenden geistigen Mächte. Den Wesenheiten ist es offenbar gelungen, partiell die Herrschaft über den menschlichen Körper zu übernehmen und diesen zu unangemessenem Verhalten zu zwingen. Derartige Wesen lösen sich nur schwer von Menschen, von denen sie einmal Besitz ergriffen haben.

Die Betroffenen haben einst die Kontrolle über ihre Körperfunktionen partiell verloren, ohne sich an diesen Vorgang bewusst zu erinnern. So gelang es einem der Wesen, sich einzunisten und einen Teil der Kontrolle an sich zu reißen. Diesen Wesen geht es darum, ihren Herrschaftsbereich auszuweiten und immer größere Teile der Psyche in ihre Gewalt zu bekommen. Gelingt ihnen dies, wird das Opfer zum Spielball von Kräften, deren Ziel die vollständige geistige Übernahme ist.

Die Entstehungsgeschichte der Zwangserkrankungen ist sehr speziell. Wahrscheinlich haben sich einige der Betroffenen einst von höheren geistigen Einflüssen abgeschnitten, was niederen Wesen erlaubt hat, zu ihnen vorzudringen. Diese Wesen halten sich normalerweise im Hintergrund jeder individuellen Psyche auf; sie treten nicht deutlich in Erscheinung. Veränderungen in der Psyche der Opfer, eine Lockerung der inneren Strukturen, vergrößern die Beeinflussungsmöglichkeiten. Das Eindringen fremder Mächte setzt einen mangelnden inneren Widerstand voraus, dessen Gründe mannigfaltig sein können. Mediale Menschen, die sich mit der geistigen Welt verbinden, sind in der Regel vor derartigen Angriffen gefeit, da ihnen schützende Helfer zur Seite stehen und das Problem im Keim ersticken.

Wer unter Zwängen leidet, ist gebranntmarkt für sein ganzes Leben. Er ist einem hypnotischen Einfluss ausgesetzt, der nur schwer zu durchbrechen ist. Ein inneres Bild, das eine Patientin beschreibt, verdeutlich diesen Einfluss: Sie sitzt auf einem Stuhl und schaut einem männlichen Wesen, das vor ihr steht, unentwegt in die Augen. Dieser stete Blickkontakt erzeugt auf lange Sicht eine Verbindung zwischen dem Geist des Menschen und dem der Wesenheit. Als Konsequenz der Verbindung gewinnt das Wesen Macht und Einfluss auf die Psyche der Person.

Das Erkennen der ursächlichen Zusammenhänge, die unerwünschtem Fremdeinfluss zugrunde liegen, erleichtert die Situation erheblich. Wenn der Betreffende in etwa weiß, woran er ist, kann er zumindest versuchen, den beeinflussenden Kräften zu widerstehen. Eine Aufhellung des Bewusstseinsfeldes, die Beschäftigung mit anderen Themen und Ablenkung in jeder Form ist dabei bereits eine große Hilfe. Je häufiger es einem Bewusstsein möglich ist, auf geistigen Ebenen zu verweilen, desto mehr wird eine Verfeinerung und Anpassung an die dort erlebten Bewusstseinszustände stattfinden.

Viele unter Zwängen leidende Patienten glauben, ihre Erkrankung sei unheilbar, weshalb sie von vornherein alle Hoffnung begraben. Sie verfestigen damit diesen Zustand noch, anstatt ihm offensiv etwas entgegenzusetzen. Sie neigen zu einem zwanghaften Pessimismus, der sie einengt und in engen Grenzen gefangen hält. Daher sehen sie sich außerstande, ihrem Gefängnis zu entfliehen. Doch dessen Gitterstäbe sind nicht so festgefügt, wie es den Anschein hat. Indem sie sich erlauben, ihre Gefühle in eine positive Richtung zu lenken, geben sie der Hoffnung mehr Raum.

Die Kranken haben sich von höheren geistigen Kräften abgekoppelt. Wenn sie wieder lernen, sich den feinstofflichen Ebenen zu öffnen und mehr dem eigenen Selbst zu vertrauen, anstatt nur im außen nach Hilfe zu suchen, ist damit schon viel gewonnen.

Asthmatische Atemstörung

Asthma - das ist zwischen den Welten stehen, nicht nach oben,
aber auch nicht nach unten gehen können.
P. Koellreuther

Auslöser für Asthma

Asthma bronchiale wird im Wesentlichen als allergische Erkrankung aufgefasst. Anlass dazu geben die positiven Resultate vieler Allergietests. Allerdings wurde auch ein Zusammenhang zwischen Asthma und neurotischen Störungen festgestellt. Asthmakranke leiden vermehrt unter Angstzuständen und Panikattacken. Extrem selten wird Asthma bei psychotischen Menschen angetroffen, doch die Forschungsergebnisse sind in dieser Frage nicht einheitlich.

Der Atem ist die Grundlage alles Lebendigen. In alten Kulturen wurde Atem gleichgesetzt mit Seele oder Geist. *Spirare* (lat.) heißt atmen und *spiritus* ist der Geist. Der Begriff findet sich in dem Wort *Inspiration* wieder, was wörtlich ‚einhauchen' meint. In den indischen Lehren wird der Atem als Träger der eigentlichen Lebenskraft, *prana*, angesehen.

Im 19. Jhdt war die Ansicht verbreitet, Asthma werde durch einen Krampf der Bronchialmuskeln hervorgerufen und diesem liege eine neurotische Störung zugrunde. Vertreter der somatischen Richtung sahen hingegen in den asthmatischen Beschwerden ausschließlich eine Affektion der Bronchialschleimhaut.

Asthma-Attacken können bei dafür sensiblen Personen durch gewisse Stimuli, wie bestimmte Orte, Gerüche oder Musikstücke, ausgelöst werden. Auch körperliche Anstrengungen können einen Anfall provozieren, ebenso wie Hyperventilation. Der damit zusammenhängende Mechanismus konnte bislang noch nicht vollständig geklärt werden. Die Rolle psychischer Faktoren ist dann in Betracht zu ziehen, wenn trotz der Anwesenheit von Allergenen Anfälle ausbleiben oder wenn sie im umgekehrten Fall eintreffen.

Asthmakranke neigen dazu, heftige emotionale Äußerungen zu unterdrücken. Besondere Probleme breiten ihnen aggressive Impulse. Da intensive Gefühlsäußerungen wie Schreien und Lachen einen Anfall provozieren können, werden diese weitgehend vermieden.

Der berühmte französische Schriftsteller *Marcel Proust* litt seit er 9 Jahren alt war an Asthma bronchiale. In seinem Werk *Auf der Suche nach der verlorenen Zeit* schrieb Proust: „Im Zustand der Krankheit merken wir, dass wir nicht allein existieren, sondern an ein Wesen ganz anderer Ordnung gefesselt sind, von dem uns Abgründe trennen, das uns nicht kennt und dem wir uns unmöglich verständlich machen können: unser Körper.“

In den darauffolgenden Jahren häuften sich die Attacken. Der bevorzugte Ort seines Schreibens war das Bett, das er in den letzten 10 Jahren seines Lebens kaum noch verließ. Eine Lungenentzündung beendete schließlich sein Leben im Alter von 51 Jahren. Proust soll bis zu 20 Tassen Kaffee täglich getrunken haben, um die quälende Atemnot zu lindern. Die braunen Bohnen enthalten sogen. *Xantine*, welche die Schleimhäute der Bronchien abschwellen lassen und somit Atembeschwerden verringern.

Bei der Suche nach Allergie auslösenden Verursachern bleiben Fragen offen, denn der Zusammenhang zwischen Allergenkontakt und Asthmabeschwerden konnte nicht eindeutig nachgewiesen werden. Häufig bleiben die Anfälle aus oder ein Anfall geschieht auch ohne ersichtlichen Grund. In der *Enzyklopädie der Psychologie D*, Bd 4 heißt es: Es „bleibt die Entstehung der Allergie an sich wiederum ebenso zu erklären wie die Tatsache langjähriger Freiheit von Asthmasymptomen trotz allergischer Reaktionen der Haut oder anderer Organe“ (S.248).

Auch Infektionen werden für die Entstehung von Asthma mitverantwortlich gemacht. Hier „wäre wiederum zu fragen, bei welchen

Personen und unter welchen Umständen Erreger die Veränderungen der Bronchien hervorrufen können und wer andererseits gegen solche pathogenen Wirkungen geschützt ist" (ebd.). Es gibt somit offene Fragen, die noch weitgehend ungeklärt sind.

Dass die bisherigen Anschauungen über die Entstehung des Asthma bronchiale in vieler Hinsicht unzureichend sind, meinen auch A. Jores und M.V. Kerékjarto. Im Wesentlichen sollen vier verschiedene Ursachen an der Entstehung beteiligt sein:

- Allergieauslösende Stoffe;
- chronische Infekte;
- endogene, vegetative Störungen;
- psychische Störungen.

Da eine allgemein anerkannte Definition asthmatischer Erkrankungen Schwierigkeiten bereitet, bevorzugen die Autoren den Begriff *asthmatische Atemstörung*, die entweder als Asthma-Anfall oder als chronischer Zustand von längerer Dauer auftritt. Dabei ist die Ausatmung behindert und deutlich verlängert und fast immer begleitet von einen pfeifenden Geräusch.

Bei Allergikern setzt die allergische Reaktion nicht einfach in Sinne eines einfachen Mechanismus ein. Daraus ist zu schließen, dass noch weitere Bedingungen erfüllt sein müssen, bis eine allergische Reaktion auftritt. Diese sind allerdings noch weitgehend unbekannt.

Das vegetative Nervensystem im Zwischenhirn ist vermutlich an der Entstehung eines Anfalls beteiligt. „Wer wollte bestreiten, dass Asthmatiker in den Kreis der Menschen mit vegetativer Labilität gehören..." argumentiert Jores, und er fährt fort: „Aber ist damit wirklich etwas ausgesagt darüber, wie nun das Anfallsleiden Asthma zustande kommt? Doch wohl kaum" (S.14). Die bisher vorliegenden Kenntnisse über die Entstehung der meisten Krankheiten sind leider immer noch dürftig, gibt Jores offen zu.

Die Ursachenliste wie: Allergien, vegetative Labilität, Herdinfektionen, endokrine Störungen usw. findet sich immer wieder bei verschiedenen Krankheiten. „Fast scheint es so, als wenn alle diese Dinge immer wieder angeführt werden, weil die medizinischen Forscher nicht wagen, offen zu bekennen: Wir wissen es nicht, um sich selbst und ihre Patienten vor der für sie etwas beschämenden Erkenntnis der Unwissenheit über die Ursachen einer so häufigen Erkrankung wie das Asthma zu bewahren" (S.19). Die Entzündung der Bronchialschleimhaut und die Sekretbildung hält der Autor für sekundäre Phänomene, die erst im Verlauf der Erkrankung hinzutreten und diese verstärken. Die Fehlatmung von Asthmatikern wirkt intensivierend auf das Geschehen.

Asthmatische Erkrankungen sind weltweit auf dem Vormarsch. Sie haben in den letzten Jahren dramatisch zugenommen. In Deutschland sterben jährlich etwa 5000 Menschen an der Krankheit. Jores bemängelt, dass die medizinische Forschung sich mit der Feststellung der pathogenetischen Faktoren, die unmittelbar an der Entstehung der Symptome beteiligt sind, begnügt. Allergene, endokrine Vorgänge, Infektionen etc. seien zwar pathogenetische Prozesse, doch habe man ganz verlernt, die Frage nach dem *warum*? zu stellen. Er kritisiert: „Die bisherige Auffassung ist außerstande, eine hinreichende Erklärung dafür zu geben, warum sich gerade eine Allergie gegenüber einem ganz bestimmten Stoff entwickelt und warum in einen ganz bestimmten Lebensalter" (S.28). Mit den Methoden der naturwissenschaftlichen Medizin sind diese Fragen höchstwahrscheinlich nicht zu beantworten.

Im Jahre 2003 veröffentlichte der griechische Arzt N. Papadopoulos das Fazit einer Studie, die zu dem Ergebnis gekommen war, Erkältungsviren seien an der Auslösung von Asthma, speziell im Kindesalter, beteiligt. Doch weshalb die meisten Kinder eine Erkältung ohne asthmatische Symptome überstehen, wird nicht erwähnt. Kindliches Asthma tritt vor allem in Alter zwischen 1 und 2 Jahren auf, um dann kontinuierlich an Häufigkeit abzunehmen. Zur Zeit der Pubertät ist die Anzahl der Asthmakranken stark reduziert. Erst in 4. und 5. Lebensjahrzehnt ist wieder ein deutlicher Anstieg festzustellen.

Grob gesehen können zwei Formen der Erkrankung unterschieden werden: das allergische und das nichtallergische (intrinsische) Asthma. A. Jores sieht die Notwendigkeit, die Voraussetzungen für die Krankheit auch von der psychologischen Seite her zu betrachten. Er sucht nach Faktoren, die als Ursache dafür in Frage kommen, dass sich eine asthmatische Erkrankung und nicht ein anderes psychosomatisches Leiden entwickelt.

Angst spielt in Leben von Asthmatikern eine große Rolle; auch neigen viele von ihnen zu ungeduldigem und impulsivem Verhalten. Einerseits werden die Betroffenen als äußerst empfindsam beschrieben, gleichzeitig aber reagieren sie oft aufbrausend und tyrannisch. Die Aggressionen vieler Asthmatiker sind sehr ausgeprägt. Manche äußern, sie würden an liebsten „alles in die Luft sprengen".

Den Beweis für die psychosomatische Komponente der Erkrankung kann eine erfolgreiche Psychotherapie liefern: War es möglich, im Verlauf der Gespräche problematische Verhaltensweisen zu korrigieren, verschwand das Asthma in vielen Fällen (ebd., S.35). Der Atem kann in Zusammenhang mit dem Kontakt zur Umwelt und zu mitmenschlichen Beziehungen gesehen werden. Über den Atem sind die Menschen verbunden mit etwas, das sich jenseits der Form befindet. T. Detlefsen und R. Dahlke betrachten den Atem als Nabelschnur, durch die das Leben in den Organismus fließt. „Der Atem verbindet uns ständig mit allem" (S.159f.). Zwischen Asthma und Hautausschlag sehen die Autoren ebenfalls eine Verbindung, da hier ein ähnliches Problem zum Ausdruck gebracht wird, nämlich Berührung und Kontakt.

Wenn ein Mensch nicht frei atmen kann, sondern nur schwer Luft bekommt, zeigt sich darin häufig die Angst, Schritte in die Selbständigkeit und in die Freiheit zu tun. Eine Lähmung macht den Betroffenen bewusst, wie unflexibel und unbeweglich sie in der Tiefe ihrer Seele sind. Mit der Atemlähmung wird die Energieversorgung lahm gelegt. „Das Symptom macht deutlich, dass keine Lebenskraft mehr hereinkommt", erklären die Autoren (S.206).

Überempfindlichkeit gegen Gerüche tritt bei Asthmatikern gehäuft auf. Vor allem Ausdünstungen, die mit Unsauberkeit und Schmutz in Beziehung stehen, werden als besonders unangenehm empfunden. In der klaren Gebirgsluft, dort ,wo die Luft noch rein ist', fühlen sich Asthmatiker besonders wohl. Sie lieben die Klarheit, bevorzugen das Sterile und meiden Dunkles, Trübes und Schmutziges. Das Ideal der Sauberkeit und Ordnung hindert Asthmapatienten daran, diese Welt so zu akzeptieren wie sie ist, mit all ihrer Trübsal, ihrem Schmutz und Leid.

Sexualität spielt im Leben von Asthmakranken eine untergeordnete Rolle. Die vitalen Impulse der sexuellen Erregung werden als gefährlich erlebt und stehen mit den angestrebten Idealen nicht in Einklang. Ein Kontrollverlust soll um jeden Preis vermieden werden. A. Jores bemerkt: „...die nicht richtige Ausatmung ist Hingabestörung, denn die Ausatmung ist ein passiver Vorgang, ein ausgesprochenes Geschehenlassen" (S.44f.).

Vielen Asthmatikern fällt es schwer, zu weinen oder Freude zu empfinden; sie haben kein rechtes Verhältnis zu ihrem Gefühlsleben. Nach Auffassung von T. Detlefsen und R. Dahlke ist das innere Gleichgewicht gestört. Die Polaritäten Geben und Nehmen sind davon besonders betroffen (S.163f.).

Asthmatische Beschwerden sind eng verknüpft mit allergischen Störungen. Allergien sind Überreaktionen auf einen als feindlich erkannten Stoff. Die an sich sinnvolle Verteidigung des Immunsystems wird beim Allergiker maßlos übertrieben. „Er baut eine Hochrüstung auf und dehnt sein Feindbild auf immer mehr Bereiche aus", erläutern die Autoren. „Doch wie im militärischen Bereich Hochrüstung immer ein Zeichen starker Aggressivität ist, so ist auch die Allergie Ausdruck starker Abwehr und Aggressivität, die in den Körper verdrängt wurde". Die Probleme des Allergikers mit seiner aggressiven Seite werden von ihm nicht erkannt. „Bei der Allergie ist die Aggression aus dem Bewusstsein in den Körper gestürzt und tobt sich nun hier aus: Es wird nach Herzenslust verteidigt und angegriffen, gekämpft und gesiegt" (S.152). Auch die Themen Abwehr und Angst spielen hierbei eine Rolle. Angst und Enge sind untrennbar miteinander verbunden.

Psychische Gründe werden zwar häufig als Auslöser für allergische Reaktionen erkannt. Doch auch körperliche Anstrengungen, wie Treppensteigen, schnelles Laufen, Sport treiben etc. können asthmatische Anfälle auslösen, während durch Alkoholkonsum und Rauchen bisweilen eine erleichternde Wirkung erzielt werden kann.

Die Bedingungen für die Entstehung asthmatischer Erkrankungen sind in der Regel vielschichtig. Bei Manchen gehen sie auf frühkindliche Einflüsse zurück, die in späteren Lebensabschnitten durch ähnlich geartete Erfahrungen verstärkt werden. Eine problematische Eltern-Kind-Beziehung kann der Entstehungshintergrund sein für eine sich später immer stärker ausprägende Problematik. Unterschwellige Ressentiments auf seiten eines Elternteils vermitteln einem Kind den Eindruck, unerwünscht zu sein. Es fühlt sich buchstäblich in seinen vitalen Lebensäußerungen beschnitten, ja, seine Existenzberechtigung scheint in Frage gestellt.

Vor diesem psychologischen Hintergrund kann die im Grunde aktive und expansive Kraft des Kindes sich nicht entfalten. Das Unverständnis der Eltern und die mangelnde Einfühlung geben ihm das Gefühl, zu wenig Raum zur Verfügung zu haben. Kommt es darüber hinaus zu Handgreiflichkeiten seitens der Eltern gegen das lebhafte Expansionsstreben des Kindes, verstärkt sich das Gefühl, im Drang nach Entfaltung zu stark eingeengt zu werden.

Diese prägenden Einflüsse werden in späteren Jahren möglicherweise noch verstärkt aufgrund ähnlicher Erfahrungen im Freundeskreis oder im Berufsleben. Über einen längeren Zeitraum hinweg kann der Betreffende seinen inneren Entfaltungsdrang nicht verwirklichen, sondern fühlt sich von mehreren Seiten bedrängt und eingeengt.

Dieser Eindruck des zu engen Raumes verankert sich tief im Unterbewusstsein und wirkt sich auch auf den erwachsenen Menschen schädlich aus. Er entwickelt eine ausgeprägte Symptomatik. In einem engen Raum wird die Luft zum Atmen (d.h. die Lebensgrundlage an sich) sehr schnell knapp. Die Bedrohlichkeit der Situation führt zu einer Verstärkung der Problematik, solange die Zusammenhänge nicht erkannt werden.

Eine Heilung ist nur möglich, wenn der Betroffene Einsicht in die Entstehungsbedingungen seiner Erkrankung gewinnt und einen Zusammenhang zu seinen gegenwärtigen Schwierigkeiten herstellt. Falls in der Lebensgemeinschaft des Asthmakranken nicht förderliche Einflüsse zum Tragen kommen, die zu seinen bisherigen Erfahrungen ein Gegengewicht bilden, besteht immer die Gefahr der Fixierung und Vertiefung der Problematik. Eine kritisierende Haltung seitens des Lebenspartners und ein Nichtakzeptieren der Eigenarten des Asthmatikers wiederholen die früh erfahrenen Muster von Frustration und Bedrängung, was die Symptomatik weiter verfestigt.

Die expansiven, nach Weiterentwicklung drängenden Kräfte werden auch durch eine einengende Arbeitssituation zurückgehalten. Eine nicht befriedigende Tätigkeit, über mehrere Jahre ausgeübt, bewirkt einen Rückzug der vitalen Kräfte und fördert den Leistungsabbau. Die in der Kindheit empfundene psychologische Enge ist nun räumlich gegebenen am Arbeitsplatz, wodurch eine fatale Rückkoppelung an frühere Erfahrungen erfolgt.

Dem Asthmakranken wird es niemals gänzlich gelingen, eine umfassende Akzeptanz seitens der Umgebung zu erreichen. Wenn er lernt, sich selbst als Person anzunehmen, hat er einen großen Vorteil errungen. Nur indem es ihm gelingt, sein Sosein bedingungslos zu akzeptieren, kann er die Mauern durchbrechen, die in seinem Inneren errichtet wurden. Das Verständnis seitens der persönlichen Umgebung beschleunigt und erleichtert natürlich den Heilungsprozess.

Gewisse Denk- und Verhaltensmuster der Asthmatiker spielen eine nicht unerhebliche Rolle beim Auftreten der Beschwerden. Das bedeutet, die Patienten selbst haben Einfluss auf Art und Ausprägung des asthmatischen Leidens.

Leute mit fanatischen Grundeinstellungen und engstirnigen Überzeugungen, die auch vor gewalttätigen Handlungen nicht zurückschrecken, leiden ebenfalls verstärkt unter asthmatischen Beschwerden. Hier sind feinstofflich Energieströme aktiv, die mit wissenschaftlichen Instrumenten nicht erfasst werden können. Es sind Bewusstseinseinheiten, die auf bestimmte Verhaltensweisen und Gefühlsreaktionen reagieren. Positive Gedanken und Stimmungen, welche die Schwingungsfrequenz erhöhen sowie Ruhe- und Denkpausen tragen zur Verringerung der Störungen bei.

Die Motivation für die Heilung muss in jedem Fall von den Betroffenen selbst ausgehen. Sollten die gegenwärtigen Lebensbedingungen einer positiven Wendung entgegenstehen, kann die Notwendigkeit gegeben sein, einen Wechsel anzustreben, um die krankmachenden Einflüsse auf ein erträgliches Mindestmaß zu reduzieren.

Gelingt es den Betroffenen nicht, ihre tief im Unterbewusstsein verankerte Haltung zu revidieren, besteht die Gefahr einer weiteren Verschlimmerung der Symptomatik. Eine rein medikamentöse Behandlung wird den Problemen nicht in genügendem Umfang gerecht. In einem solchen Fall ist ein therapeutischer Prozess anzuraten, der die Basis der Probleme mit einbezieht.

Die vieldeutigen Auslöser für Asthmaerkrankungen können hier nur in Ansätzen berücksichtigt werden. Grundsätzlich sind die psychologische und die allergische Grundproblematik bei Asthma bronchiale nicht als Gegensätze aufzufassen, sondern sie ergänzen sich zweifelsfrei.

Asthma-Anfälle

Die Anfälle kommen zum Teil ganz plötzlich. Sie können sich täglich ohne weiteres bis zu fünf- oder sechsmal wiederholen. Häufig treten sie nachts auf, oft ohne erkennbare äußere Ursache. Als Vorboten werden Mattigkeit, Denkunlust, plötzlicher Schnupfen, häufiges Niesen, Aufblähung des Bauches etc. genannt. Nach Beendigung eines Anfalls verschwinden die Symptome innerhalb kurzer Zeit. Im Auswurf sind manchmal merkwürdige spiralig gedrehte Fäden zu finden. Auch im Blut von Asthmatikern sind diese Gebilde gefunden worden.

Bei einer Form der Erkrankung, *Asthma convulsivum* genannt, sind die Bauchmuskeln stark angespannt. Auf ein kurzes und hastiges Einatmen folgt ein langsames, mühevolles Ausatmen. Um genügend Luft zu bekommen, sind die Kranken sind gezwungen, in aufrechter Haltung zu sitzen oder zu stehen. Eine Patientin schildert den quälenden Zustand mit den Worten, ihre Brust sei „zum Zerspringen voll", sie könne die Luft nicht herausbringen. Sie leide unter dem entsetzlichen Eindruck, ersticken zu müssen.

Während eines schweren akuten Anfalles kann ein völliger Atemstillstand eintreten. Der gravierende Sauerstoffmangel bewirkt das Aussetzen sämtlicher Gehirnfunktionen mit nicht selten tödlichen Folgen. Ein krampfhaftes Zusammenziehen der Luftgefäße, ein ‚Brust-Krampf', kommt häufig vor. C.C. Fischer, der selbst unter asthmatischen Anfällen zu leiden hatte, verspürte „bei den Anfällen jedesmal ein Gefühl auf der Brust, welches sich sehr wohl mit Muskelkrämpfen an anderen Organen vergleichen lässt" (S.17). Einige Autoren halten den Bronchialmuskelkrampf für die primäre Ursache für das Zustandekommen eines asthmatischen Anfalls.

Die äußeren Verursacher für eine Steigerung der Anfallshäufigkeit sind neben den Allergie auslösenden Substanzen Aufregungen aller Art, ungünstige Arbeitsbedingungen, angestrengte geistige Arbeit, nebliges, kaltes Wetter und dgl. Im Hochgebirge über 1.500m sind Asthmatiker fast regelmäßig frei von Anfällen.

Auch psychogene Reize können asthmatische Anfälle auslösen. Die Anfallshäufigkeit steigt in Situationen, die als konflikthaft erlebt werden. Besonders dann, wenn angstbetonte und schmerzhafte Erlebnisse verdrängt wurden, werden diese zur Gefahrenquelle. Eine Patientin von A. Jores erzählte, sie bekäme immer dann einen Anfall, wenn sie ein rundes Glas mit Goldfischen sähe. Eines Tages hatte sie einen Traum: Sie war in das Goldfischglas gefallen und rang verzweifelt nach Luft. Ihr Nacken war gefangen in einer Schlinge aus Seetang. Sie wachte mit einen Asthmaanfall auf und erinnerte sich an ein traumatisches Ereignis aus ihrer Jugend: Ihre Mutter zerbrach ein Glas mit Goldfischen, die der Patientin gehörten. Kurzerhand warf sie die Fische in die Toilette vor den entsetzten Augen des Kindes (S.20).

Ein Asthmaanfall kann spontan nach wenigen Minuten wieder verschwinden; er kann aber auch - falls keine Gegenmaßnahmen ergriffen werden - tage- und wochenlang andauern. Die Verzweiflung über jeden neuen Anfall ist oftmals groß und ebenso der Kummer darüber, dieser als ‚teuflisch' erlebten Anfälle nicht Herr zu werden.

Die Heftigkeit, mit denen Anfälle auftreten, ist sehr unterschiedlich. Bei schweren Attacken ist jede Bewegung des Körpers mit einer Zunahme von Atemnot begleitet. Ein schwerer Anfall ist mit extremen Angstgefühlen verbunden. Die Kranken meinen, ersticken zu müssen. Der Körper ist schweißgebadet, die Augen treten hervor, die Lippen laufen blau an. Vor allen in den Nachtstunden zwischen 1-3 Uhr steigt die Anfallshäufigkeit. Nach Überstehen des Anfalls sind viele Betroffene für längere Zeit, oft für 1/2 Jahr, beschwerdefrei.

Asthmaanfälle können tödlich enden; man spricht dann von Tod in *Status asthmaticus*. Verstopfte Bronchien und die Verlegung der Luftwege mit Schleim führen zum Erstickungstod. Nicht in jeden Fall gibt der *post mortem* erhobene pathologisch-anatomische Befund hinreichend Aufschluss über das dramatische Geschehen. „Die Lunge ist wie ein Eisenband, undurchlässig, unbeweglich. Die Angst schnürt alles zu. Der Atem bewegt sich nur noch von der Nase zum Hals; der Bauch tut, als würde er atmen, aber es gibt keine Verbindung"; mit diesen Worten schildert P. Koellreuther die Symptomatik.

Ein dramatisches Ereignis sucht eine seiner Patientinnen heim. Auf eine plötzliche Atemnot erfolgt ein Zusammenbruch mit Bewusstlosigkeit. Die Patientin erzählt, dass sie plötzlich keine Luft mehr einatmen konnte (S.19f.). Wenige Wochen darauf stirbt sie. Auffällig ist der Tod in *Status asthmaticus*, wenn jüngere Menschen nach kurzer Krankheitsdauer davon betroffen sind. Eine 34-jährige Frau, die nach einjähriger Krankheit in die Klinik aufgenommen wurde, verstarb nach nur achttägigem Aufenthalt, berichtet A. Jores. Die Patientin berichtete bei der Aufnahme, sie leide unter nächtlichen Anfällen, die regelmäßig gegen zwei Uhr nachts auftraten. Zur Vorgeschichte wurde bekannt, dass die verheiratete Frau, Mutter zweier Kinder, mit einem Freund der Familie in der Karnevalszeit ein intimes Erlebnis hatte. Dies geschah nachts um 2 Uhr. Anschließend entwickelte sie schwere Schuldgefühle, die von Asthmaanfällen begleitet wurden. Was sich in solchen Fällen letztendlich den Tod herbeiführt, ist noch nicht vollständig ergründet.

Das Anfallsgeschehen interpretiert Jores vom psychologischen Standpunkt aus als ein „Nein zur Welt, als gehemmte Hingabe und Opposition" (S.80). Der Tod in *Status asthmaticus* trete dann ein, wenn die Opposition erlahmt und Resignation an die Stelle tritt. Doch mit dieser Auffassung ist das Krankheitsgeschehen bei weitem nicht vollständig erklärt.

Hysterisches Asthma

Zu den körperlichen Symptomen der Hysterie zählt neben Lähmungen, Krampfanfällen, Gliederzittern etc. auch anfallsweise Atemnot (vgl.: J.U. Haas, S.158f.). Das sogenannte ‚hysterische Asthma' geht mit Spasmen der Kehlkopfmuskulatur einher. Die Betroffenen klagen über Atemnot, Lufthunger und Erstickungsangst. Die Atmung ist wesentlich beschleunigt. Anfälle treten vor allen unter dem Einfluss emotioneller Erregungen auf (vgl.: O. Binswanger, S.545f.).

Schwere Lach- und Weinkrämpfe, von denen die Patienten heimgesucht werden, können bis zu 2 Stunden andauern. Eine 40-jährige Patientin beschreibt, dass vor einen Lachanfall ihre Stimmung sehr gedrückt gewesen sei. „Kurz vor dem ersten Anfall habe sie eine brennende und stechende Empfindung in Magen verspürt, die sich längs der Speiseröhre bis zum Hals emporgezogen habe und dort das ihr bekannt Gefühl der Umschnürung und des Erstickens hervorgerufen habe. Im Anschluss hieran habe sie im Kopf eine eigentümliche Erregung verspürt. Dabei seien ihr die Gedanken unklar geworden" (ders. S.132).

Ein zweiter Anfall tags darauf beginnt mit ausgeprägten Schmerzen in der Magengegend und hochgradiger Übelkeit. Die Patientin „kann das Nahen des Anfalls an einer Empfindung merken, welche derjenigen ähnlich ist, die ein zu eng geschnürtes Kleid verursacht, vornehmlich in der Mitte des Körpers und in der Kehle. Mit der Zeit steigert sich diese Empfindung; sie wird stärker, hauptsächlich in der Magengrube, und steigt dann zur Kehle empor. Dort ist sie bisweilen so stark, fast wie wenn man erdrosselt würde" (ebd.).

Desweiteren klagt die Frau über ein Druckgefühl auf dem Scheitel und schmerzhafte Empfindungen, die an der Außenfläche des linken Beines und in den Zehen besonders stark sind. Auch Schmerzen in der Herzgegend, ein Stechen in der linken Halsgegend und im linken Arm machen ihr zu schaffen. Der linke Arm fühlt sich wie abgestorben an. Auch hat sie das Gefühl, „als ob eine Schlange unterhalb des Scheitels im Kopfinnern Bewegungen mache. Dabei jagen sich die Gedanken; sie ist unfähig, klar zu denken." An diesem Beispiel wird deutlich, wie schwere Atemstörungen mit einen komplizierten Geflecht von Symptomen einhergehen können.

Eine merkwürdiges Phänomen bei hysterischen Menschen ist die Empfindung, eine „Kugel steigt von der Herzgrube bis in den Hals hinauf und verursacht, hier angekommen, die ganze Angst einer regelrechten Erstickung", berichtet G. Hahn (S.23f.). Die Patienten klagen über krampfartige Schmerzen in der Magengegend; die Atmung gerät ins Stocken. Der Hals schwillt an und die Glieder verrenken sich in einem Anfall. Häufig ist auch ein Atmungskrampf zu beobachten, bekannt unter der irreführenden Bezeichnung ‚hysterischer Husten'.

Hahn verweist in diesem Zusammenhang auf eine Äußerung der heiligen Therese, die darüber klagte, „dass der Teufel sie erdrosseln wollte". Hier existiert eine Analogie zu der ‚hysterischen Kugel': „Auch bei vielen ihrer Halluzinationen beklagen sich die Kranken über etwas, das sie erstickt." Einer Patientin entfährt der Ausruf: „Sie ersticken mich dadurch, dass sie mir die Hand auf den Mund legen." Eine andere jammert: „Man hat mich in eine Zelle gesperrt.

Sie haben mir einen Lappen auf das Gesicht gelegt. Ich hatte den Hals zugeschnürt... Ich ersticke!" (S.152). Manche Kranke richten die Hände instinktiv an den Hals oder greifen nach der Magengegend. Sie schlagen darauf mit geballten Fäusten und versuchen, irgendetwas gewaltsam zu entfernen. In solchen Momenten kann eine außerordentliche Kraftentfaltung beobachtet werden. Junge Mädchen sind imstande, die Eisenstäbe eines Bettes zu biegen oder zu zerbrechen.

Als eine seit alters her bekannte Krankheitserscheinung erwähnt auch O. Birnbaum den sogen. *Globus hystericus*. Mit diesen Begriff wird „ein Gefühl oder... eine Empfindung bezeichnet, als ob eine Kugel oder ein anderer Fremdkörper von dem Eingang des Magens zum Schlund hinaufsteige und an letzterer Stelle stecken bleibe. Oft ist es aber nur die Empfindung, als ob der Hals in Schlundhöhe zusammengepresst oder zusammengeschnürt werde" (S.561). Die Globus-Empfindung ist bei einigen Kranken mit einem ausgeprägten Würge- und Brechreiz kombiniert. Sie tritt bei emotioneller Erregung verstärkt auf und beginnt oft mit einem Druck in der Magengrube. Binswanger sieht sie als Teil des Prodromalstadiums (Vorläufer) eines hysterischen Anfalls (S.646).

Ähnlichkeiten zum Globus-Phänomen finden sich seltsamerweise in einer Meditationsübung des tibetischen Buddhismus, *Powa* genannt. Während der Übung wird eine Kugel visualisiert. Diese steigt von der Körpermitte aus durch den Körper nach oben, passiert den Hals und tritt zuletzt aus dem Scheitel aus. Die Meditation wird intensiv geübt, bis sich physiologische Begleiterscheinungen zeigen; bspw. ist die Austrittsstelle der ‚Kugel' an der Oberfläche des Kopfes zu erkennen! Eine merkwürdige Übereinstimmung.

K.E. Müller ist in diesem Zusammenhang der Hinweis zu verdanken, das Globus-Empfinden sei auch bei Schamanen in Sibirien und in Südamerika bekannt. Er verweist darüber hinaus auf „beeindruckende Übereinstimmungen" schamanistischer Sèancen mit epileptischen Anfällen; dennoch seien Schamanen in Gegensatz zu Kranken nicht Opfer dieser Anfälle, sondern sie begeben sich freiwillig für eine bestimmte Zeitspanne in den Trancezustand, um in Kontakt mit geistigen Wesenheiten zu kommen.

Eine okkulte Erklärung für das Phänomen der Atemnot gibt Dion Fortune in ihrem okkulten Roman *Liebe aus dem Jenseits*. Darin behauptet sie, Okkultisten wüssten über das menschliche Unterbewusstsein weit mehr als die Psychologen. Einem Eingeweihten mit magischen Kenntnissen, Mitglied einer okkulten Bruderschaft, gelingt es im Verlauf der Erzählung, ein widerspenstiges Medium unter seinen Einfluss zu bringen mithilfe einer suggerierten Zwangsvorstellung.

Die Suggestion besteht darin, der Frau ein stählernes Band um den Hals zu legen. An diesem Halsband ist eine imaginäre Kette befestigt, die bis in den Einflussbereich des Magiers führt. Mit diesem Folterinstrument kann er das Medium beliebig unter Druck setzen. Er droht: „Wenn Sie versuchen sollten, zu schreien oder anderen etwas zu erzählen, was ich nicht wünsche, so wird diese Kette sich zusammenziehen, bis sie Sie würgt. Fühlen Sie nur, wie sie sich jetzt zusammenzieht…"

Tatsächlich spürt das Medium, wie etwas Starres ihren Hals umklammert. Der Druck nimmt ständig zu, bis der Magier ihre Stirn berührt. „Die Spannung hat jetzt nachgelassen", sagt er, „aber denken Sie daran, dass dasselbe immer wieder geschehen wird, wenn Sie mich verraten wollten" (S.31).

Das Medium ist nun mit Körper und Seele den unsichtbaren Fesseln ausgeliefert. Niemand würde ihr Glauben schenken, wenn sie anderen Menschen davon erzählte und sie um Hilfe bäte. Sicher würden diese sie für verrückt halten, und dennoch spürte sie das Halsband und die Kette, als seien sie wirklich vorhanden! Allein bei dem Versuch, sich zu befreien, würden die geheimnisvollen Kräfte des Magiers über sie herfallen und ihr den Atem rauben.

Der Alpdruck

Verschiedene Kulturen kennen den Alb als einen Geist, der auf der Brust sitzt, während man schläft. Dieser Geist wird als eine der Ursachen für verschiedene Krankheiten angesehen. Einige halten den nächtlichen Alpdruck für eine Abart des Asthmas. Angstanfälle, Zwangsvorstellungen und Nachtwandeln können als Äquivalent auftreten.

Ursprünglich verstand man unter Alb bzw. Alp den im Luftreich fortlebenden Geist eines Verstorbenen. Dann wieder war es ein böser Kobold, der sich auf die Brust eines Schläfers legte und bei diesem entsetzliche Ängste hervorrief. Der Nachtmahr oder Alp ist auch ein Abbild dessen, was sich der Volksglaube über den Inkubus erzählt. J. Starobinski beschreibt ihn wie folgt: „Der ‚Nachtmahr' ist eine männliche oder weibliche, übernatürliche Kreatur, die mit all ihren Kräften auf die Brust des Schlafenden drückt und ihn zu ersticken droht. Die Formen, die man ihm zuschreibt, sind zahlreich: Katze, Affe, Vogel, Dämon usw." (S.147).

Hexen sagte man seinerzeit nach, sie könnten sich unsichtbar machen, Mauern und Festungswerk durchdringen, unter Türen hindurch kriechen und auch Fieber, Wahnsinn und Erstickungszustände hervorrufen. Bei den Opfern konnten sie jenen Zustand der Unreinheit erzeugen, der sie dämonischen Einwirkungen zugänglich machte.

Für DiNola ist die Hexe die „nächtliche Jägerin..., die düstere, nicht greifbare Gefahr im Dunkel der Natur und in den Schattenbereichen des menschlichen Bewusstseins" (S.161). Zu den Symptomen der Besessenheit, die durch Zauberwerk einen Menschen befallen, werden u.a. ein Knoten im Hals, der sich aufbläht, sowie Erstickungsanfälle gezählt (S.274). „Wie die Dämonen benehmen die Hexen den Menschen den Atem, besudeln sein Essen und Trinken oder halten ihm den Mund zu. Sie können in seinen Leib eindringen und verursachen dadurch ähnliche körperliche und geistige Störungen wie Tierdämonen", heißt es bei D. Pielow (S.81).

Die *Quarina* ist eine ägyptische Dämonin, eine unsichtbare Schattenfigur. Auch der weibliche Doppelgänger, - der zur gleichen Zeit wie das Neugeborene ins Leben tritt -, wird *Quarina* genannt. D.

Pielow erklärt hierzu: „In Ägypten ist der Begriff Quarina bis heute ein Synonym für Erkrankungen der Atemwege, insbesondere im Kehlkopfbereich. Da die Erkrankung mit Erstickungsanfällen einhergeht, wird sie auch ‚Würgekrankheit' genannt" (S. 49). Noch im 19. Jhdt wurden in Ägypten Totenscheine ausgestellt, in denen als Todesursache *Quarina* genannt wurde.

Beachtung verdient in diesem Zusammenhang Guy de Maupassants fesselnde Erzählung *Der Horla*, in der ein unsichtbares Phantom den Ich-Erzähler heimsucht und ihn zunehmend in Angst und Schrecken versetzt. „Ich kann nicht mehr schlafen, kann mich nicht mehr ausruhen. Meine Nächte fressen meine Tage auf", klagt er. Er leidet unter Angstträumen. „Heute Nacht habe ich gespürt, wie jemand auf mir kauerte, seinen Mund auf den meinen presste und mir das Leben von meinen Lippen saugte. Ja, er sog es aus meiner Kehle wie ein Blutegel. Dann hob er sich von mir, gesättigt und vollgesogen, und ich erwachte so wund, so zerschlagen und todmüde, dass ich mich nicht mehr regen konnte."

Dem Autor selbst machte seine geistige und körperliche Verfassung schwer zu schaffen. Er verstarb im Alter von nur 43 Jahren in geistiger Unnachtung. Die spannende Frage dabei ist, ob literarische Erlebnisschilderungen öfter, als bisher angenommen, auf einer realen Grundlage basieren? Ob sich Verbindungen herstellen lassen zu seltsamen persönlichen Erlebnissen, die in schriftstellerischer Form besonders anschaulich zum Ausdruck gebracht werden?

In Robert Irvins phantastischer Erzählung *Der arabische Nachtmahr* lernt der Leser ein geheimnisvolles Wesen kennen. Etliche Berichte über Nachtmahre, die in Alpträumen ihr Unwesen treiben, finden sich auch bei D. Pielow. Das Ungeheuer „begegnet den Menschen im Traum, lauert auf hohen Felsen, hingekauert in Felsspalten oder aber in den Astgabeln hohler Eiben." Des Nachts nähert sich der Unheil bringende Nachtmahr, der häufig weibliches Geschlecht annimmt, den wehrlosen Schlafenden. Ihr werden „alle schrecklichen, quälenden Träume zugeschrieben, die sie bewirkt, indem sie sich auf die Brust ihres Opfers setzt" (S.74). Die Heimgesuchten sind unfähig, sich zu rühren oder einen Laut von sich zu geben. Häufig werden diese quälenden Zustände, die mit Angst und Atemnot einhergehen, von sexuellen Alpträumen begleitet.

Alpträume unterscheiden sich grundlegend von normalen Träumen. Sie sind charakterisiert durch eine auf der Brust hockende, furchterregende Gestalt; hinzukommen Atembeschwerden und die Unfähigkeit, sich zu bewegen. „Die Angst hockt auf der Brust, in dem Hals, sie lässt nichts hinein und hinaus", so schildert P. Koellreuther diesen Zustand. Eine 43-jährige Frau, die an chronischer Schlaflosigkeit leidet, erzählt O. Binswanger ihre nächtlichen Erlebnisse: „Das unsinnigste Zeug geht mir durch den Kopf, alte, längstvergessene Bilder tauchen auf, die unangenehmsten, hässlichsten Erlebnisse drängen sich vor. Ja, ich sehe und höre Menschen, welche dabei beteiligt sind, auch grässliche Gestalten, Totenköpfe, Tiere treten in Erscheinung, setzen sich mir auf die Brust und drohen, mich zu ersticken. Ruhelos wälze ich mich umher" (S.872).

Hier wird deutlich, wie das Unterbewusstsein des Nachts eine übersteigerte Regsamkeit entfaltet, die der Steuerung des Wachbewusstseins entzogen ist und gerade diejenigen Inhalte an die Oberfläche drängt, die normalerweise vermieden werden.

Auch C. Cutomo, die über spiritistische Sitzungen mit der unsichtbaren Realität Kontakt aufgenommen hatte, wird zum Opfer ihrer Ängste. Doch nicht allein die eigene Psyche macht ihr zu schaffen: Wesenheiten einer anderen Realität gelingt es zunehmend, Einfluss auf sie zu nehmen. Dabei spielen auch alpdruckartige Erlebnisse eine Rolle, die sie in bewegten Bildern zu Papier bringt: „Als ich erwachte, hatte ich das Gefühl, als lasteten zwei Säcke Zement auf mir! Die Kraft wurde zunehmend stärker und drückte auf meinen ganzen Oberkörper, insbesondere aber auf meine Kehle. Panikartig versuchte ich, mich diesem Druck zu erwehren. Ich griff ins Leere und kämpfte gegen ein Phantom. Sobald ich mich etwas davon befreien konnte, drückten diese übermenschlichen Kräfte erneut zu" (S.73).

Bei anderen Gelegenheiten hat sie das unangenehme Empfinden, von geballten Energien umgeben zu sein, die auf ihr lasten. Einmal, während einer Sitzung bei einer Heilpraktikerin, wird ihr ein Furcht einflößendes Erlebnis zuteil: „Während wir angeregt plauderten und ich es mir im Lehnstuhl gemütlich machte, bekam ich plötzlich kaum noch Luft. Ein unsichtbares Wesen - so schien es mir - hockte auf meiner Kehle! Innerlich fror ich, mein Herz presste die Angst, und meine Glieder vermeinte ich kaum noch zu spüren" (S.158). Sie verdreht die Augen und jagt damit der ihr gegenüber sitzenden Heilerin einen tüchtigen Schreck ein. Nach kurzer Zeit ist der Spuk vorbei. - Eine anschließende Therapie bei einer aufgeschlossenen Psychologin hilft ihr, die bedrohlichen Attacken hinter sich zu lassen.

Eine Person kann, auch wenn sie vollkommen wach ist, von allen möglichen Halluzinationen heimgesucht werden. Diese wirken umso erschreckender in Fällen, bei denen der Heimgesuchte nicht mehr imstande ist, sich zu bewegen oder irgendeinen Laut von sich zu geben. Die visionären Bilder können von einer Reihe weiterer Empfindungen begleitet sein wie: Erstickungsgefühl, Druckempfinden auf der Brust oder das Gewahrsein einer bösartigen Gegenwart.

O. Sacks gibt den Bericht einer Patientin wieder, die unter Schlaflähmungen leidet. Eines Nachts liegt sie im Bett, mit dem Gesicht nach unten und fühlt, wie die Lähmung immer weiter fortschreitet. „Dann war es fast so, als säße jemand auf meinem Rücken und presste mich immer tiefer in die Matratze... das Gewicht auf meinem Rücken wurde schwerer und schwerer, und noch immer war ich nicht in der Lage, mich zu bewegen. (Dann) stieg das Ding von meinem Rücken herunter und legte sich neben mich."

Nur mit Mühe gelingt es der geängstigten Frau, den Kopf zu drehen und die alptraumhafte Gestalt in Augenschein zu nehmen. „Ich erblickte einen ungewöhnlich großen Mann in einem schwarzen Anzug. Er sah grünlich-bleich aus, kränklich, und namenloser Schrecken stand in seinen Augen. Ich versucht zu schreien, war aber nicht in der Lage, meine Lippen zu bewegen oder überhaupt einen Laut von mir zu geben. Ununterbrochen starrte er mich an mit Augen, die fast aus den Höhlen traten, und plötzlich begann er, eine zufällige Folge von Zahlen auszurufen... dann lachte er hysterisch..." (In:

Drachen, Doppelgänger und Dämonen, S.251.) Nur allmählich lässt die Lähmung nach und das Bild der unheimlichen Gestalt verschwimmt.

Die Opfer eines Alpdrucks sind auf eine besondere Weise wach, daher sei der häufig gebrauchte Begriff *Schlafparalyse* irreführend, meint Sacks (S.254). Die angsterzeugenden Attacken werden bei klarem Bewusstsein erlebt, anders als bei Träumen, die in der Regel nur partiell in Erinnerung bleiben. Ein Alptraum erzeugt einen Schrecken besonderer Art; er hat den Anschein des Numinosen, Unheimlichen, das massiv in das Leben des Schläfers eingreift in seiner bösartigen, furchterregenden Gestalt.

Magische Fernwirkungen können einem Menschen schwer zu schaffen machen, warnen J.B. und R. Teutsch. Magier benutzen eine Form der Telepathie, eine Suggestion aus der Ferne, um manipulative Wirkungen zu erzielen. „Es handelt sich darum, mit der eigenen Willenskraft den Willen eines anderen zu beherrschen, seinen Willen, ja die ganze Person zu umzingeln, einzuspinnen, um sich ihrer im Liebeszauber voll und ganz zu bemächtigen, oder aber im Schadenzauber sich wie eine Schlange um die Beute zu ringeln, sie zu erdrücken, zu ersticken" (S.79). Das Opfer wird dem Willen des Magiers unterworfen, ohne über das, was vor sich geht, im Bilde zu sein.

In *Der Sphärenwanderer* beschreibt H.G. Engel Stationen seines Weges auf der Suche nach geistiger Erfahrung. Hierzu gehören auch einige unangenehme Begegnungen mit ‚Dunkelmächten'. Einmal wacht er mitten in der Nacht auf, „weil ich den Eindruck hatte, dass eine schwere Last auf meinem Körper lag. Ich wollte mich auf die Seite drehen - konnte aber kein Glied rühren. Nach mehrmaligen Versuchen merkte ich, dass ich scheinbar völlig gelähmt war. Nun öffnete ich die Augen. Das Zimmer war dunkel, und die beiden Fenster konnte ich grauschimmernd sehen - aber auf meinen Bauch saß ein tiefschwarzes Wesen, etwa wie ein Pavian geformt und ungefähr auch von dessen Größe" (S.22). Rote, glühende Augen starren ihn an; das Atmen fällt ihm schwer. Nach etlichen Minuten, die ihm wie

Stunden vorkommen, lässt das Gewicht auf seinem Körper nach, - der Alp ist weg. H.G. Engel interpretiert das Erlebnis als eine Begegnung mit dem sogen. *Hüter der Schwelle.*[2]

Menschen, die den geistigen Pfad nur halbherzig und mit falschen Erwartungen betreten, bleiben vor unangenehmen Begegnungen nicht verschont. Eine davon ist der schreckliche Hüter, dessen Präsenz die Warnung enthält, die Regeln des Weges gebührend zu achten. „Sogar die Weisen, die Heiligen und die Propheten wurden von bösen Geistern geplagt, die ihnen geschickt wurden, um sie auf die Probe zu stellen und sie durch diese Prüfungen stärker zu machen", betont O.M. Aivanhov, ein aus Bulgarien stammender geistiger Lehrer, der lange Zeit in Frankreich lehrte. (In: Die Antwort auf das Böse, S.115.) Die ‚Dämonen' und ‚Würgeengel' sind demzufolge Diener einer höheren Macht, die entsandt werden, um dunkle Flecken auf der Seele eines Probanden zum Vorschein zu bringen. Dies führt im günstigen Fall zu mehr Selbsterkenntnis. Nicht immer begreifen die Geprüften allerdings den Sinn dessen, was ihnen widerfahren ist.

Atem und Geist

Der Atem ist ein feiner Indikator für Stimmungen. Jede Erregung führt zu einer Beschleunigung der Atmung, jede Anspannung dazu, die Luft anzuhalten. Atem und Leben werden als identische Begriffe verwendet. Bei der Erschaffung des Menschen hauchte Gott ihm den Odem ein; wenn hingegen ein Mensch stirbt, haucht er seine Seele aus.

Der Atem kann auch als geistiger Vorgang betrachtet werden, als ein Band zwischen Körper und Geist. Über den Atem werden der Luft feine elektrische Kräfte entnommen, die auf die Nerven eine fördernde und stärkende Wirkung haben. Dies kommt dem gesamten Organismus zugute (vgl.: R. Rösel, S.125).

---

[2] Der *Hüter der Schwelle* wird u.a. auch bei R. Steiner erwähnt in: Wie erlangt man Erkenntnisse der höheren Welten?

Bei Asthmatikern ist von dieser fördernden Wirkung nichts mehr zu spüren. Die Luftnot, unter der sie leiden, ist ein elementares Geschehen, in dessen Entstehung sie keinen Einblick haben. Wie ein Dämon fällt es sie zu irgendeiner Zeit an aus dem Dunkel und verwehrt ihnen das freie Atmen. Diese Umstände verleihen der Krankheit etwas Unheimliches, ja fast Magisches.

Pater Surin, der in 17. Jhdt als Exorzist im Kloster von Loudun tätig war, wurde nach einiger Zeit selbst ein Opfer der Leiden, die er so ausdauernd bekämpft hatte. Jahrelang litt er unter chronischen Atembeschwerden, so „dass er stets an Rand des Erstickens zu leben schien", berichtet A. Huxley. Letztendlich kam es aufgrund der Fürsorge eines Mitbruders zu einer Besserung seines Zustandes, die auch die Atmung betraf: „Alle meine Muskeln waren in einer starren Sperre gewesen, wie mit Klammern festgehalten, und nun öffnete sich zu meiner außerordentlichen Erleichterung eine Klammer nach der anderen", notiert der Pater.

Der Pater hatte das Empfinden, abwechselnd gewürgt und losgelassen zu werden; eingeschlossen in erstickende Dunkelheit, um sich anschließend wieder wie auf einen Berggipfel zu fühlen. Seine Lunge schien ein Spiegel seines seelischen Zustandes zu sein; ein heftiges Schwanken zwischen den Extremen von Spannung und Entspannung. Die seelische Erleichterung des Paters war manchmal von einer ganz außerordentlichen Erweiterung seines Brustkorbs begleitet. *Surin* war überzeugt: Zwischen Atem und Geist besteht ein unmittelbarer Zusammenhang.

Huxley kommentiert: *Pater Surin* „erlebte physisch etwas der spirituellen Befreiung Analoges. Wer an Asthma oder Heuschnupfen gelitten hat, kennt die Schrecken, körperlich von der kosmischen Umwelt abgeschnitten, und die Seligkeit, ihr, wenn er genest, zurückgegeben zu sein. Auf der spirituellen Ebene leiden die meisten Menschen an dem Äquivalent des Asthmas, sind sich aber nur sehr dunkel und nur dann und wann bewusst, dass sie in einen Zustand chronischen Erstickens leben. Einige jedoch erkennen sich als das, was sie sind, - als nicht Atmende. Verzweifelt keuchen sie und schnappen nach Luft; und wenn es ihnen endlich gelingt, ihre Lunge zu füllen, was für eine unaussprechliche Seligkeit das ist!" (S.395).

A. Jores sieht bei Asthmakranken seelische Zusammenhänge: „Ein Teil der Asthmatiker misstraut sich selbst und hat Angst vor den eigenen Untergründen und Tiefen, Angst davor, von diesen einmal überwältigt zu werden" (S.69). Mit der Atmung wird eine gefühlshafte Verbindung zur Welt hergestellt. Eine Veränderung der Atmung hat Einfluss auf diese Verbindung. Atmen bedeutet Teilnahme und Austausch, Empfangen und Ausstoßen. Ein Asthmatiker bringt dies mit folgenden Worten zum Ausdruck: „Wenn ich gut Luft bekomme, bin ich mit allem verbunden, wenn ich Asthma habe, ist zwischen mir und der Welt eine Wand" (S.54).

Opfer der *Schamanenkrankheit* leiden neben stechenden Kopfschmerzen, Magenbeschwerden, Versteifung der Gliedmaßen etc. auch unter anfallsweiser Atemnot. Einige beginnen, im Schlaf zu umherzuwandern, sich auf den Boden zu werfen, zu schreien und zu phantasieren (vgl.: K.E. Müller, S.53). J. Blofeld erwähnt tibetische Lamas, die, obwohl bekannt für ihre yogischen Fähigkeiten, dennoch ernstlich an immer wiederkehrenden Krankheiten - wie z.B. Asthma - leiden (S.135).

Ein enger Zusammenhang besteht unstreitig zwischen Atem und psychischen Vorgängen. Der Atem gilt als Lebensprinzip schlechthin. Bei intensiver Konzentration gelingt es, den Atem willkürlich zu verlangsamen oder sogar ganz zu hemmen. „Dass der Atem auch tatsächlich längere Zeit, als normal, angehalten werden kann, beweisen Versuche, bei denen der Atem durch Suggestion für 3 Minuten ausgesetzt wurde, es wird sogar von einem Falle berichtet, wo diese Aussetzung auf 6-8 Minuten ausgedehnt worden sein soll. Nun wird aber auch umgekehrt von der Atemhemmung ausgegangen, um durch sie Bewusstseinsveränderungen herbeizuführen. Die Atemhemmung ist denn auch nicht nur im Yoga, sondern auch bei nichtindischen Asketen und Mystikern anzutreffen. So spielte sie bereits im alten China eine große Rolle, im Sufismus und in der Kabbalah" (ders. S.57f.)

Die Atemübungen der Hathayoga-Praxis haben den Zweck, eine Grundlage für die meditative Versenkung zu bilden. Der Atem stellt eine Beziehung her zwischen Körper und Geist. Wenn der Atem aufhört, zerbricht diese Beziehung; die endgültige Trennung wird Tod genannt. Außer Atem gerät der Yogi, wenn er in Kontakt mit feinstofflichen Energien kommt, die sich auf einer anderen Schwingungsebene befinden. Oft schwingt das kontaktierte Wesen auf einer niederen oder höheren Frequenz. Angesichts einer schnelleren, höheren Schwingung gerät ein Mensch außer Atem, weil er nicht schnell genug ‚mitschwingen' kann. Die Verbindung mit einer niederen Frequenz verlangsamt hingegen die eigene Schwingung und führt zu Gefühlen des Erstickens und der Bedrückung.

Mediale Experimente erlaubten E. Haich, tiefe Einblicke in das Unbewusste von Menschen zu nehmen. Es war ihr möglich, die Gedanken eines anderen Lebewesens zu übernehmen, doch gleichzeitig erkannte sie, wie unglaublich schwer das war. Während eines Experiments kam es vor, dass eine fremde Energie auf ihrer Brust lag wie ein riesiges Gewicht.

Die Autorin berichtet: „Was ich durch diese Experimente erlebte, schuf in mir die Überzeugung, dass in sehr vielen Fällen *Asthma nichts anderes ist, als der unsichtbare Wille eines anderen Menschen, der sich auf den Kranken wie ein schweres Gewicht legt. Dieser unsichtbare, unverwirklichte Wille kann aber auch aus dem eigenen Willen, aus dem Unbewussten, stammen und Krankheiten verursachen, ohne dass der Kranke wüsste, dass ihn sein eigener Wille krank macht.*

Das ganze Leben besteht aus solchen unsichtbaren Kämpfen, in denen wir einmal unterliegen, ein anderes Mal siegen" (S.99).

In den indischen *Yogasutren* werden spezielle Übungen beschrieben, bei denen es darum geht, den Atem sehr lange anzuhalten bzw. ganz zu ‚vernichten'. Durch diese Übungen, *Pranayama* genannt, soll die Kundalini, die geheimnisvolle Kraft im menschlichen Körper, geweckt werden. Dabei tritt zeitweilig ein Stillstand der Atemtätigkeit ein. „Durch Nichtfunktionieren des Atems soll Nichtfunktionieren des Denkorgans herbeigeführt werden", erklärt R. Rösel (S.22). Die Gedankentätigkeit wird als hinderlich auf dem Weg zur Erleuchtung angesehen. Bei mystischen Zuständen verschwindet das Bewusstsein des Körpers mehr oder weniger. Die Sinnenwahrnehmungen sind ausgeschaltet; die Atmung setzt aus und der Körper verfällt in eine kataleptische Starre.

Bei E. Swedenborg ist von der ‚inneren Atmung' die Rede, während die ‚äußere' fast ganz aufhört. Beim inneren Atem gehe es um eine Atemhemmung, die oft mit mystischen Erlebnissen einhergeht. Während die äußere Atmung weltlich sei, komme der innere Atem vom Himmel. Er bewirke einen Trancezustand, in dem der Übende sich von der Außenwelt getrennt fühlt, während er von innerem Licht durchstrahlt wird.

Die Atemhemmung bildet häufig den Beginn visionärer Schauungen. Swedenborg lernte, sie durch intensive Übungen hervorzurufen. Während er die ‚äußere Atmung' einstellte, fühlte er sich in unmittelbarer Verbindung mit Geistern und Engeln (vgl. M. Lamm, S.14f.). Er bemerkte wiederholt, wie die Atmung ihm im Schlaf ganz entzogen wurde, so dass er erwachte und nach Luft schnappte! Der Schriftsteller Gustav Meyrink berichtet von ähnlichen Erlebnissen infolge intensiv betriebener Atemübungen.

Übungen dieser Art können, wenn sie fehlerhaft praktiziert werden, zu Atemhemmung bis hin zu Atemstillstand führen. Der Übende befördert sich ins Jenseits, ohne dies zu beabsichtigen! Ob ein enger Zusammenhang besteht zwischen *Pranayama* - Übungen und asthmatischen Beschwerden ist eine Frage, die noch im Dunkeln liegt.

Das Energiesystem

Die anthroposophische Lehre sucht die Ursachen einer gestörten Atmung im feinstofflichen Bereich. Eine spirituelle Entwicklung bewirkt bei Menschen eine Veränderung des Nervensystems; die Nervenbahnen verästeln und verfeinern sich. Wenn der Ätherleib, der unsichtbare Doppelgänger des menschlichen Körpers, nicht (mehr) fest mit den physischen Körper verbunden ist, ragt er über diesen hinaus. Eine ‚luziferische Kraft' kann nun über diesen Bereich ihren Einfluss ausüben.

Wenn der Ätherleib geweitet ist, kann sich das luziferische Prinzip stärker in die menschliche Natur einmischen. Die Einflussnahme drückt sich in einer gestörten Atmung aus; es kommt zu Angst- und Würgeerlebnissen, zu Alpdrücken und Alpträumen. R. Steiner betont: „...alle Angst- und Furchterlebnisse, die mit Alpträumen verbunden sind, haben in dem luziferischen Element der Welt ihren Ursprung. Alles, was vom gewöhnlichen Atmungsprozess übergeht zum Würgen, zu den Gefühl des Gewürgtwerdens, das hängt zusammen mit der Möglichkeit, dass Luzifer sich einmischt in den Atmungsprozess." (In: Flensburger Hefte. Doppelgänger, S.68; zitiert aus: GA 158.1980.)

Etliche Menschen, die über Atemnot und Energiemangel klagen, klagen über die Empfindung, ihnen werde Energie durch den Solarplexus entzogen. Wie kommt dieses Phänomen zustande? Die das Energiesystem des Menschen betreffenden Zusammenhänge sind nicht leicht zu erklären. Die Energieversorgung ähnelt einem Bewässerungssystem, das über Kanäle die Energie weiterleitet. Um an den Zielort zu gelangen, bedarf es Zwischenstationen, welche die Energie auffangen und verteilen. Diese Zwischenstationen ähneln Behältern oder Auffangbecken, die Energie speichern oder umgehend weiterleiten können.

Über diese Zwischenstationen findet die gesamte Energieversorgung statt. Ein Tarnsystem erlaubt nur gleich gearteten Energien, eine Verbindung herzustellen. Andersgeartete Energien ziehen unbemerkt vorüber oder verweilen nur sehr kurz, da die Verbindung mangelhaft ist.

Die Energiebrücke, die bei einer Verbindung gebildet wird, ist nur dann stabil, wenn gleichartige Energien aufeinander treffen. Energien, die sich nur in Teilbereichen ähneln, gehen eine lockere Verbindung ein, die schnell wieder gelöst werden kann. Eine stabile Verbindung kommt also grundsätzlich nur dann zustande, wenn die Energien gewisse Ähnlichkeiten aufweisen. Entsprechen sich die Energien in keiner Weise, dann findet keine Verbindung statt; sie fließen unbemerkt aneinander vorbei.

Dennoch gelingt es Fremdenergien, sich trotz der geringfügigen Ähnlichkeit fest anzuketten. Eine Energie, die nicht systemkonform ist, hat hierzu mehrere Möglichkeiten. Sie benutzt den Wirt als Energiereservoir, indem sie eine gleich geartete Energie vortäuscht. Dies gelingt ihr bei medialen Menschen mit Hilfe von ‚Scheininformationen', mit denen sie das Medium anlockt und seine Aufmerksamkeit erregt. Ständiger mentaler Kontakt schafft eine Verbindung zweier unähnlicher Energien.

Eine Energieblockade entsteht durch die Verkettung zweier Energien, die nur geringfügige Ähnlichkeiten aufweisen. Da die Entsprechung gering ist, gelingt es der Fremdenergie immer wieder, große Teile der Energie zu absorbieren. Aufgrund des geringen Entsprechungsgrades findet kaum ein Austausch statt.

Diese ungleiche Verbindung kann den Wirt in arge Bedrängnis bringen, besonders dann, wenn die sich aufdrängende Energie destruktiver Natur ist. Die Fremdenergie wird darangehen, nach und nach die gesamte Energie des Gastorganismus zu absorbieren, was zu einem verhängnisvollen Energiedefizit führen kann. Im Extremfall hat dieses Energiedefizit den Tod des Gastorganismus zur Folge.

Auch in geschwächtem Zustand, im Krankheitsfall, ist ein Organismus kaum in der Lage, fremde Energien auf Dauer erfolgreich anzuwehren. Eine nicht intakte Aura ermöglicht gleichfalls den Einlass fremder Energien, die sehr störenden Charakter annehmen können. Sexuelle Empfindungen öffnen ebenfalls ein Tor für das Einfließen fremder Energien, die sich - mit der Erlaubnis des Gastgebers, der sich davon einen Lustgewinn verspricht -, in ihm verankern können.

Menschen, denen es an innerer Reife mangelt und die viel Negativität in ihrem Innern beherbergen, können den Einfluss höherer Schwingungen nicht ertragen, erklärt E. Swedenborg. Sie fühlen sich innerlich gequält; ihr Verstand gerät in Verwirrung und sie haben das Empfinden, nicht genügend Luft zu bekommen. Manche sind dem Ersticken nahe (S.328).

Auch Personen, die heftigen sexuellen Begierden verhaftet sind, bekommen leicht Atemprobleme, wenn sie sich in einer Umgebung aufhalten, die nicht ihrer Schwingungsfrequenz entspricht.

Wenn jemand unter Atemnot leidet, ist es einer Fremdenergie gelungen, einen Teil der körpereigenen Energie zu absorbieren. Dies bewirkt eine Unterversorgung mit Sauerstoff. Die Empfindung, nicht genügend Luft zu bekommen da es an Sauerstoff mangelt, kann sehr quälend sein.

Das Energiesystem um jeden Preis zu schützen, ist daher vor immenser Wichtigkeit. Hierzu stehen mehrere Möglichkeiten zur Verfügung. Bei medialen Kontakten ist es dringend geraten, eine weitere Kontaktaufnahme in jedem Fall zu vermeiden und die Energien weitgehend zu harmonisieren. Ein Fremdwesen kann sich nicht auf Dauer in einem menschlichen Organismus verankern, wenn es dem Betreffenden gelingt, sie weitgehend zu ignorieren. Unter diesen Bedingungen wird sie gezwungen sein, ihn früher oder später zu verlassen und freizugeben.

Die Energien beschleunigen sich immer mehr, was zu Anfang sehr unangenehm ist. Diese Beschleunigung führt zu einer Destabilisierung der Energie-Verkettungen. Sie werden mit der Zeit immer brüchiger; die Verbindung löst sich. Den Fremdenergien ist hierdurch ein Verweilen auf Dauer nicht möglich.

Um diesen Vorgang zu beschleunigen, sind Reinigungsübungen von großem Vorteil. Eine spezielle **Übung** hierzu:

☼ Ein Glas Wasser trinken. Währenddessen ein Licht visualisieren, das sich mit dem Körper verbindet. Ähnlich wie das Wasser durchfließt das Licht den Körper und entfernt dabei die Schlacken.

Eine weiters Problem ist die Zerstreuung der Energien durch mangelhafte Fokussierung. Eine Übung kann dazu beitragen, die Energien zu konzentrieren und den Schutz zu erhöhen:

☼ Um die Ausrichtung der Energien zu fördern, ist es von Vorteil, sich ein Licht vorzustellen, das in mittlerer Entfernung im Blickfeld schwebt. Dieses Licht hat anziehende Wirkung auf die Energien und absorbiert sie mit der Zeit.

Es hat sich zudem bewährt, die Körpermitte (den Solarplexus) und die Stirn mit jeweils einer Hand zu bedecken und ausschließlich durch den Mund zu atmen. Dies mildert die schlimmsten Zustände.

Das Solarplexus-Zentrum ist der Dreh- und Angelpunkt für den Energieaustausch. Hier findet ein Ausgleich statt zwischen den Energien des Individuums und der Umgebung, in der es sich gerade aufhält. Daher haben diese Zentren eine spezielle Bedeutung, die sich besonders bemerkbar macht bei der teilweisen Öffnung der spirituellen Kraftzentren. Diese Bedeutung beschränkt sich keineswegs auf den Austausch von Energien. Das dritte Zentrum im Solarplexus ist ein Kraftspeicher, der seinesgleichen sucht. Bei der Öffnung des Zentrums wird der Austausch mit der Umgebung intensiviert. Die Umgebung wirkt entweder hinderlich oder förderlich auf die Entwicklung.

Ein Vorteil dabei ist die Möglichkeit zu einem intensiveren Austausch mit den Mitmenschen, der normalerweise nicht auf dieser tiefen Ebene erfolgt. Doch auch die Nachteile liegen auf der Hand, wenn der mitmenschliche Austausch nicht von Vorteil für die Entwicklung ist. In diesem Fall benötigt der Mensch länger als zuvor, um sich von den angesammelten Schlacken wieder zu reinigen. Spezielle Vorsichtsmaßnahmen, die das dritte Kraftzentrum betreffen, sind daher von außerordentlicher Wichtigkeit.

Das Solarplexus-Zentrum als Sitz der Energie bedarf eines besonderen Schutzes, der lebenserhaltende Bedeutung hat. Sind die zur Verfügung stehenden Schutzmaßnahmen nicht ausreichend, kann keine adäquate Trennung zwischen der eigenen Person und anderen Menschen erfolgen.

Wie kann ein Mensch sein Solarplexus-Zentrum vor dem Eindringen fremder Energien schützen? Diese Frage betrifft den Energiekörper des Menschen. Der Energiekörper ist der feinstoffliche Doppelgänger des physischen Körpers und normalerweise fest mit diesem verankert. In einem spirituellen Entwicklungsprozess geschieht eine Lockerung des Energiekörpers. Diese partielle Loslösung verschafft ihm mehr Bewegungsfreiheit, bewirkt aber gleichzeitig eine teilweise Aufhebung des Schutzes. Davon ist das dritte Zentrum in besonderer Weise betroffen, denn es reguliert den Energieaustausch des feinstofflichen Körpers.

Anders ausgedrückt: Der feinstoffliche Körper wird über das dritte Kraftzentrum mit Energie versorgt. Diese Energieversorgung hat somit lebenserhaltende Funktion. Ein Schutzmechanismus bewirkt, dass diese Funktion der Energetisierung autonom geschieht. Nur durch besondere Umstände kann es zu einer Unterversorgung der Energiezufuhr kommen. Unterbleibt die Energiezufuhr aus irgendeinem Grund, dann ist der feinstoffliche Körper nicht lebensfähig.

Asthma-Therapie

Asthma kann nach Auskunft der Medizin in vielen Fällen wirkungsvoll mit Medikamenten behandelt werden. Die medikamentöse Therapie muss allerdings häufig zeitlebens beibehalten werden. Die auf Heilung des Asthmas gerichteten Therapien sind im Großen und Ganzen wirkungslos, behaupten einige Autoren. Das, was an Heilerfolgen propagiert wird, ist fast immer ein Placebo-Effekt. Andererseits kommt es manchmal tatsächlich vor, dass die Krankheit spontan verschwindet, wobei die Gründe oft schleierhaft sind.

Es stehen zwar eine ganze Reihe von Medikamenten gegen asthmatische Beschwerden zur Verfügung, dennoch kommt M.V. Kerékjarto zu dem Schluss, „dass das (Asthma bronchiale) eine heute praktisch unheilbare Krankheit ist, bei der alle von den Ärzten getroffenen Maßnahmen wohl Linderung, aber fast nie wirkliche Heilung bringen können. Das ist natürlich auch der Grund, warum die Zahl der Behandlungsmethoden und Medikamente ins Unübersehbare gestiegen ist" (in: A. Jores, S.174f.).

Ein Zusammenhang der Krankheit mit spezifischen Verhaltensstörungen zeigt sich in Fällen, in denen das Asthma während einer Psychotherapie verschwindet. Eine beträchtliche Anzahl der Asthmakranken ist nach psychotherapeutischer Behandlung frei von Anfällen. Die Patienten lernen, mit ihren Gefühlen in angemessener Weise umzugehen und auch die hässliche, schmutzige Seite der Welt zu akzeptieren. Erkennt ein Asthmapatient bspw. seine Aggressionshemmung und lernt, frei seine Meinung zu äußern, kann er mit dieser Verhaltensänderung einen drohenden Anfall stoppen. Doch auch psychotherapeutische Maßnahmen reichen nicht aus, um in jedem Fall Heilerfolge zu erzielen.

Ausgeklammert wird bei der wissenschaftlichen Betrachtungsweise der religiös-mystische Hintergrund. Dies ruft bei einem Teil der Asthmakranken den Eindruck hervor, nicht verstanden zu werden.

Die Gedankenbilder, die ein Mensch erzeugt, werden in sein Atemfeld aufgenommen, behauptet J.v. Rijckenborgh. Gedanken sind von sehr viel feinerer Art und von anderem Aufbau als stoffliche Formen. Dennoch sind die mentalen Schöpfungen mit äußerst feinen Instrumenten nachzuweisen (S.31). Von daher ist es zu erklären, dass trübsinnige oder destruktive Gedanken eine fatale Wirkung auf das Atemfeld ausüben können.

Eine verschmutzte Umgebung und traurige Gedanken senken die Schwingungsfrequenz der betreffenden Person. Dieser Umstand verstärkt die Empfindung, zuwenig Luft zu bekommen. Asthmatiker haben daher einen Hang zur Reinlichkeit, weil ein harmonisches, sauberes Umfeld ihre Schwingungen erhöht.

Menschen atmen erhebliche Mengen an Kohlensäure aus. Sie müssten letztlich daran ersticken, gäbe es keine Pflanzen, die mit ihren Blättern Kohlensäure aufnehmen und in Sauerstoff umwandeln.

Daher sind Grünpflanzen und Frischluft ein Mittel, um den Gehalt an Kohlensäure in der Atmosphäre zu reduzieren. Stickstoff, der sich in Form von Eiweiß in tierischen und pflanzlichen Produkten befindet, vergrößert indes die Atembeschwerden (ders. S.86f.). Eine eiweißarme Diät kann daher Asthmakranken helfen, ihre Beschwerden zu verringern.

Bei einigen Menschen entfalten sich die feinstofflichen Zentren im Körper, auch *Chakren* genannt. Deren Entwicklung geht meist unbewusst vor sich und kann mit unerklärlich scheinenden Krankheiten, wie Asthma, stechenden Schmerzen, Schwindelanfällen und anderen Symptomen verbunden sein, warnt W. Augustat. „Daher sollten die mit Zentrenentwicklung verbundenen gesundheitlichen Störungen nicht mit den üblichen pharmazeutischen Mitteln behandelt werden, da dadurch der Schaden oft noch größer wird. Man spricht von der Zentrenentwicklung sogar von heiligen, also zum geistigen Heil führenden Schmerzen.

Leider ist die Zahl der diesbezüglich informierten Ärzte sehr gering. Deswegen ist größte Vorsicht bei der Behandlung geboten und Naturheilmitteln der Vorzug zu geben" (S.234). Derartige Störungen verschwinden innerhalb eines bestimmten Zeitraums in der Regel von selbst.

Um ein vollständiges Bild zu erhalten im Hinblick auf ein komplexes Krankheitsgeschehen, reicht es oftmals nicht aus, sich auf altbekannte Diagnoseschemata zu beschränken, da diese immer nur einen Teil der Problematik abdecken. Die westliche Medizin sollte lernen, über traditionelle Vorstellungen und Überzeugungen hinauszuwachsen, um die komplizierten Krankheitsverläufe in allen ihren Aspekten zu erfassen.

Epilepsie - Fluch oder heilige Krankheit?

Ein Krieg findet statt zwischen Körper und Geist,
Erscheinung und Substanz. In dem Kampf geht es um die
Natur des Seins.

Degenerative Veränderungen

Zu den häufigsten chronischen Erkrankungen des zentralen Nervensystems gehört Epilepsie. Etwa 10% der Bevölkerung zeigt eine erhöhte Neigung zu Krampfanfällen, die sich teilweise bereits im EEG nachweisen lässt. Weltweit sind ca. 50 Millionen Menschen von der Krankheit betroffen. Selbst Katzen und Hunde erkranken relativ häufig. Die Mechanismen, die dazu führen, dass aus einzelnen Krampfanfällen eine epileptische Erkrankung entsteht, sind sehr komplex und noch weitgehend unbekannt (vgl.: Wikipedia).

Die Krankheit äußert sich nicht nur in epileptischen Anfällen, sondern auch in degenerativen Veränderungen der geistigen Kräfte. Dies kann bis zur Demenz führen und eine Verkürzung der Lebensdauer zur Folge haben. Je früher die Krankheit im Leben auftritt, desto schlechter ist die Prognose; eine Heilung ist nur in seltenen Fällen möglich.

Bei schweren Erkrankungen zeigt sich ein chronischer Verlauf. Mit der Zeit treten die Anfälle in immer kürzeren Intervallen auf. Ein Anfall kann tödlich enden infolge schwerer Verletzungen durch einen Sturz, dem ein Bewusstseinsverlust vorausgeht. Manche Epileptiker ersticken während eines Kampfanfalls. Auch eine Häufung der Anfälle innerhalb einer kurzen Zeitspanne kann zum Tode führen.

Der Begriff *epilepsis* (griech.) bedeutet Angriff, Überfall. Die Meinungen bezüglich der Entstehung der epileptischen Erkrankung waren im Laufe der Zeit etlichen Wandlungen unterworfen. Bald trat der eine, bald der andere Faktor einseitig in den Vordergrund, was sehr treffend das Hypothetische aller Erklärungsversuche charakterisiert. Auf das „Unheimliche der Fallsucht" verweist S. Freud, weshalb konsequenterweise das Mittelalter alle diese Krankheitsäußerungen der Wirkung von Dämonen zugeschrieben habe. (Vgl.: Ges. Werke Bd XII; S.257.)

Das Bild der ‚unheimlichen Krankheit' mit ihren unberechenbaren Krampfanfällen ist nicht leicht zu bestimmen. Viele Patienten zeigen eine übergroße, meist ungenügend beherrschte Affektivität. Freud vermutet einen „Mechanismus der abnormen Triebabfuhr", welcher den Sexualvorgängen verwandt sei. Bereits die Ärzte des Altertums stellten eine Beziehung her zwischen ‚epileptischer Reizabfuhr' und dem sexuellen Akt. Für Freud liegt es daher nahe, psychosomatische Erregungsabfuhr mit der 'epileptischen Reaktion' in Zusammenhang zu bringen. Ansonsten unterscheidet er eine ‚organische' von einer ‚affektiven' Epilepsie. Sie könne „in unfassbarer Weise" rein körperlich bedingt sein, oder ihrer Entstehung liege ein seelisches Geschehen, ein heftiger Erregungszustand bzw. ein erschreckendes Erlebnis, zugrunde.

Einige Autoren gingen dazu über, das endokrine System für die Krampfneigung verantwortlich zu machen. Zu dieser Annahme äußert sich R. Barthel: „Wenn... von den verschiedenen Autoren bald die eine, bald die andere Drüse dieses Systems für den epileptischen Anfall als auslösende Ursache angeschuldigt wird, so ist damit zunächst nur der Schluss zu ziehen, dass endokrine Korrelationsstörungen, ganz gleichgültig, welcher Art, bei entsprechender Veranlagung die konvulsive Reaktionsfähigkeit steigern und so zu epileptischen Krämpfen Veranlassung geben könnten" (S.31f.).

Angeblich neigen Epileptiker zu jähzornigen Ausbrüchen und zur Gewaltanwendung. C. Balducci beschreibt den epileptischen Charakter als reizbar, impulsiv, egoistisch und den Leidenschaften unterworfen. Die Betroffenen führen häufig ein unstetes Leben und neigen zu Übertreibungen. Epilepsie weist, ebenso wie die Hysterie, einige Berührungspunkte mit Besessenheit auf, meint der Autor (S.149).

R. Dahlke bezeichnet die Epilepsie als das „erschreckendste Anfallsgeschehen", das bekannt sei: „Das Wort ‚Anfall' besagt, dass einen etwas anfällt, etwas Fremdes, offenbar von draußen Kommendes. In verschiedenen Kulturen, z.B. indianischen, gilt das Krankheitsbild als die Manifestation von Heiligem, das aus einer anderen Ebene über die Betreffenden hereinbricht. Indianer gehen davon aus, dass fremde Geistwesen in die Betroffenen fahren. Den Anfall sehen sie als Kampf zwischen zwei Geistern um den einen Körper" (S.233).

Für die Diagnose ‚Epilepsie' ist nicht unbedingt ein Krampfanfall notwendig. Diese Ansicht äußert F. Frenzel. Er teilt damit die Meinung des Nervenarztes E. Kraepelin, „ein einziger gut charakterisierter Dämmerzustand" könne ebenso gut die Diagnose Epilepsie ermöglichen (S.3). Dämmerzustände ergreifen plötzlich ohne Vorwarnung von einem Patienten Besitz. R. Dahlke bemerkt dazu: „Dämmern ist eine Situation des Übergangs von einer Ebene zur anderen: vom Tag zur Nacht oder vom Wachen zum Schlafen oder umgekehrt. Die Absenzen zwingen den Patienten, diese Übergangspunkte zwischen den Ebenen, in diesem Fall zwischen Wachen und Träumen bzw. Wachen und Schlafen, zu überschreiten" (S.240). Angeblich sei der Patient dazu aufgerufen, der ‚Zwielichtzone' mehr Aufmerksamkeit zu schenken.

Psychiater richten ihr besonderes Augenmerk auf Fälle, bei denen epileptische Anfälle während einer psychotischen Erkrankung auftreten. E. Bleuler vertrat seinerzeit die Ansicht, epileptische Anfälle kämen bei Schizophrenie häufig vor. An Katatonie erkrankte Patienten werden von epileptischen Anfällen heimgesucht mit dramatischem, tödlichem Ausgang. Bei den Sektionen wurde eine Schwellung im Gehirn festgestellt. Diese ‚Hirnschwellungen' entstanden durch die Bildung atypischer Zellen. Sie wurden bei schizophrenen Patienten, die unter epileptischen Anfällen litten, nach deren Ableben gefunden (ebd. S.4).

Mittlerweile gilt Epilepsie als organische Erkrankung des Gehirns. Laut einem Bericht bei ARTE - TV (in: *Futuremag* vom 19.03.16) leiden ca. 5% der Bevölkerung unter Epilepsie. In Deutschland sind ca. 600 Tausend Menschen von der Krankheit betroffen, in Frankreich liegt die Zahl bei 500 Tausend. In den *Epilepsie-Informationen Niedersachsen* heißt es: „Epilepsie ist in jedem Land die am meisten verbreitete schwerwiegende Hirnkrankheit und möglicherweise die am weitesten verbreitete Gesundheitsstörung überhaupt. Sie kommt in allen Altersstufen vor…" (S.4). Die Hälfte aller erkrankten Epileptiker ist unter 15 Jahre alt.

Ein Anfall wird hervorgerufen durch eine typische Reaktion des Gehirns auf verschiedene Störfaktoren. Hat sich die Epilepsie erst einmal manifestiert, kann sie durch geringfügige Anlässe immer wieder zum Vorschein kommen.

Historische Berichte

Epileptische Anfälle und Religion wurden bereits im Altertum miteinander verknüpft. Die Epilepsie hat die Menschen gleichermaßen fasziniert und abgestoßen. Sie galt als heilig oder wurde mit Dämonen in Verbindung gebracht. Hippokrates (400 v. Chr.) sah die Epilepsie eher als Fluch der Götter und lehnte einen möglichen Zusammenhang mit göttlichen oder prophetischen Kräften ab. Erst in späteren Zeiten wurde die Erkrankung vorwiegend vom wissenschaftlichen Standpunkt aus betrachtet. Dennoch überdauerte die Vermutung, es gäbe einen Zusammenhang zwischen dem göttlichen Bereich und Epilepsie 2000 Jahre.

Verschiedene altägyptische Papyri und Inschriften auf Tempelsäulen berichten von einer Krankheit, „die von Krämpfen begleitet war". Sie wurde mit einer Hieroglyphe gekennzeichnet, die auf eine übernatürliche Macht als Verursacher hinwies.

Bei M. Lauer wird der um 1.500 v. Chr. entstandene *Papyrus Ebers* erwähnt, in dem „die Epilepsie als eine durch Besessenheit durch den bösen Geist Labas entstandene Erkrankung" gekennzeichnet ist (S.4f.). In der Antike trat die ‚fallende Krankheit' auch in großen Menschenmengen, wie etwa in Volksversammlungen im alten Rom, auf. Den Fallsüchtigen wurden zum Teil magische Fähigkeiten, wie z.B. die Prophetie, nachgesagt. Eine ‚göttliche Sendung' der Krankheit wurde vermutet. Dies umgab die Betroffenen mit einem besonderen Nimbus. Selbst der Sagenheld *Herkules* blieb von der Fallsucht nicht verschont, weshalb die Bezeichnung *herkulianische Krankheit* gebräuchlich war (vgl.: M.D. Engel).

In vielen Völkern war der Glaube vorherrschend, Götter und Dämonen bestraften die Menschen mit geheimnisvollen Krankheiten und nur sie könnten eine solche Strafe wieder abwenden. Die Therapie bestand zumeist in rituellen Praktiken und Beschwörungen. Bereits in der Antike wurden Gegenstimmen zu dieser Auffassung laut; so wandte sich der Arzt *Hippokrates* gegen eine magisch-religiöse Sicht der epileptischen Erkrankung.

In der Bibel wird die Epilepsie als dämonische Besessenheit gekennzeichnet: In Mat. 17:14-20 bringt ein Vater seinen kranken Sohn zu den Jüngern Jesu, denen es aber an der Kenntnis mangelt, wie zu helfen sei. Jesus rügt die Jünger wegen ihres mangelnden Vertrauens. Er berührt den kranken Jungen, woraufhin der Dämon ausfährt. Die Jünger fragen verwundert, warum denn ihnen selbst die Austreibung nicht gelungen sei? Jesus wirft ihnen daraufhin Kleingläubigkeit vor, denn: „Der starke Glaube bewirkt das Wunder".

Nach Auffassung von S. v. Jankovich fiel der biblische Saulus vor Damaskus während eines epileptischen Anfalls vom Pferd, woraufhin ihm ein mystisches Erlebnis zuteil wurde. Auch Mohammed war als Epileptiker bekannt. Er führte während seiner Anfälle intensive Gespräche mit Allah. Von Michelangelo ist ebenfalls überliefert, dass er von epileptischen Anfällen heimgesucht wurde (S.40).

Im christlichen Weltbild des Mittelalters wurde Krankheit als Bestrafung für sündiges Verhalten aufgefasst. Die Epilepsie wurde als *Fallsucht* oder auch *schüttelnde Gottesstraf* bezeichnet. Hildegard von Bingen äußerte die Ansicht: „Die Grundursache der Epilepsie liege in einem jähzornigen, wankelmütigen Temperament, was zu einer Schwächung der Seele führe und diese den ‚Einflüsterungen des Teufels' zugänglich mache. Der seiner seelischen Kraft beraubte Körper stürze in einem Krampfanfall zu Boden und erhebe sich erst, wenn die Seele ihr Gleichgewicht gefunden habe" (in: M. Lauer, S.8). Im 19. Jhdt beobachteten einige Ärzte Zusammenhänge zwischen religiösen Emotionen und epileptischen Phänomenen.

Die Fallsucht werde auch durch großen Schrecken, der den Geist eines Menschen überkommt, verursacht, erfährt man bei Paracelsus. Übermächtige Angst raube ihm die Besinnung. Sowohl Tiere und sogar Bäume könnten an Epilepsie erkranken. Die Epilepsie sei auch „dem Gewitter vergleichbar, sei quasi ein Unwetter im Mikrokosmos Mensch. Die Ursache liege in einer Entzündung des ‚sulphur', eines der drei Grundelemente, aus denen Mensch und Welt aufgebaut seien. Dieser Stoff bilde einen zum Gehirn aufsteigenden Rauch, der das Bewusstsein ‚umwölke' und unter Überwindung der Vernunft zum Anfall führe. Der Paroxysmus selbst sei eine Erschütterung durch die Vermischung von Nitro und Sulphur, gleich dem Erdbeben. Der Zeitpunkt des Anfalls werde von den Sternen bestimmt, die die Elemente einem leitenden Plan unterwürfen" (dies. S.10).

Es existieren nach Paracelsus fünf Formen der Epilepsie, deren Krankheitsherde sich an unterschiedlichen Stellen im Körper befinden. Viele Epileptiker haben während eines Anfalls Schaum vor dem Mund. Dies führt er auf die „große Angst und Not" zurück, in welche die Opfer durch dämonische Einwirkung versetzt werden. Die Krankheit haftet eigentlich den Geistern an, die sie dann „im Menschen hervorbrechen lassen". Der Krampfanfall kann von jedem beliebigen Körperteil aufsteigen oder seinen Ausgang vom Gehirn nehmen.

Die Fallsucht berühmter Personen

Einige Persönlichkeiten der Weltgeschichte, wie *Julius Cäsar, Mohammed* oder *Napoleon*, werden im Zusammenhang mit epileptischen Krampfanfällen erwähnt. Hinweise hierzu finden sich bei A. Knapp (S.3). Auch die heilige *Theresa von Avila* war epilepsieartigen Krisen in ihrer Jugendzeit unterworfen, wie G. Hahn berichtet. *Sören Kierkegaard* litt gleichfalls an epileptischen Anfällen, ebenso wie *Vincent van Gogh, Gustave Flaubert, Lewis Carrol* und *Fjodor Dostojewski*.

An die Anfälle des französischen Schriftstellers *Flaubert* erinnert sich sein Freund *Maxime du Camp*: „Vor Vollendung seines 22.Lebensjahres war Gustav von einem unbarmherzigen Leiden befallen worden, das ihn in gewissem Sinne unbeweglich gemacht und ihm jene Seltsamkeiten aufgeprägt hat, mit denen er manchmal seine oberflächlichen Bekannten überraschte. Der *morbus sacer*, die große Neurose, die Fallsucht hatte ihn befallen und niedergeworfen. Oftmals habe ich ohnmächtig und bestürzt diesen schrecklichen Anfällen beigewohnt. Sie traten immer in der gleichen Weise und mit den gleichen Vorläufererscheinungen auf.

Gustave hob plötzlich ohne besonderen Grund den Kopf und wurde ganz blass; er hatte die Aura gefühlt... sein Blick war angsterfüllt..., er sagte: Ich habe eine Flamme im linken Auge... einige Sekunden darauf: Ich habe eine Flamme im rechten Auge; alles glänzt wie Gold. Dieser sonderbare Zustand hielt manchmal mehrere Minuten an; dann wurde sein Gesicht noch bleicher und bekam einen verzweifelten Ausdruck; rasch ging er, stürzte auf sein Bett zu und streckte sich darauf hin, finster düster, als ob er sich lebendig in einen Sarg legte. Darauf schrie er: Ich halte die Zügel, hier ist der Fuhrmann, ich höre die Schellen! O, Ich sehe die Gaslaterne!

Dann stieß er einen Wehlaut aus, dessen herzzerreißender Ton mir noch im Ohre nachklingt, und es begann der Krampf. Dem Paroxysmus, der den ganzen Körper ins Zittern brachte, folgte stets in gleicher Weise ein tiefer Schlaf und eine mehrere Tage anhaltende Mattigkeit" (in: K. Birnbaum, S.274f.). Der Dichter selbst sieht „hunderttausend Bilder auf einmal wie ein Feuerwerk aufspringend", das Bewusstsein bleibt (rein passiv) erhalten. „Es war eine Verknotung der Seele und des Leibes (ich habe die Überzeugung, dass ich mehrere Male gestorben bin)."

Die Anfälle *Vincent van Goghs* waren von Krämpfen, Erregungszuständen, Verstimmungen und religiösen Wahnideen geprägt. Er litt außerdem unter Halluzinationen und wurde von depressiven Verstimmungen geplagt, „die wie eine drohende Gewalt über seinem Leben schweben" (S.276).

Dostojewskis Leiden ist gut dokumentiert. Anfangs stellten sich lethargische Schlafzustände ein; eine plötzliche, nicht erklärbare Schwermut erfasste ihn. Er hatte das Gefühl, im nächsten Augenblick sterben zu müssen und befürchtete, in einem scheintodähnlichen Zustand begraben zu werden.

Seinen ersten Anfall erlebte der russische Schriftsteller während einer leidenschaftlichen Debatte, die er mit einem Kontrahenten über religiöse Anschauungen führte. „In demselben Augenblick erklangen in der nahegelegenen Kirche die Osterglocken zur Frühmesse, und ich fühlte... wie der Himmel gleichsam zu mir hernieder stieg und mich verschlang. Ich nahm die Gottheit buchstäblich in mich auf und fühlte mich von ihr durchdrungen. Ja, es gibt einen Gott! rief ich aus, dann verlor ich das Bewusstsein.

Ihr gesunden Menschen, fuhr er fort, könnt euch die Seligkeit gar nicht vorstellen, die wir Epileptiker in dem Augenblick vor dem Anfall empfinden. Mohammed versichert uns in seinem Koran, er sei im Paradiese gewesen, und alle superklugen Narren halten ihn deswegen für einen Lügner und Betrüger. Aber nein, er hat nicht gelogen! Er ist wirklich im Paradiese gewesen, und zwar während der Krampfanfälle, an denen er litt, ebenso wie ich" (ders. S.277).

Obwohl der Dichter erkannte, dass seine visionären Erlebnisse auf epileptische Anfälle zurückzuführen waren, bestand er dennoch auf der Gültigkeit dieser Erfahrungen von überirdischer Weisheit und Erkenntnis.

S. Freud interpretiert den „merkwürdigen Umstand", dass Dostojewski „in der Aura des Anfalles ein Moment der höchsten Seligkeit erlebt", auf seine Weise: Er unterstellt Dostojewski einen ‚unbewussten Todeswunsch', den er gegen seinen Vater hegte. Die Seligkeit sei daher wohl einem Triumphgefühl und der seelischen Befreiung bei der Todesnachricht des Vaters zuzuschreiben. (In: Ges. Werke Bd. XIV, S.399f.) Immerhin gibt Freud korrekterweise zu, die Symptome Dostojewskis nur in ihren Anfängen ergründet zu haben; dennoch verwundert die Eingleisigkeit seiner Deutung.

Die euphorischen Zustände Dostojewskis zeigten nach einiger Zeit unangenehme Nachwirkungen. Freunde von ihm erwähnten das totenbleiche Gesicht, die glänzenden Augen, den schweren Atem sowie die enorme Reizbarkeit seines angegriffenen Nervenkostüms, was den Umgang mit ihm erheblich erschwerte. Auch sein dichterisches Schaffen litt unter den Anfällen, wie Dostojewski in einem Brief bekannte: „Ich muss angestrengt, sehr angestrengt arbeiten. Die Anfälle nehmen mir inzwischen meine letzten Kräfte, und nach jedem Anfall kann ich mindestens vier Tage meine Gedanken nicht sammeln" (in: K. Birnbaum, S.278f.).

Seine dichterischen Fähigkeiten erlahmten; er litt unter seelischen Verstimmungen, die auf die Anfälle folgten: „Die Niedergeschlagenheit, die bei mir vielfach auf die epileptischen Anfälle folgt, hat das Bezeichnende. Ich fühle mich wie ein großer Verbrecher. Es kommt mir vor, als ob eine unbekannte Schuld, eine verbrecherische Tat mein Gewissen bedrücke.". Hier zeigt sich die Kehrseite der Anfälle, die in der Mehrzahl der Fälle eine immense Belastung für Körper und Psyche bedeuten.

Die epileptischen Anfälle

Durch gewisse Vorzeichen, *Aura* genannt, kündigt sich ein epileptischer Anfall an. Die *Aura* kann sich auf unterschiedliche Weise zeigen: durch eine leichte Verstimmung und Übelkeit im Magen; Schwindelanfälle und Alpträume oder eine Empfindung von Hitze und Schmerz, die von den unteren Regionen langsam nach oben steigt. Manche Patienten entwickeln einen Widerwillen gegen bestimmte Nahrungsmittel; andere leiden unter Erbrechen oder berichten von verschiedenen Sinnestäuschungen. Die gesteigerte Geruchswahrnehmung, die als *Aura* bei der Epilepsie auftritt, bezeichnet R. Dahlke als „Rückzug in archaische Zeiten, als die feine Nase noch etwas zu sagen hatte" (S.172).

Die Anfälle rufen bei vielen Kranken eine deutliche Wesensveränderung hervor. Dazu gehört eine Verlangsamung des Denkens und der Reaktionsweisen, das Haften der Gedanken an ein und demselben Gegenstand, zunehmende Umständlichkeit und Pedanterie im Verhalten. Mit der Zeit lässt die Auffassungsgabe nach; eine Urteilsfindung fällt schwer; die Begriffswelt verarmt zusehends. Die geistige Initiative und Produktivität geht verloren bis hin zum geistigen Verfall.

Moderne Therapiemethoden können mittlerweile den Prozess der zunehmenden geistigen Einschränkung vermindern oder ganz unterbinden. Epileptische Erkrankungen gelten zwar immer noch als unheilbar, doch werden Medikamente teilweise mit gutem Erfolg eingesetzt, wobei das Risiko schwerer Nebenwirkungen in Kauf genommen wird. Allerdings sprechen ca. 30% der Patienten nicht ausreichend auf die Medikation an, wie eine klinische Forschung in Rennes/Frankreich gezeigt hat. (Vgl.: *Futuremag* vom 19.03.16 bei ARTE.)

Die elektrische Aktivität im Gehirn verändert sich während eines Anfalls. Die Muskulatur verkrampft sich und verharrt in einer länger dauernden Anspannung, der gesamte Körper gerät in einen Spannungszustand. Regellose, ruckartige Bewegungen der Körpermuskulatur treten auf. Im Kopfbereich kommt es zu gesteigerten elektrischen Entladungen und Bewusstseinstrübungen.

Die Anfälle sind von unterschiedlicher Intensität:

▶ Während eines fokalen Anfalls, auch *Herdanfall* genannt, bleiben die Patienten bei Bewusstsein, da nur ein kleiner Teil des Hirnareals betroffen ist. Sie leiden unter quälenden Missempfindungen, Zuckungen und Halluzinationen.

126

▶ Bei einem *generalisierten Krampfanfall,* der auch P*etit Mal* genannt wird, verlieren die Betreffenden für einen kürzeren Zeitraum das Bewusstsein.

▶ Ist das Bewusstsein über einen längeren Zeitraum hinweg abwesend, spricht man vom G*rand Mal.* Damit ist ein sogen. generalisierter, vom gesamten Gehirn ausgehender und den ganzen Körper betreffender tonisch-klonischer Anfall mit Bewusstseinsverlust gemeint.

Das Wesentliche der epileptischen Erkrankung ist neben den Krämpfen das anfallsweise Auftreten und ein Aussetzen des persönlichen Gewahrseins. Der Kranke stürzt plötzlich wie vom Donner gerührt zu Boden, wobei wird die Luftzufuhr unterbunden wird.

Eine Beschreibung des ‚epileptischen Schwindels‘ findet sich bei M. Lauer: „Der Kranke verliere plötzlich für kurze Zeit das Bewusstsein, könne seine Lage nicht verändern bzw. falle um, wenn ihn der Anfall im Stehen überraschte.“ Die Augen sind starr, als sei die Aufmerksamkeit auf einen bestimmten Gegenstand gerichtet. „Gelegentlich treten auch leichte Konvulsionen der Augenmuskeln, der Lippen, eines Fingers oder einer Gliedmaße auf. Nach einigen Sekunden bis hin zu höchstens zwei Minuten endet dieser Zustand, der Kranke setzt seine Beschäftigung fort, als ob er sie niemals unterbrochen habe“ (S.31).

Anders verhält es sich beim *Grand Mal*, dem ‚großen Anfall‘, der typischerweise wie folgt abläuft: Die Kranken stoßen einen Schrei aus und stürzen wie vom Blitz getroffen nieder; sie fallen bewusstlos zur Erde. Dabei befinden sie sich in einem Zustand der Steifheit, der bis zu mehreren Minuten andauern kann. Die Halsvenen sind stark angeschwollen, Augen und Kopf sind verdreht, die Pupillen weit und starr, ganz ähnlich wie bei Toten. Oft sammelt sich Schaum vor dem Mund. Heftige Krampfwellen durchströmen den Körper. Bei einigen Patienten nimmt das Gesicht eine violette Färbung an; sie zeigen eine Unempfindlichkeit gegenüber Außenreizen.

Nach dem Anfall lässt die tiefe Betäubung nur langsam nach. Mit dem Rückgang der Versteifung geht oft ein Zittern des Körpers einher. Die Patienten fallen anschließend in einen tiefen Schlaf, aus dem sie matt und energielos erwachen und häufig von Kopfschmerzen geplagt werden. Meist fühlen sie sich wie zerschlagen und können sich an nichts erinnern. Sie waren einem Kräfte zehrenden Prozess ausgesetzt. Der bewusstlose Schlaf hat sie nicht im mindesten erfrischt. Der Anfall hinterlässt bei vielen eine tiefe, depressive Verstimmung.

Die kleinen Anfällen (*petit mal*) sind gekennzeichnet durch Dämmerzustände mit traumähnlicher Benommenheit. Auch Wahnvorstellungen und Delirien werden beobachtet. Nach den Anfällen neigen einige Patienten zu Reizbarkeit und Selbstmordneigung. In Delirien kommt nach Ansicht von R. Dahlke der Schatten, die dunkle Seite des Menschen, zum Vorschein: „Hier drängt reinster, d.h. dunkelster Schatten herauf, weshalb die Psychiatrie dergleichen auch gern als wesensfremd abschreibt" (S.240). Unkontrollierbare, sinnlos scheinende Gewalttaten werden verübt. Sie repräsentieren die dunkle Seite der Existenz.

Bei St. C. Schachter beschreibt einer der Patienten seine Empfindungen während eines Anfalls: „Manchmal fühle ich mich von mir selbst abgespalten, so als beobachtete ich mich und die Welt als Außenstehender, doch nicht in Wirklichkeit, sondern eher in einer Art Traumzustand. verholfen Oft erscheint mir die Umgebung grau und nur zweidimensional, so dass die Dinge wie auf einem Schwarz-Weiß-Fernseher aussehen. Der Eindruck hält sich über den eigentlichen Anfall hinaus, der ihn hervorgebracht hat" (S.40). Die medikamentöse Behandlung habe bei ihm eine Reduzierung der Anfallshäufigkeit bewirkt.

Bei den verschiedenen Typen von Anfällen verdichten sich oft, wie im Traum, verschiedene Motive zu einem Anfallsgeschehen. W. Stekel hält es nicht für möglich den „epileptischen Symptomkomplex mit *einem* Schlüssel auflösen zu wollen" (S.665). Die Krampfanfälle können unterschiedliche Formen annehmen. Auslöser sei „eine plötzliche, abnorme elektrische Entladung im Gehirn", meint O. Sacks. „Bei generalisierten Anfällen entsteht diese Entladung in beiden Gehirnhälften gleichzeitig." (Vgl.: Drachen, Doppelgänger und Dämonen, S.155f.)

Einige Anfälle basieren auf emotional bewegenden Erlebnissen aus der Vergangenheit: Eine bestimmte lebhafte Erinnerung bricht mit vehementer Plötzlichkeit ins Bewusstsein ein. Doch auch triviale Vorkommnisse ohne irgendeine tiefere Bedeutung oder irgendwelche Liedtexte werden während eines epileptischen Anfalls erinnert, wie O. Sacks darlegt.

A. Mindell geht davon aus, dass „epileptische Trancezustände, die sogenannten Grand-Mal-Anfälle, häufig unbewusste Prozesse (sind), die es dem Leidenden erlauben, gewalttätig zu sein. D.h. die Angst vor solchen Trancezuständen und plötzlichen Anfällen kann mit unerkanntem Ärger zusammenhängen. Solange die zugrunde liegenden Faktoren unbewusst bleiben, neigen Trancezustände dazu, sich zu wiederholen oder anzudauern" (S.103).

Auch *Déja-vu*-Erlebnisse oder *Jamais-vu*-Erlebnisse (= früher Bekanntes wirkt plötzlich fremd) gehören zu den Anomalien der Epilepsie. Eine Betroffene erzählt von einem seltsamen Fremdheitsgefühl beim Anblick eines ihr bekannten Gebäudes. „Daraufhin schaute ich mir alles in meiner Umgebung an, und nichts sah vertraut aus. Das war so befremdend, dass ich keinen Schritt weitergehen konnte. Manchmal konnte ich sogar mein eigenes Haus nicht *wiedererkennen*, obwohl ich wusste, dass ich *in* meinem Haus war" (S.171).

O. Sacks beschreibt zudem außergewöhnliche visuelle Symptome. Er berichtet über „einen Patienten, bei dem die Vorwarnung immer ein blauer Stern war, der gegenüber dem linken Auge erschien und dann näher kam, bis das Bewusstsein verloren ging. Ein anderer Patient sah vor dem linken Auge stets ein Objekt, das er nicht als Licht beschrieb, das aber ständig rotierte. Es schien näher und näher zu kommen, dabei große Kreise zu beschreiben, bis das Bewusstsein verloren ging" (S.158).

Eine weitere Patientin erzählt: „Mit vier Jahren… habe sie auf der rechten Seite eine rotierende Kugel aus bunten Lichtern gesehen, die in allen Einzelheiten gut zu erkennen gewesen ist. Die bunte Kugel drehte sich einige Sekunden lang, dann folgte ihr eine graue Wolke auf der rechten Seite, die ihre Sicht dort zwei oder drei Minuten verdunkelte" (ebd.). Sie sah die rotierende Kugel 4-5mal im Jahr. Auf die visuellen Wahrnehmungen folgten regelmäßig Kopfschmerzen. Im Alter von 15 Jahren erlitt sie den ersten *Grand-Mal*-Anfall.

Die Attacken wurden mit der Zeit immer häufiger. Ausgelöst wurden sie durch helles Sonnenlicht, flimmernde Schatten oder fluoreszierende Lichter. Eine extreme Lichtempfindlichkeit zwang sie letztlich zu einem zurückgezogenen Leben im Dämmerlicht. Während einer elektrischen Stimulation einzelner Gehirnpartien im Behandlungsraum nahm sie Tinkerbell und andere Comicfiguren wahr. Dies lässt auf einen Zusammenhang zwischen den Comicfilmen aus der Kindheit und dem Beginn der Epilepsie schließen.

Vor einem Leben mit häufigem Fernsehkonsum warnt J. Schootemeijer. Die flimmernden Punkte auf dem Bildschirm bringen seiner Ansicht nach ein elektronisches Pulsieren hervor, das gefährlich ist. Das ständige Pulsieren des Lichts, begleitet von einem schrillen Ton, der knapp über der Gehörgrenze liegt, ist für eine zunehmende Reizung des Nervensystems verantwortlich.

„Außerdem gibt es dabei schlimmere Wirkungen", ergänzt der Autor, „die noch ernster sind. Man hat eine wachsende Anzahl von Epilepsiefällen bei den Menschen festgestellt, die für diese Art des Pulsierens besonders empfänglich sind. Man spricht von einer ‚Fernseh-Epilepsie', wenn Nicht-Epileptiker (speziell Kinder) beim Fernsehen derartige Anfälle haben" (S.48). Der ständige Blick auf ein Licht, das ununterbrochen flackert, liefert bei empfindlichen Menschen optimale Bedingungen für hypnotische Trancezustände und epileptische Anfälle.

Zwischen Migräneanfällen und Epilepsie existiert ebenfalls ein Zusammenhang. „Epilepsie und Migräne werden leicht verwechselt", meint O. Sacks. „Migräne wie Epilepsie sind krampfartig – sie treten plötzlich auf, nehmen ihren Verlauf und verschwinden wieder." (Vgl.: Dachen, Doppelgänger und Dämonen, S.163.) Etliche Migräne-Patienten berichten über eine Vielzahl von seltsamen visuellen

Phänomenen. Oft scheuen sie sich davor, ihre Halluzinationen zu erwähnen aus Angst davor, für psychotisch gehalten zu werden.

Bei Migräneanfällen, die häufig mit einer Aura einhergehen, kann eine ganze Bandbreite außergewöhnlicher Symptomen auftreten. Es kommt zu Wahrnehmungsverzerrungen und Halluzinationen. O. Sacks beschreibt ein persönliches Erlebnis, das ihn im Kindesalter ereilte. Er befand sich gerade im Garten, „als in meinem linken Gesichtfeld ein glänzendes, blendendes Licht aufleuchtete. Es dehnte sich aus, wurde ein riesiger Bogen, der sich vom Boden bis in den Himmel wölbte, mit scharfen, glitzernden Zickzackrändern, in strahlendem Blau und Orange. Nach der Helligkeit kam eine zunehmende Blindheit, eine Leere im Gesichtsfeld, bis ich auf meiner linken Seite fast nichts mehr sehen konnte" (S.143). Das Ganze dauerte nur wenige Minuten.

Die visuelle Aura einer Migräne weist eine charakteristische Zickzackform auf und ähnelt im Umriss den Festungen des Mittelalters. Daher wird sie auch als *Zinnenmuster* bezeichnet. Vor einem Migräneanfall kann es zu erstaunlichen Veränderungen der Wahrnehmung kommen: Objekte erscheinen in Größe und Form verschoben; der Eindruck für Farbe und Tiefe verändert sich; die sichtbare Welt scheint für einige Minuten völlig unverständlich. Die Umgebung wird wie durch einen dünnen, vom Winde bewegten Vorhang gesehen.

Eine Bloggerin der New York Times, die zeitweilig unter Migräne leidet, beschreibt ein transzendentes Erlebnis: „Als Kind erlebte ich mein sogenanntes ,Aufhebungs-Empfinden'. Hin und wieder hatte ich das intensive Gefühl, nach oben gezogen zu werden, als würde mein Kopf emporsteigen, obwohl ich wusste, dass meine Füße den Boden nicht verlassen hatten. Dieses Hochgehobenwerden war von einer Regung begleitet, die sich nur als Ehrfurcht bezeichnen lässt - einem Gefühl der Transzendenz. Abwechselnd habe ich diese Aufhebungen als göttlich (Gott ruft mich an) oder als beglückende Verbindung mit allen Dingen in der Welt gedeutet. Alles erschien seltsam und wunderbar" (ebd., S.147).

Eine andere Frau berichtet, dass sich kurz vor einem Migräneanfall das seltsame Empfinden einstellt, jeden Menschen, der ihr begegnet, zu kennen. Einerseits weiß sie nicht, wer diese Leute sind, dennoch kommen sie ihr alle vertraut vor. Manche Patienten erzählen, bei ihnen liefe während einer Migräne-Aura immer die gleiche Bildfolge ab. Ein Patient erblickt eine große Menge weiß gekleideter Menschen. O. Sacks erwähnt die wiederkehrende Vision eines Mannes: „Zuerst sah er einen großen Raum mit drei hohen Bogenfenstern und eine weiß gekleidete Gestalt (mit dem Rücken zu ihm), die an einem langen, ungedeckten Tisch saß oder stand. Jahrelang hatte er die immer gleiche Aura, dann aber wurde sie allmählich durch sehr viel einfachere Formen ersetzt (Kreise und Spiralen), die – noch später – hin und wieder ohne nachfolgenden Kopfschmerz auftraten" (S.149).

Auch ein Schlaganfall ähnelt in mancher Hinsicht der Epilepsie. Der Betreffende stürzt urplötzlich zu Boden ohne die Möglichkeit, zu reagieren. Die inneren Ursachen, die zu einem Schlaganfall führen, können sehr unterschiedlich sein und weisen von einem Menschen zum anderen starke Differenzen auf. Ein überaus großer Wunsch, von anderen akzeptiert zu werden, lässt manchen seine eigenen Bedürfnisse zurückstellen. Bedürfnisse, die permanent vernachlässigt werden, entwickeln in der Psyche ein Eigenleben. Sie haben die Tendenz, von Zeit zu Zeit auszubrechen und ihre Interessen, koste es was es wolle, durchzusetzen.

Bei manchen Patienten bewirkt eine ausgeprägte Lebensunlust in Verbindung mit einem enormen Lebenshunger einen starken Wechsel der Gefühle, der letztlich in einen Schlafanfall einmündet. Die Gefühlswelt ist von gegensätzlichen Bestrebungen durchzogen, die einander widersprechen und die Psyche nicht zur Ruhe kommen lassen. Extrem starke Gefühlsschwankungen führen zu einem inneren Ungleichgewicht, das der Gesundheit abträglich ist. Die gegensätzlichen Tendenzen und Neigungen sorgen für ein Verwirrspiel, das es nicht erlaubt, eine geeinte Persönlichkeit zu entwickeln, die mit sich im Reinen ist.

Erreicht dieses Wechselspiel der Gefühle einen Höhepunkt, können die psychischen Strukturen die Spannung nicht länger verkraften. Ähnlich wie bei einem Kurzschluss kommt es zu einem Zusammenbruch. Das psychische System kollabiert, da es dem steigenden Druck nicht mehr gewachsen ist. Die Spannung hat sich über einen langen Zeitraum aufgebaut und entlädt sich wie bei einem Dampfkessel, dem die Luft entweicht.

Dies hat fatale Folgen für den physischen Organismus, denn der psychische Zusammenbruch zieht einen Kollaps des gesamten Systems nach sich. Die Nervenbahnen kollabieren. Dies bewirkt einen plötzlichen Ausfall aller motorischen Fähigkeiten, was in dem bekannten Bild eines Schlaganfalles zum Ausdruck kommt. - Zur Abwendung eines weiteren Zusammenbruchs wäre es von großem Vorteil, für die Zukunft eine andere, gemäßigtere Lebensweise zu bevorzugen, was – bedingt durch die Folgen des Schlaganfalls – in vielen Fällen bereits eine bittere Notwendigkeit ist.

Bei manchen Menschen, die an Epilepsie leiden, zeigt sich in ihrem Traumleben eine Verdoppelung der Persönlichkeit. Ein Patient W. Stekels träumt, er könne sein Bewusstsein spalten und den leidenden Teil seines Ich jemand anderem überlassen. Er sieht im Traum einen Hausmeister, der zugleich in zwei Personen auftritt. Die eine Person macht ausführliche Angaben über den Gesundheitszustand der anderen (S.707).

Während der Anfälle findet eine Spaltung des Bewusstseins statt. Mit dieser Thematik befasst sich J.M. Verweyen: „In den sogenannten epileptischen Dämmerzuständen wird eine Form des Bewusstseins, ein ‚Ich' wirksam, das mit dem ‚Ich' des normalen Bewusstseins gar keinen Zusammenhang aufweist, ja zu diesem in seinen Handlungen in einen direkten Gegensatz treten kann. Es zeigt sich dabei also eine Störung des seelischen Gleichgewichts, eine Durchbrechung der inneren Einheit eines übergreifenden herrschenden zentralen Ich, das gleichsam die Fäden des seelischen Geschehens in der Hand behält" (S.30). Dieses übergreifende zentrale Ich wird leider keiner genaueren Betrachtung unterzogen.

Die Ursachen liegen im Dunkeln

Westliche Mediziner führen epileptische Symptome auf einen elektrochemischen Sturm im Kopf zurück, entfesselt durch Fehlzündungen anomaler Gehirnzellen (vgl.: A. Fadiman, S.40f.). Diese sporadisch auftretenden Fehlfunktionen werden zurückgeführt auf: Stoffwechselstörungen; eine Kopfverletzung oder ein Tumor; infektiöse Erkrankungen; hohes Fieber; Sauerstoffmangel, z.B. während einer Schwangerschaft oder Geburt; ein Schlaganfall.

Auch Drogenmissbrauch, Schlafentzug, optische Einflüsse (wie z.B. flackerndes Licht), plötzliche laute Geräusche, bestimmte Melodien, Disco-Besuche etc. können einen Anfall verursachen. Sogar Allergien gegen Medikamente gelten als Epilepsie auslösend. In einigen Fällen scheint die Ursache offensichtlich, doch in etwa sieben von zehn Fällen, bleibt die Ursache ungeklärt, schreibt A. Fadiman.

Wenn es um die Erforschung der Epilepsie geht, greifen Ärzte gern auf eine altbewährte Methode zurück. Lässt sich ein Krankheitsbild nicht annähernd bestimmen und einordnen, beschränkt sich die medizinische Zunft in ihren Aussagen auf den körperlichen Ausdruck der Krankheit: Vor allem in der Großhirnrinde, dem ‚Kortex', mache sich die Funktionsstörung bemerkbar und bewirke ein Anfallsleiden.

Diese eingleisige Auffassung kritisiert St. C. Schachter (S.40). Die Behandlung der Krankheit werde von Ärzten und Patienten oft sehr unterschiedlich beurteilt. Wo der Arzt einen Erfolg sehe, könne für die Patienten immer noch ein schweres Problem bestehen. Die Nebenwirkungen der Medikamente würden aus medizinischer Sicht als durchaus erträglich beurteilt, für die Betroffenen seien sie dagegen oft sehr besorgniserregend.

Die medizinische Einschätzung dominiere im allgemeinen, während die Sichtweise der Kranken und deren Lebensqualität oft zu kurz kommt (ebd.) Viele Ärzte hören nicht mit ausreichend empathischen Vermögen auf das, was ihnen die Patienten über ihre jeweilige, individuell ausgeprägte Störung mitteilen. Nur eine differenzierte Bewertung der Patientenberichte könne allmählich ein umfassendes und zutreffendes Bild ergeben.

Die Fragen nach den Ursachen der epileptischen Erkrankung sind nach wie vor nicht ausreichend geklärt. Als Auslöser für epileptische Anfälle werden genannt:

- Stressbelastete Situationen,
- heftige Erregungszustände,
- übermäßiger Alkoholkonsum,
- flackernde Lichter; ein schneller Bildwechsel,
- überlaute Musik,
- extreme Angstzustände; traumatische Erlebnisse,
- Krankheiten, hohes Fieber,
- Schlafmangel u.a.

Daneben existieren epileptische Krankheitsverläufe, für die sich keine bekannten Auslöser entdecken lassen. Bei C.G. Jung wird ein unter Epilepsie leidender Junge erwähnt. Anfangs war es nicht leicht, die Krankheit zu erkennen, denn das, „was als ‚petit mal' bekannt ist, ist oft ein dunkler und komplizierter Zustand, da keine sichtbaren Anfälle erfolgen, dafür aber sehr eigentümliche und oft fast unmerkliche Bewusstseinsveränderungen..." (Vgl.: Analytische Psychologie u. Erziehung. I, in: Ges. Werke Bd 17, S.87f.)

Mit sieben Jahren zeigte der Junge erstmals ein sonderbares Verhalten. Er versteckte sich im Keller oder in dunklen Ecken. Mitten im Spiel brach er ab oder hörte im Satz plötzlich auf zu reden etc. Er wurde sehr reizbar und neigte zu heftigen Wutanfällen. Einmal warf er mit aller Kraft eine Schere nach seiner kleinen Schwester, die dabei fast zu Tode kam.

C.G. Jung erfuhr, „dass er mit 6 Jahren plötzlich von der Angst vor einem unbekannten Wesen befallen wurde. Er hatte, wenn er allein war, das Gefühl, jemand sei zugegen" (ebd.).

Später erblickte er einen kleinen Mann mit Bart, der sich ihm langsam näherte. Er schien ihm etwas übergeben zu wollen. Das ängstigte den Jungen sehr, denn der Mann wollte ihm - eine Schuld übergeben! Auf die Frage, um welche Schuld es sich handelte, entgegnete der Junge beinahe flüsternd: „Es war Mord." - Er wurde in der Folgezeit von Angstanfällen geplagt, die auch weiter anhielten, als die Vision sich veränderte. Anstelle des furchteinflößenden Mannes sah er nun die Gestalt einer Nonne, deren Gesicht anfangs verhüllt war.

Später sah er ein bleiches, totenähnliches Antlitz, das einen furchteinflößenden Ausdruck zeigte. Von dieser Gestalt fühlte er sich über ein Jahr lang verfolgt. Trotz wachsender Erregbarkeit hörten mit der Zeit die Wutanfälle auf, doch es kam nun zu manifesten epileptischen Anfällen. Erstmalig wurde im Alter von zwölf Jahren ein Anfall beobachtet.

Erstaunlich ist in diesem Zusammenhang die psychoanalytische Deutung C.G. Jungs, der die Erscheinung des kleinen Mannes als „Personifizierung des verbrecherischen Triebes" interpretiert und die Schuld als „Symbol jenes zweiten Ichs, das ihn zum Verbrechen trieb." (Vgl.: Die Psychogenese der Geisteskrankheiten, in: Ges. Werke Bd 18, S.372.) Die beginnende Epilepsie ist für Jung „ein Ausweichen vor dem Verbrechen, eine Zurückdrängung des verbrecherischen Triebes." Hier stellt sich die Frage, ob nicht, um eine angemessene Deutung des Phänomens zu ermöglichen, eine Ergänzung und Ausweitung des psychoanalytischen Standpunktes die Voraussetzung wäre.

Anfang des 19. Jhdts wurde es eine Theorie entwickelt, die in der *Hypophyse* das Ursprungsorgan der Epilepsie sah. Man nahm an, ein ‚Stau konzentrierter Erregung', hervorgerufen durch ein inneres psychisches Ungleichgewicht, werde auf die Nerven übertragen und verursache den epileptischen Anfall. Als ebenfalls anfallsfördernd galt Unbeherrschtheit in jeder Beziehung. W. Stekel betrachtete ausufernde Impulsivität und Jähzorn als Hauptcharakterzüge der Epilepsiekranken. Geringfügige Anlässe bringen demzufolge Epileptiker dazu, sich in übertriebene Zornesausbrüche hineinzusteigern, was dann häufig einen Anfall provoziert.

Grausame, gewalttätige Phantasien begleiten vielfach einen epileptischen Anfall. Auch in den Dämmerzuständen nach dem Anfall kommen Gewaltphantasien zum Vorschein (S.581.) Während Leute ohne innere Hemmung dazu neigen, die phantasierte Tat auszuführen, endet bei Epilepsiekranken der Tatimpuls im Anfall.

Neben übersteigerten Emotionen werden auch exzessiver Alkoholgenuss, Esssucht, übermäßige sexuelle Neigungen oder eine nervenaufreibende geistige Tätigkeit als Verursacher der Epilepsie genannt. Auch Opiate, Narkotika und bestimmte Speisen sollen im Zweifelsfall vermieden werden, da sie die Anfallsneigung verstärken. Den Mondphasen kommt ebenfalls eine gewisse Bedeutung zu, da eine vermehrte Anfallshäufigkeit bei Vollmond und Neumond beobachtet wurde.

Einige Kranke zeigen Anzeichen, als würden sie gewürgt und erdrosselt. Dabei genügen manchmal entsprechende Phantasien, um einen Anfall zu provozieren. Die Auslöser für die einzelnen Anfälle scheinen oft geringfügig und stehen in keinem Verhältnis zu den darauf folgenden heftigen Symptomen.

Epilepsie lässt sich auch vom energetischen Prinzip her erklären: Der epileptische Anfall wird in diesem Fall als eine Entladung aufgespeicherter Energie angesehen (vgl.: W. Stekel, S.658). Von manchen Autoren wird ein Anfall als ‚dynamischer Durchbruch des Unbewussten' aufgefasst.

Anfallsleiden wie Narkolepsie, Ohnmachtsanfälle und Epilepsie sind für Stekel eine Flucht vor der Realität. Ein Übergang vom Wachsein zum Traum finde statt. Der Traum *„lauert ja nur auf die Gelegenheit, sich des Gehirns zu bemächtigen, denn Traum und Bewusstsein ringen beide um die Herrschaft der Seele"* (S.16f.). Als Symptome für dieses Geschehen führt er Absenzen, Schwindel und *Petit Mal* an. Epileptiker würden von Zeit zu Zeit von der Macht des Unbewussten überwältigt.

Eine Verschlimmerung der Symptome beruhe auf der Tatsache, dass das unbewusste Reich immer größer werde; die Struktur der Anfälle werde immer komplizierter (S.656). Eine Disposition zur Epilepsie bestehe demnach in einer „Spaltung der Persönlichkeit, welche den Epileptiker dazu bringt, ein doppeltes Leben zu führen:

eines der Phantasie und eines der Realität. Die Phantasien toben sich im Schlafe, in Wachträumen, in Anfällen aus. Jeder Anfall verstrickt den Epileptiker tiefer in das Gewebe seiner fixen Idee, bringt ihn immer tiefer in das Reich der Phantasie, macht ihn immer mehr introvertiert" (S.659).

Schlafmangel könne die Problematik verringern, denn je weniger die unter Epilepsie Leidenden schlafen, desto schneller würden sie ihren Phantasien und Tagträumen, ihrem ‚unbewussten Ich' entzogen, meint Stekel (S.681). Von narkotisch wirkenden Medikamenten sei daher gänzlich abzuraten, da sie den Zustand des Tagträumens noch verstärken und damit zur Introversion beitragen.

Bei den *genuinen Epilepsien*, die keine Folgeerscheinungen von Hirnerkrankungen oder Intoxikationen (z.B. durch Alkohol oder Medikamente) sind, ist die Pathogenese, d.h. die Krankheitsentstehung, noch weitgehend unbekannt. Vielfach wurde von der Erblichkeit der Epilepsie ausgegangen, doch statistisch ist das Ergebnis nahezu unauffällig: Nur 6% der epilepsiekranken Eltern haben Kinder, die ebenfalls an Epilepsie leiden (vgl.: J.U. Haas, S.195). Die ‚genuine' Variante, die nicht an ein körperliches Grundleiden gebunden ist, tritt gehäuft im 2. und 3. Lebensjahrzehnt auf. Ihr Verlauf kann dramatisch sein und mit dem Tod in einem Anfall oder einer Anfallserie *(= Status epilepticus)* enden.

Doch es existiert noch eine andere Seite. Nach Meinung von O. Sacks gibt es „Arten epileptischer Anfälle, die mit einem Gefühl von Frieden und echtem Wohlbefinden einhergehen. Selbst wenn ein solches Gefühl durch eine Krankheit hervorgerufen wird, kann es echt sein." Ein ‚paradoxes Wohlbefinden' stellt den Begriff der Krankheit auf den Kopf. „Wir befinden uns hier in einem seltsamen Reich. Wo Krankheit Gesundheit und Normalität Krankheit bedeuten kann, wo Erregung sowohl eine Fessel als auch eine Erlösung sein mag, wo die Realität vielleicht nicht im nüchternen Zustand, sondern im Rausch erfahren wird, laufen unsere gewohnten Überlegungen und Urteile Gefahr, auf den Kopf gestellt zu werden." (In: Der Mann, der seine Frau mit einem Hut verwechselte, S.149f.)

Bei der sogen. *photosensitiven Epilepsie* wird durch bestimmte Lichtreize ein Anfall ausgelöst. Vor allem Lichtreize mit hohem Kontrast und einer gewissen Frequenz, wie sie z.b. auch in Fernsehfilmen oder auf Videos gezeigt werden, können Auslöser sein. Bestimmte in Filmen gezeigte, sich in schneller Reihenfolge abwechselnde, Muster können ebenfalls Anfälle verursachen. 1997 erlitten mehrere 100 Kinder in Japan einen epileptischen Anfall, als sie einen bestimmten Cartoon im TV sahen. (Vgl.: Nat. Neurosci 2000,3.)

E. Meckelburg lenkt die Aufmerksamkeit auf ‚getaktete Lichtblitze', die von sogen. ‚Flickerlichtgeräten' abgestrahlt werden. Anscheinend erzeugen die Geräte synchrone Wellen im Gehirn. „Versuchspersonen, die bei geschlossenen oder offenen Augen Lichtblitzen von nur etwa einer zwanzigmillionstel Sekunde ausgesetzt waren, zeigten eindeutig quasi-epileptisches Verhalten mit Bewusstseinsverlust und tickartigen Zuckungen" (S.250). Flimmerfrequenzen regen Hirnwellen zum Mitschwingen an und beeinflussen Körper und Bewusstsein auf nachteilige Weise. Die Flickerlichtreaktionen werden allem Anschein nach nicht von der Netzhaut, sondern im zentralen Nervensystem ausgelöst.

M. Brauneis sieht eine Möglichkeit der Bewusstseinsmanipulation durch niederfrequente ELF-Wellen, die Anfang des 20. Jhdts von Nicola Tesla entdeckt wurden. Er behauptet: „Mit diesen Wellen können die Gehirnwellen und somit auch das Bewusstsein von Menschen kontrolliert werden. Physikalisch kann man sich dieses Procedere folgendermaßen vorstellen: Die Hirnwellen eines Menschen senden auf einer bestimmten Frequenz, so wie ein schwacher Radiosender. Wenn man nun auf ein Tachyonenfeld ELF-Wellen aussetzt und diese auf einen Menschen richtet, kann man die Frequenz der Hirnwellen stören" (S.123f.).

Das menschliche Bewusstsein wird empfänglicher für Suggestionen, doch auch organische Störungen, wie bspw. ein Verschluss der Herzkranzgefäße oder der Hirnarterien, können durch derartige Manipulationen ausgelöst werden. Russland und auch die USA betreiben Forschungen mit diesen Wellen und setzen sie angeblich sogar ein. „Laut der US-Defence-Intelligence-Agency sei es durch diese Wellen ohne weiteres möglich, Töne und ganze Wörter im Verstand eines Menschen erscheinen zu lassen. Aber auch Schlaganfälle, Herzversagen, epileptische Anfälle und andere Krankheiten sind angeblich durch Fernsteuerung mittels ELF-Wellen auslösbar", behauptet der Autor.

Die Hardtwaldklinik in Bad Zwesten behandelt sogenannte *psychogene Anfälle*. Diese ähneln zwar der Epilepsie, sind jedoch nicht durch neuronale Störungen verursacht, sondern durch psychische Prozesse bedingt.

Nach Auffassung von R. Dahlke muss man bei Epilepsie von (anfallsweiser) Besessenheit ausgehen. Das Entscheidende dabei sei der Bewusstseinsverlust: *„Die Patienten gehen weg, sind wirklich abwesend. Ihr Bewusstsein verlässt den Körper, es reißt sie gleichsam aus dieser Realität in eine andere, in der sie sich nicht orientieren und aus der sie im Allgemeinen keine Erinnerungen zurückbringen können"* (S.234). Wie es zu dieser massiven Beeinträchtigung kommt, bleibt leider unklar.

Grand mal und sein Bezug zur Sexualität

In vergangenen Jahrhunderten glaubte man, dass häufig praktizierte Selbstbefriedigung Auslöser für epileptische Anfälle sei. Auch die Verschwendung von Kräften im Geschlechtsleben schwächt angeblich die Betreffenden, was besonders bei Jünglingen und alten Menschen ins Gewicht fällt.

Schon der griechische Philosoph und Naturforscher *Demokrit* stellte einen Zusammenhang her zwischen dem Koitus und Epilepsie: Alle Teile des Körpers werden in heftige Bewegung versetzt und das gesamte Nervensystem gerät in Wallung; der Puls ist beschleunigt, das Herz schlägt heftig, die Glieder zittern. Sensible Personen und vor allem sexuell ansprechbare Frauen galten als besonders anfällig für epileptische Anfälle.

140

Auf die Schädlichkeit übermäßiger geschlechtlicher Betätigung weist W. Stekel hin. Er stellt eine Beziehung zwischen Onanie und Anfallsleiden her: „Der Anfall verrät oft die verborgene Onanie-Phantasie" (S.663f.). Im Anfall kann der normale Koitus erlebt werden, doch häufiger kommen homosexuelle Szenen, Inzest, Vergewaltigungsphantasien, Orgien, sodomitische Handlungen etc. vor. Manchmal wird die *Aura* von sexuellen Lustempfindungen eingeleitet, erläutert Stekel. Im Anfall wird eine Steigerung des Lustgefühls erlebt. Patienten berichten auch davon, heftiges Kribbeln im Anus zu verspüren oder erotische Szenen, die sich Jahre zuvor ereignet hatten, wieder zu erleben.

Selbst Würgen in der Halsgegend löst bei bestimmten Individuen Lustgefühle aus. Dieses Phänomen ist nach Stekel gar nicht so selten. Es gibt offenbar Menschen, deren sexuelle Befriedigung mit Würge-erlebnissen einhergeht. Filmisch wurde diese Vorliebe von dem japanischen Regisseur Oshima eindrucksvoll in Szene gesetzt. In seinem bekannten Werk *Im Reich der Sinne* endet die obsessive sexuelle Beziehung zweier Menschen mit dem tragischen Tod des Liebhabers. Der Film geht auf eine wahre Begebenheit in Japan um das Jahr 1940 zurück.

Auch von Würgeversuchen, die Patienten am eigenen Körper vornehmen, wird berichtet. Es kommt vor, dass dieser Vorgang der Kontrolle des bewussten Ich entgleitet und dann zwangsmäßig ausgeführt werden muss, sobald sich die Gedanken darauf richten; - manchmal mit Todesfolge!

Bereits sexuelles Verlangen allein kann einen Krampf auslösen. Geschlechtsverkehr setzt den Kreislauf in heftige Schwingungen. Sowohl sehr häufiger Sex als auch die Unterdrückung des Verlangens werden als gefährlich erachtet. „Schon die Alten sagten, der Koitus sei eine ‚kleine Epilepsie'", berichtet S. Freud. Er ändert diesen Gedanken ab und bezeichnet den ‚hysterischen Krampfanfall' als ‚Koitusäquivalent', denn: „Die Analogie mit dem epileptischen Anfalle hilft uns wenig, da dessen Genese noch unverstandener ist als die des hysterischen." (In: Ges. Werke Bd VII, S.239f.)

S. Freud zeigt an dieser Stelle eine Offenheit, der es nicht darum geht, psychologisches Nicht-Wissen mit medizinischem Vokabular zu kaschieren. Den *Morbus sacer*, die ‚heilige Krankheit', beschreibt Freud als „die unheimliche Krankheit mit ihren unberechenbaren, anscheinend nicht provozierten Krampfanfällen, der Charakterveränderung ins Reizbare und Aggressive und der progressiven Herabsetzung der geistigen Leistungen. Aber an allen Enden zerflattert das Bild ins Unbestimmte." (In: Ges. Werke Bd XIV, S.403f.)

Die Ähnlichkeit eines Krampfanfalls mit Sexualität bezieht sich wohl in erster Linie auf den Orgasmus und weniger auf den Koitus. R. Dahlke bemerkt in diesem Zusammenhang: „... ein voll durchlebter Orgasmus hat Parallelen und eine gewisse Ähnlichkeit mit einem Anfall. Auch in diesem Fall entladen sich Energien wellenförmig über den ganzen Körper, auch wenn hier der Focus im Unterleib und nicht im Kopf liegt. Aus der Psychotherapie ergeben sich... Hinweise auf eine Energieverschiebung von unten nach oben" (S.242).

Das orgiastische Erleben entzieht sich ebenso wie der Anfall der bewussten Kontrolle und geht unübersehbar mit einem ähnlichen Bewegungsmuster einher. Hier existieren offenbar Zusammenhänge, die noch zu ergründen sind.

Einbruch des Übernatürlichen

Im Mittelalter glaubte man verstärkt an die Besitzergreifung von Menschen durch eine Gottheit oder eine dämonische Macht. Religion und Magie spielten eine große Rolle bei der Einschätzung und der Bewertung epileptischer Anfälle. Die Fallsucht wurde als eine von der Gottheit verhängte Strafe für sündhaftes Verhalten betrachtet; Epilepsiekranke galten als unrein und sogar ansteckend. Daher wurden ihnen strenge Bußrituale und lange Pilgerfahrten auferlegt, die sie von der Heimsuchung reinigen sollten.

Die Vermutung dämonischer Beeinflussung drängte sich geradezu auf beim Anblick eines heftigen, generalisierten Krampfanfalls: Die Unwillkürlichkeit der Gliederbewegungen, die verzerrten Gesichtszüge bei völliger Bewusstlosigkeit erweckten den Eindruck des Fremden und Dämonischen. Ungestüme, feindselige Mächte waren offenbar am Werk. „Bestimmte Symptome, wie Zittern am ganzen Körper bei erhaltenem Bewusstsein oder Selbstverletzungen des Patienten, wurden als Hinweise für eine solche Machtergreifung gewertet. Flüsterte man einem Patienten bestimmte magische Formeln ins Ohr, so konnte man den innewohnenden Dämon eventuell für kurze Zeit verjagen. Der dann plötzlich verlassene Patient stürzte zu Boden und kam erst Stunden später wieder zu Bewusstsein", berichtet M. D. Engel (S.10). Als Gegenmittel wurde die Kraft übernatürlicher Heilmittel, wie geweihtes Wasser, Amulette, magische Beschwörungen u.ä. eingesetzt.

Die neurologische Wissenschaft der Gegenwart, die sich über mittelalterliche Vorstellungen erhaben fühlt, siedelt den Ursprung komplexer Bewusstseinszustände in den Schläfenlappen des Gehirns an. Mit dieser Sichtweise presst sie außergewöhnliche Erlebnisse, zu denen das menschliche Bewusstsein fähig ist, durchweg in einen engen Rahmen, der die pathologische Seite hervorhebt. Damit wird verhindert, die Erlebnisse als das zu sehen, was sie im Grunde sind: Möglichkeiten des Bewusstseins, über seine eingeschränkte Sichtweise hinauszuwachsen und den geistigen Horizont zu erweitern. Von der Argumentation der Neurologie ausgehend könnte man gleichfalls behaupten, ein Auto sei von sich aus imstande, einen Unfall zu verursachen. Nicht der Tritt des Fahrers auf das Gaspedal, der den Wagen unverhältnismäßig beschleunigt, sei ausschlaggebend für das Geschehen, sondern der Motor wird als alleiniger Verursacher benannt.

Als Professor für Neurologie beharrt O. Sacks zwar ebenfalls darauf, dass die von ihm beschriebenen außerordentlichen Bewusstseinszustände auf organische Ursachen zurückzuführen seien, doch er räumt ein: „Dies soll jedoch ihre psychologische und spirituelle

Bedeutung nicht im mindesten schmälern. Wenn sich Gott oder die Schöpfungsordnung Dostojewski in Anfällen offenbarte, warum sollten dann andere organische Zustände nicht auch als ‚Tor' zum Jenseits oder zum Unbekannten dienen können?" Das Gehirn, das auch als ‚magischer Webstuhl' bezeichnet wird, ist „in der Lage…, einen fliegenden Teppich zu weben, mit dem wir auf Reisen gehen können." (In: Der Mann, der seine Frau mit einem Hut verwechselte, S.177f.)

Der Arzt für Neurologie und Psychiatrie H.M. Emrich weist darauf hin, „dass der Bewusstseinsbegriff offenbar zu vieldeutig ist und zu viele heterogene Teilaspekte umfasst, um allein neurobiologisch fundiert werden zu können. Es gibt aber Aspekte der phänomenalen Bewusstheit, die sich in einem neurophysiologischen Rahmen abspielt, der durch bestimmte Aspekte der Alltagserfahrung und der Pathologie reguliert werden kann" (in: J. Galuska, S.86).

Die Frage, ob okkulte Übungen Anfallsleiden provozieren können, stellt sich nicht ganz zu Unrecht, wie den Ausführungen G. Meyrinks zu entnehmen ist. Eine indische Yogaübung besteht darin, den Atem über einen längeren Zeitraum hinweg anzuhalten, die Zunge nach innen zu kehren und so den Schlund zu blockieren. Währenddessen werden die Augen auf die Nasenspitze fixiert.

In diesem Zusammenhang bemerkt Meyrink: „Bei Epileptikern zeigt sich bekanntlich häufig, dass sie die Augen verdrehen und die Zunge ‚verschlucken'. Mohammed z. B. war Epileptiker, was Wunder, wenn gläubige und unwissende Zuschauer in solchen Fällen meinten, man müsse, um Prophet zu werden, das tun, was äußerlich ein nebenbei epileptischer Prophet scheinbar bewusst getan hat, nämlich die Zunge verschlucken und Augen und Daumen verdrehen!" (In: Das Haus zur letzten Latern, S.443.)

Bei K.C. Markides wird die Ansicht vertreten, vom Mond gelangten zu bestimmten Zeiten destruktive Einflüsse auf die Erde. Epileptische Anfälle seien eine Folge dieser Einflüsse bei Menschen, die dafür empfänglich sind. Die destruktive Einflussnahme würde über die Leber eines Patienten ausgeübt. (Im englischen bedeutet *lunatic* = verrückt.)

Einem Epileptiker könne daher in solchen Phasen geholfen werden, indem ein Behandler diesen „mit der Hand seitlich an den Bereich der Leber drückt und sich vorstellt, seine Hand sei von weißer Lichtkraft durchdrungen." (In: K.C. Markides, Feuer des Herzens, S.95.)

Dion Fortune, die zeitweilig Mitglied in dem legendären *Order of the Golden Dawn* (Orden der Goldenen Dämmerung) war, gibt ebenfalls eine interessante Deutung epileptischer Beschwerden: „**Von vielen Okkultisten wird angenommen, dass angeborene Epilepsie im Unterschied zu der durch Gehirntumore verursachten ihre Wurzeln in den Operationen von Schwarzer Magie oder Hexenkunst hat, an denen der Kranke in einem vergangenen Leben teilgenommen hat, einerlei ob als Praktiker oder als Opfer, so dass der Anfall ein astraler Kampf mit einer körperlosen Entität ist, der auf den physischen Körper durch die wohlbekannten Phänomene der Reperkussion**[3] **ausgestrahlt wird**." (In: Selbstverteidigung mit PSI, S.51.)

Die Gliederverrenkungen und das konvulsivische Zucken der Medien, bei denen ein Geist ein- bzw. ausfährt, lässt ebenfalls eine Beziehung zwischen Inbesitznahme und Epilepsie vermuten. Diesen Zusammenhang sieht auch der Arzt und Psychotherapeut R. Dahlke. In früheren Kulturen wurde Epilepsie als ‚heilige Krankheit' angesehen, die, von einer höheren Macht gesandt, über die Betroffenen hereinbrach. Man ging allgemein davon aus, dass Wesen aus einer geistigen Sphäre in die Kranken fuhren. Der epileptische Anfall war Ausdruck eines Kampfes zweier Geister um einen Körper.

Der indische Guru Bhagwan Shree Rajneesh verharmlost epileptische Symptome, indem er behauptet: „Ausbrüche von Epilepsie und Ekstase sind einander ähnlich: Sie werden durch denselben Mecha-

---

[3] Reperkussion ist ein Begriff aus dem Mediumismus, der besagt, dass dem Ektoplasma (= hypothetischer Stoff, der aus dem Medium austritt) zugefügte Verletzungen auf das Medium ‚zurückschlagen', also von ihm schmerzhaft empfunden werden.

nismus in Gang gesetzt und unterscheiden sich nur nach der Qualität" (S.35).

Er verweist auf den berühmten indischen Mystiker Ramakrishna, dessen Anfälle im Durchschnitt sechs Stunden andauerten. „In Indien haben wir immer gewusst, dass das Symptom das gleiche ist wie in der Epilepsie und dass der Betroffene nur in seinem Körper bewusstlos ist – tief in seinem Innern ist sein Bewusstsein völlig klar und ruhig." Bhagwan erwähnt nicht, dass epileptische Anfälle die Zellen im Gehirn zerstören und bei schweren Verläufen zum Tode führen.

Die Wissenschaftlerin S. Lechner-Knecht, die in Nepal Forschungen betrieb, berichtet von Menschen, die plötzlich ihr Wachbewusstsein verloren und in eine Art epileptischen Anfall mit verzerrten Gesichtszügen, Krämpfen und kataleptischen Zuständen verfielen. Das Volk sagt von diesen Zuständen entweder: *von einem bösen Geist befallen* oder auch: *eine Gottheit ist gekommen.* „Es gibt also Besessenheit in gutem wie in schlechtem Sinn", schlussfolgert die Autorin (S.159).

Die mystischen Erlebnisse von Epileptikern weisen zum Teil ein initiatorisches Muster auf, was zu der Frage führt, weshalb das Initiationsgeschehen in einen Anfall eingebettet ist? Etliche Patienten bringen ihre Anfälle mit ‚übersinnlichen Wahrnehmungen' in Verbindung. Sie betrachten ihre Erkrankung als Weltflucht und haben im Grunde nicht die Absicht, sich davon zu distanzieren. Ein solches Denken mag der Grund sein, weshalb manche Epileptiker nichts ändern wollen, da sie die Anfälle als eine ‚Verbindung zum Geistigen' erleben.

Doch die ‚übersinnlichen Wahrnehmungen' entspringen einer Krankheit, die eine dunkle, pathologische Verbindung zum Geistigen herstellt und letztlich in den Untergang führt. Die Wahrnehmungen, die den Betroffenen zuteil werden, erheben sie nicht, sondern bewirken letztendlich Stillstand.

Derwische, die vor allem im vorderen Orient anzutreffen sind, versetzen ihren Körper in eine wirbelnde Bewegung. Für S.J. Muldoon und H. Carrington besteht kein Zweifel, dass der wahre Zweck dieser

Übungen darin besteht, den feinstofflichen Astralkörper vom physischen Körper zu lockern und als Ergebnis ekstatische Bewusstseinszustände zu erleben.

Schwindelgefühle halten sie für eine Folge der Lockerung des Astralkörpers. *„Fallsüchtige beginnen bei einem Anfall gewöhnlich damit, dass sie sich drehen, wobei sie sich häufig mehrfach um sich selbst drehen, bevor die Starre beginnt"* (S.217f.). Bei Epileptikern scheint eine Lockerung des Astralkörpers vorzuliegen, deren Ursache unbekannt ist. Eine Unbeweglichkeit des Körpers ist auch die Voraussetzung für Körperaustritte.

Astralwanderungen haben eine Lockerung der körperlich-feinstofflichen Verbindungen zur Folge. Die feinen Energielinien, welche den Zusammenhalt bewirken, spalten sich auf. Bei häufigen Wanderungen werden die Verbindungsstränge immer lockerer, wodurch ein Ungleichgewicht entsteht.

Eine ungefestigte Persönlichkeit ist immer in Gefahr, die Kontrolle zu verlieren. Sobald sich die Fäden lockern und der Energiekörper seine Beweglichkeit erkennt, wird er vermehrt von der neuen Freiheit Gebrauch machen. Hat eine Persönlichkeit sich nicht fest im Griff und legt bspw. Zeit und Ort der Ausflüge nicht genau fest, entwickelt der Energiekörper die Tendenz, unkontrollierte „Reisen" zu unternehmen.

In entspannten Zuständen, in denen der Mensch seine Phantasie schleifen lässt, würde mit dem Gedanken auch der gesamte feinstoffliche Körper sich davonmachen. Dies mag eine zeitlang eine erregend neue Erfahrung sein, doch die Gefahren liegen auf der Hand: Die Verbindungsstränge, die den physischen und energetischen Körper zusammenkoppeln, werden immer elastischer. Der feinstoffliche Körper ist allzeit zu Höhenflügen bereit; und wird von den bewussten Teil der Psyche des Menschen darin unterstützt. Doch das bewusste Wollen der ungeschulten Psyche verliert schnell die Kontrolle über seinen umherschweifenden Geist, seinen beweglich gewordenen Energiekörper.

Der Mensch ist mit der Zeit immer weniger geerdet, je häufiger sich sein feinstofflicher Doppelgänger außerhalb der Körper-Geist-Verbindung aufhält. Veränderungen in der Psyche, wie Zerfahrenheit und Zerstreutheit, korrespondieren mit der Lockerung auf der feinstofflichen Ebene. Nimmt die Entwicklung ihren Fortgang, dann kann es zum Zerfall der Persönlichkeit kommen. Der Mensch beginnt, die Kontrolle über seinen eigenen Organismus zu verlieren. Dann besteht die Gefahr wahnhaften Erlebens, (z.B. Beeinflussungswahn, Halluzinationen etc.)

Die Lockerung der feinstofflichen Bande sollte daher einhergehen mit einer Festigung der Gesamtpersönlichkeit. Nur ein Mensch, der seine Mitte gefunden hat, ist hierzu in der Lage. Konzentrationsfähigkeit ist eine der Voraussetzungen für die angestrebte geistige Freiheit.

Haben sich die Bande bereits gelockert, dann helfen Übungen, welche die Erdung verstärken. Auch körperliche Beschäftigung bei voller Konzentration in der Gegenwart kann den Zusammenhalt wieder stärken. Konzentrationsübungen sind ebenfalls von großem Nutzen. Werden die Übungen über einen längeren Zeitraum konsequent durchgeführt, dann bilden sich neue Verbindungsfasern, welche den Zusammenhalt verbessern.

J. H. - Huiffner, die sich mit der Entschlüsselung von Träumen beschäftigt, erklärt entschieden: „Epilepsie ist immer eine Form von Besetzung. Dieser Begriff ist wirklich sehr weit zu fassen und bedeutet: wir haben überall da, wo Unerledigtes, nicht Angeschautes, nicht Erlöstes in uns schlummert bzw. gärt, Kanäle für Dunkelkräfte offen. Epileptische Menschen werden zeitweise, während der Anfälle, total von Dunkelkräften besetzt und beherrscht, die dann sogar die Körperfunktionen übernehmen. In dieser Zeit befinden sich die Betroffenen in einer Art komatösem Zustand, von dunklen Wesen manipuliert und wie Roboter gesteuert." Und sie fügt nachdrücklich hinzu: „Das ist ein Wissen, keine Hypothese!" (S.230f.).

Bei der Epilepsie sind bestimmte Astralwesen im Hirnbereich aktiv, die ähnlich auch bei anderen Nervenleiden, z.B. bei Parkinson, zu finden sind. Diese Betrachtungsweise räumt mit der Annahme auf, dass Epilepsie in irgendeiner Weise eine ‚heilige' Krankheit sei, wie früher häufig angenommen wurde. Störungen, die mit dunklen Wesenheiten in Verbindung stehen, können nicht lichtvoll sein.

Interessant ist in diesem Zusammenhang, dass der Begriff *sacer* sowohl die Bedeutung von ‚heilig' als auch ‚verflucht' hat. Manche Menschen werden dauerhaft gepeinigt von Anfällen und abwegigen religiösen Vorstellungen, die das eigentlich ‚Heilige' im Leben verdrängen.

Die Ausführungen W.E. Butlers lassen einen Zusammenhang zwischen magisch-mystischen Praktiken und epilepsieartigen Symptomen erkennen. Im Zuge der Entwicklung hat sich der angehende Magier auch mit „widrigen, ja feindlichen Bedingungen" auseinanderzusetzen. In die unvollkommene Struktur der Persönlichkeit „ziehen wir die Kräfte und Mächte des Universums herab, und es ist kein Wunder, wenn es geschieht, dass dieses Persönlichkeitshaus von den blendendhellen Lichtblitzen der angerufenen Kräfte bis in seine Grundmauern erschüttert wird und mitunter sogar zusammenstürzt" (S.105).

Durch das Einströmen der unsichtbaren Kräfte werden alle Teile der Psyche und auch deren unterbewussten und verdrängten Anteile in Mitleidenschaft gezogen. Eine Katharsis, eine umfassende Reinigung wird notwendig, damit sich der Druck nicht immer weiter aufbaut.

Bei sehr unausgeglichener Persönlichkeitsstruktur geraten die Übenden in große Bedrängnis, die durch das Tarot-Symbol des berstenden Turmes, in den der Blitz einschlägt, symbolisiert wird, „denn das Haus des Lebens wird durch das vom Himmel herabzuckende Feuer zerstört…" (ders., S.50). Ein harmonischer innerer Gemütszustand, der mit sich und der Welt im Reinen ist, bildet die Grundlage für das O*pus Magnum*, das Große Werk, das den inneren Transformationsprozess bezeichnet.

Die zeitgenössische Medizin lehnt solche Definitionen zwar rigoros ab, tut sich allerdings schwer mit eigenen Deutungsversuchen, wie R. Dahlke feststellt: „Phänomene von Besessenheit sind auch hierzulande bekannt, wobei nicht einmal die Psychiatrie, die es eigentlich wissen sollte, an das Thema rühren mag. Besessenheit und überhaupt die Existenz von Geistwesen passen so wenig in unser Weltbild, dass solche Phänomene totgeschwiegen werden. Ignorieren von Problemen hat aber bekanntlich keinen Einfluss auf ihre Existenz. Bei den nicht so seltenen Fällen von Epilepsie, wo man von (anfallsweiser) Besessenheit ausgehen muss, handelt es sich jedenfalls um ein psychiatrisches Problem" (S.233).

Grand Mal (das große Übel) wird der klassische epileptische Anfall genannt, während kleinere Anfälle, die ohne Krämpfe vonstatten gehen, die Bezeichnung *Petit Mal* erhalten. Die Patienten leiden unter plötzlichen Dämmerzuständen und vorübergehendem Bewusstseinsverlust; eine "Situation des Übergangs von einer Ebene zur anderen", erklärt Dahlke.

Während eines ‚großen Anfalls' verlässt das Bewusstsein den Körper. Es befindet sich zeitweilig in einer anderen, übersinnlichen Realität, die sich nicht dem Gedächtnis als Erinnerung einprägt. Der Körper wird während des *Grand Mal* minutenlang von heftigen Krämpfen geschüttelt. Ähnlich wie bei einem Erdbeben entladen sich gewaltige Kräfte, die dem Nervensystem schwere Schädigungen zufügen. Enorme Spannungen werden abgebaut. Ein kurzzeitiger Atemstillstand kennzeichnet die Zeit nach einen Anfall. In der Folge kann es zu Desorientierung, Delirien und Wahnvorstellungen kommen.

Es hat ganz den Anschein, als würde das Bewusstsein über einen gewissen Zeitraum von einer höheren Macht abgeschaltet. Der Vergleich des Krampfanfalls mit einen Kampfgeschehen liegt nahe, meint R. Dahlke: „Zu jeden Kampf gehören immer wenigstens zwei rivalisierende Parteien. So wie bei einem Erdbeben die beiden Erdschollen sich in Kollision befinden, geraten auch bei Epilepsiekranken dem Anschein nach zwei Welten in Konflikt. Die Krämpfe können als Ausdruck der dabei entstehenden Reibung aufgefasst werden. Das Bewusstsein ringt mit einer anderen, nicht-bewussten Ebene und unterliegt sehr rasch. Diese andere Ebene ist auf jeden Fall dem Unbewussten zuzurechnen" (S.236). Bilder, die von Patienten angefertigt werden, weisen einen Bezug zu Vulkanausbrüchen und Feuer speienden Drachen auf.

Epilepsiekranke sind offenbar in eine ungleiche, aussichtslos scheinende Auseinandersetzung verstrickt, bei der sie nicht gewinnen können. Dahlke sieht den *Grand-Mal*-Anfall als elektrisches Phänomen, bei dem die Gehirnaktivität überlagert wird. „Das Bewusstsein der Patienten wird gleichsam von einer überlegenen Macht abgeschaltet. Die Frage ist: Von wem und wofür? Die tiefste Antwort lässt sich kaum aus den körperlichen Symptomen ableiten, da das Wesentliche ein Bewusstseinsphänomen ist, wir aber kaum wissen, was auf jener anderen, dem Wachbewusstsein unzugänglichen Ebene abläuft" (S.236).

Die elektrische Eigenaktivität des Gehirns wird außer Kraft gesetzt. Der Autor fährt fort: „Die Sicherungen brennen durch, und eine viel stärkere Macht übernimmt die Initiative. Das Nervensystem des Patienten ist nicht in der Lage, den damit einhergehenden Strom bei Bewusstsein auszuhalten. Hier wird wieder die Nähe zur indianischen Interpretation deutlich, dass sich in der Epilepsie eine heilige Macht austobt" (S.239).

Im Anfall wirkt eine Kraft, die den Patienten überfordert und der er nicht standzuhalten vermag. Es ist ähnlich, als würde von normalem Wechselstrom plötzlich auf Starkstrom umgeschaltet. Dass diese Mächte alles andere als heilig sind, geht aus der folgenden Bemerkung Dahlkes hervor: *„Nach Erfahrungen mit der Reinkarnationstherapie handelt es sich bei der Epilepsie vor allem um den Einbruch übermächtiger dunkler Mächte."*

Der Glaube an den Einfluss übernatürlicher Mächte bei der Entstehung der Epilepsie gehört noch nicht der Vergangenheit an, behauptet auch W. Stekel. Epileptiker seien entweder gläubige Menschen oder überzeugte Freidenker: „Im Innern ist jeder Epileptiker tief gläubig und hat ein schweres Schuldbewusstsein, das sich nach den Anfällen enorm steigern kann." Als Beispiel führt er Dostojewski an, der nach jedem Anfall mit schweren Schuldvorwürfen zu kämpfen hatte (S.658).

Die Dämmerzustände der Epileptiker sind gekennzeichnet durch Bewusstseinsstörungen und oft mit Halluzinationen vorwiegend furchterregenden oder mystischen Inhalts verbunden. Flammen, Ungeheuer, Teufel und Höllenvisionen oder himmlische Wesen, Engel, die Muttergottes oder Heilige werden gesehen. Bei Halluzinationen mit erschreckendem Inhalt fühlt sich der Betroffene von Feinden umringt oder von Dämonen verfolgt. Halluzinationen mit mystischem Inhalt erzeugen einen Zustand der Ekstase, Stimmen von Heiligen werden vernommen, der Eindruck, von Gott auserwählt und gesandt zu sein, um die Menschheit zu erretten, drängt sich auf. Derartige Zustände können über mehrere Tage anhalten.

Mystische Erlebnisse sind bei Epilepsie-Patienten keine Seltenheit. Einige berichten, während ihrer Anfälle Visionen von Tod und Wiedergeburt, Kreuzigung und Himmelfahrt erlebt zu haben. Ein Epilepsie-Patient berichtet von einer Vision, die ihm seine Verbannung in die Hölle vor Augen führte. Dort wird ihm mitgeteilt, der Grund für seinen Aufenthalt dort sei sein mangelnder Glaube. Traumanalysen gewähren einen tiefen Einblick in das unbewusste Seelenleben epileptischer Patienten. „Selten wird man einen Epileptiker finden, der nicht in dem einen oder dem anderen Anfall eine Wiedergeburt mitmacht" glaubt W. Stekel (S.674). Neben einer Neigung zur Regression bemerkt der Autor auch eine ‚progressive Tendenz': „Der Kranke kommt in den Himmel, er erlebt seine Wiederauferstehung, er ist Christus, er spricht mit Gott; oder er kommt in die Hölle und sieht die Schrecken des letzten Gerichtes" (S.666). Ein 33jähriger Beamter fühlt sich am Tage nach dem Anfall ‚wie neugeboren', alles sei ‚frisch und rein' in seinem Innern. Während des Anfalls zeigte sein Gesicht einen verklärten Ausdruck.

Dostojewski erlebte „mächtige Empfindungen von Größe" sowie „spirituelle Leidenschaft" während der Anfälle. In seinem Werk *Der Idiot* lässt er den Fürsten Myschkin sagen: „Was ist denn dabei, dass es Krankheit ist? ... Was geht es mich an, dass diese Anspannung nicht normal ist, wenn das Resultat, wenn der Augenblick dieser Empfindung, nachher bei der Erinnerung an ihn... sich als höchste Stufe der Harmonie, der Schönheit erweist, als ein unerhörtes und zuvor nie geahntes Gefühl der Fülle, des Maßes, des Ausgleichs und des erregten, wie im Gebet sich steigernden Zusammenfließens mit der höchsten Synthese des Lebens?"

O. Sacks erwähnt epileptische Anfälle, die mit Wohlbefinden und einem Gefühl von Frieden einhergehen. Er fragt: „Sind ‚ekstatische' epileptische Anfälle, wie sie Dostojewski hatte, mitverantwortlich für religiöses Empfinden des Göttlichen?" (In: Drachen, Doppelgänger und Dämonen, S.12.)   Und an anderer Stelle zitiert er Dostojewski wie folgt: „Es gibt Augenblicke, sie dauern nur fünf, sechs Sekunden, da spürt man plötzlich die Gegenwart ewiger Harmonie und hat sie völlig erlangt... Und das Fürchterlichste dabei ist – es ist so erschreckend klar und so freudvoll. Währte es länger als fünf Minuten, die Seele ertrüge es nicht und müsste vergehen. In diesen fünf Sekunden durchlebe ich ein Leben und würde dafür mein eigenes ganzes Leben hingeben, denn es lohnt..." (In: Der Mann, der seine Frau mit einem Hut verwechselte, S.226.)

O. Sacks schildert auch den Fall einer 28jährigen Ärztin, die seit ihrer Kindheit unter migräneartigen Kopfschmerzen leidet. Funkelnde blaue Flecken kündigen die Migräne an. Im Alter von 15 Jahren besucht sie einen Gottesdienst in einer Synagoge. Dort sieht sie alle Gegenstände von leuchtenden Halos umgeben. Ein Glas Wasser in ihrem Blickfeld vervielfältigt sich plötzlich, bis eine Unzahl von Gläsern an allen Wänden und Decken erscheinen. - Anschließend verliert sie das Bewusstsein. (In: Drachen, Doppelgänger und Dämonen, S.160f.)

Bei einem späteren Anfall sieht sie schwarze Formen in der Luft schweben, die sich nach und nach in die Gesichter von Angehörigen verwandeln. Sie erscheinen ihr irgendwie flach und zweidimensional, so wie Negative. Manchmal erblickt sie ihr eigenes Spiegelbild – besonders die Augen – in veränderter Form, so dass sie den Eindruck gewinnt, ihre Gegenüber sei ein Verwandter und nicht sie selbst.

Eine Sängerin, die unter Anfällen leidet, hat einige Zeit zuvor das Empfinden, an zwei Plätzen gleichzeitig zu sein. Doch im Geiste ist sie nicht wirklich anwesend. Obwohl sie nach außen hin sehr hektisch wirkt, kommt es ihr so vor, als würden die Geschehnisse in ihrer Umgebung in Zeitlupe ablaufen. Sie erzählt: „Die ganze Zeit fühle ich mich entrückt. Es ist, als stünde ich außerhalb des Zimmers und schaute durchs Schlüsselloch, oder als wäre ich Gott und blickte hinab auf die Welt, ohne zu ihr zu gehören" (ebd. S.168).

Auch Gerüche kommen als Auslöser von Anfällen infrage. Kurz vor einem Anfall macht sich bei der Sängerin ein unangenehmer Geruch bemerkbar, der süß und aufdringlich ist wie billiges Parfüm. Dann sagt eine unbekannte Stimme, die von rechts zu kommen scheint, ihren Namen. Sobald sie sich der Stimme, die täuschend *echt* wirkt, zuwendet, folgt darauf ein Anfall.

Eine Schriftstellerin berichtet, sie sehe gelegentlich ‚Außerirdische' von der Decke hängen. „Sie sehen aus wie der ungeschickte Versuch, ein außerirdisches Wesen für Filmaufnahmen herzustellen… wie eine Spinne mit einem Darth-Vader-ähnlichen Helmkopf" (S.172).

Ein Patient verspürt während der Anfälle den Impuls, die Augäpfel nach hinten zu rollen. Ein weiterer Patient glaubt, seine Persönlichkeit habe seit Beginn der Anfälle eine Metamorphose vollzogen; er sei spiritueller geworden und auch sein Kunstsinn und seine Kreativität hätten sich weiterentwickelt. Es gibt Anfälle, die als ‚ekstatisch' bezeichnet werden und die in traumhafte Landschaften führen (S.178f.). Sie scheinen ein Tor zu einem Bewusstsein anderer Art zu sein, zu einer Welt, in der Raum und Zeit in veränderter Weise wahrgenommen werden.

Die ekstatisch-religiösen Auren führen zu „Offenbahrungen höchster Wahrheit", zur „Gotteserkenntnis". Menschen, die ekstatische Anfälle erleben, sind oft tief erschüttert und darum bemüht, eine Wiederholung herbeizuführen, behauptet O. Sachs. „Mehr als jede andere Art von Anfällen werden die ekstatischen als Epiphanien oder Offenbarungen einer höheren Wirklichkeit empfunden" (S.181f.).

Die Offenbarungen können unterschiedliche Formen annehmen. Ein junger Mann, der sich zuvor kaum mit religiösen Fragen beschäftigt hatte, erlebte sein erstes ekstatisches Erlebnis bei einem Picknick im Freien. Sein Blick wurde starr, er lief mehrere Minuten im Kreis und rief: „Ich bin frei! – Ich bin Jesus!" Nach 10 Minuten mündete die religiöse Entrückung in einen generalisierten Anfall (ebd.) Bei einem späteren Anfall behauptete er, es ginge ihm ausgesprochen gut, denn er befände direkt im Himmel!

Hin und wieder können ekstatische Halluzinationen gefährlich werden. O. Sacks schildert die eindrucksvolle Vision eines Patienten: Er sah ‚Christus' und hörte eine Stimme, die ihm befahl, zuerst seiner Frau und dann sich selbst das Leben zu nehmen! Er befolgte umgehend den Befehl. Um destruktiven Aufforderungen dieser Art keinen Glauben zu schenken und Widerstand zu leisten, bedarf es einer starken Persönlichkeit mit gut entwickeltem Beurteilungsvermögen. Dies gilt natürlich besonders in Fällen, in denen die Vision Offenbarungscharakter hat.

O. Sacks zieht den Schluss: „Ekstatische Anfälle erschüttern die Grundüberzeugungen eines Menschen, sein Weltbild, selbst wenn er vorher keinen Gedanken an das Transzendente oder Übernatürliche verschwendet hat. Der Umstand, dass mystische und religiöse Gefühle – der Sinn fürs Numinose – so universell sind, in jeder Kultur vorkommen, legt den Gedanken nahe, dass sie tatsächlich ein biologisches Substrat haben; vielleicht sind sie, wie die ästhetischen Empfindungen, ein Teil unseres evolutionären Erbes" (S.186). Auch wenn der Autor, der selbst Neurologe war, von einem ‚biologischen Substrat' ausgeht, will er eigenen Angaben zufolge damit den Wert und die Bedeutung solcher Erlebnisse nicht schmälern.

Einige der mystischen Erlebnisse Epilepsiekranker weisen ein initiatorisches Muster auf. Dies wirft die Frage auf, weshalb das Einweihungs-Geschehen in einigen Fällen mit einem Anfall einhergeht? Die Gemeinschaft der Jesuiten verweigert einem Epilepsiekranken die Priesterweihe, da die Krankheit nach kanonischem Recht eine disqualifizierende Beeinträchtigung darstelle (vgl. A. Fadiman).

Epileptische und psychotische Zustände werden mitunter auch als Zeiträume bezeichnet, in denen der Mensch dem ‚Geist der Natur‘ näher kommen kann. Zwischen Schamanismus und Epilepsie existieren auffällige Parallelen. Bei Naturvölkern werden Epileptiker nicht selten in das Amt eines Schamanen berufen, da die Krankheit als Zeichen besonderer Eignung gilt. Anfälle sind unter diesem Gesichtspunkt ein Beweis für die Gabe, außergewöhnliche Dinge wahrzunehmen, die der Allgemeinheit verborgen bleiben. Zudem erleichtern sie den Trancezustand, der als Voraussetzung für die Reise ins Reich des Unsichtbaren gilt. O. Sachs erwähnt, dass es im Verlauf eines epileptischen Anfalls tatsächlich zu außerkörperlichen Erfahrungen kommen kann. (Vgl.: Drachen, Doppelgänger und Dämonen, S.286.)

Die zukünftigen Schamanen treffen in der Regel keine eigene Wahl, sondern sie werden ‚berufen‘. Eines der Anzeichen für die Berufung ist eine Erkrankung, zu der auch Epilepsie gehört. Der oder die Betreffende wurde dazu auserkoren, einen ‚Heilgeist‘ bei sich zu beherbergen. Dies ist manchmal nicht ganz ungefährlich. Widersetzt sich einer der ‚Auserwählten‘ dem Ruf, droht ihm ein Unglück oder sogar der Tod!

Die epileptischen Anfälle werden hin und wieder mit dem Tod werden in Verbindung gebracht, denn sie imitieren gewissermaßen den Sterbevorgang, behauptet W. Stekel (S.664f.). In den Delirien von Epilepsiekranken kommt es häufig zu Geburts- und Todesphantasien. In den postepileptischen Delirien werden Visionen vom Jüngsten Gericht und von der Hölle geschaut oder paradiesische Gefilde tun sich auf.

R. Dahlke vergleicht das epileptische ‚Erdbeben‘ mit den außerkörperlichen Erfahrungen sensitiver Menschen. Es habe den Anschein, als würde die Eigenaktivität des Gehirns plötzlich ausfallen, so als brennen mit einmal alle Sicherungen durch. Der Autor sieht in der Epilepsie die verschlüsselte Aufforderung, sich anderen Ebenen zu öffnen, die dem normalen Wachbewusstsein verschlossen sind und plädiert für eine ‚mediale Offenheit‘ gegenüber geistigen Ebenen. Er behauptet, das Fallen und die Ohnmacht epileptischer Patienten beinhalte die Aufforderung, sich fallen zu lassen und die Macht abzugeben; d.h. sich stärkeren Mächten zu überantworten.

Diese Auffassung darf allerdings bezweifelt werden. Die gewagte These Dahlkes ist nicht ganz nachvollziehbar, da im Anfall offensichtlich destruktive Mächte am Werk sind, die nicht davor zurückschrecken, den menschlichen Organismus zu schädigen und zu zerstören.

Die Frage drängt sich auf, ob die Kranken so unvorsichtig waren, einen Zugang zu eröffnen in innere Welten, der sich als äußerst nachteilig erwies? Und es gelang ihnen nicht, das Tor wieder zu schließen? Viele Menschen fürchten sich vor einer Öffnung in die Tiefen des Unbewussten im eigenen Innern. Eine Bedrohung geht womöglich aus von dem geheimnisvollen Unbekannten in ihrer Seele. Es könnte dort etwas verborgen sein, das Besitz von ihnen ergreift und die Freiheit einschränkt, statt sie zu erweitern.

Nicht alle Epileptiker leiden unter den gleichen Symptomen. Bei einer Gruppe der Kranken hat die ordnende Kraft des Bewusstseins versagt; das Bewusstseinsfeld ist in Verwirrung geraten. Nur ein geordnetes Bewusstsein ist in der Lage, dem Ansturm fremder Bewusstseinsenergien standzuhalten, einen Schutzfilter zu erzeugen und sich abzugrenzen. Wenn diese Filterfunktion nicht mehr in ausreichendem Maße vorhanden ist, können fremde Energien ungehindert einströmen und die Willenskraft des Individuums untergraben.

Eine Infiltration durch fremde Energien kann nicht vollständig verhindert werden. Dies wäre auch nicht wünschenswert, da ansonsten Lernprozesse nicht stattfinden könnten. Das Bewusstseinsfeld wird infiltriert von Energien, die gleichzeitig mit dem Körper eine Verbindung anstreben. Die Verbindung der Energien des Körpers und der Umgebung hat maßgeblichen Einfluss auf das menschliche Bewusstsein; eine stetige Wechselwirkung findet statt. Das menschliche Bewusstseinsfeld zieht diejenigen Energien an, die ihm ähneln und mit ihm harmonieren.

Der physische Körper ist ein Stabilisator für jede Art von Energie. Ist das Bewusstseinsfeld nicht stark genug, um sich gegen den Strom eindringender nichtkonformer Energien erfolgreich zur Wehr zu setzen, findet unweigerlich eine Vermischung statt. Die Konsequenzen aus einer Vermischung mit niedrig schwingenden Energien liegen auf der Hand: Ein infiltriertes Bewusstseinsfeld wird immer weniger widerstandsfähig gegen Eindringlinge von außen. Das Bewusstseinsfeld expandiert in unvorhergesehener Weise, da eine Fülle von Energien angezogen wird. Dominante Strebungen gewinnen die Vorherrschaft, während unpassende Bewusstseinsfragmente ausgeschieden werden. Sie formieren sich an anderen Orten neu.

Aufgrund dieses Zusammenhangs wird leicht ersichtlich, wohin eine derartige Entwicklung führen kann: Die dominanten Energien ‚übernehmen' nach und nach - von dem Betroffenen anfangs oft unbemerkt - das infiltrierte Bewusstseinsfeld. Das infiltrierte Feld wird überlagert und nach einiger Zeit gänzlich ausgeschaltet. Die Hinwendung des Bewusstseins zu lichtvollen Energien könnte eine Verbindung mit den andersgearteten, niederen Energien verhindern.

Eine Anzahl der an Epilepsie Leidenden hat in der Vergangenheit höchstwahrscheinlich niederen Energiewesen erlaubt, mit ihnen eine Verbindung einzugehen. Sie haben feindlich gesinnten Mächten Tür und Tor geöffnet. Diese Mächte waren darauf aus, ihnen zu schaden und sie in die Irre zu führen. Eine solche Verbindung wieder zu lösen, ist äußerst schwierig.

In der Vergangenheit waren die Kranken mutmaßlich in magische Operationen verstrickt. Sie haben fremden Geistwesen erlaubt, den physischen Organismus zu dominieren und ihr Bewusstsein beiseite zu drängen. Die Betreffenden haben nicht bedacht, mit *wem* sie in Kontakt traten und welche Auswirkungen diese Verbindung zu einem späteren Zeitpunkt für sie haben könnte. Nun werden sie konfrontiert mit Fehlentscheidungen, in denen sie sich für die falsche Seite geöffnet haben und die so leicht nicht wieder rückgängig zu machen sind. **Das Dunkle lässt nicht mit sich spaßen, wenn es darum geht, einen Menschen ganz in seine Gewalt zu bringen.**

Manche Medien, die sich für ,Beratungen' freiwillig zur Verfügung stellen, verfallen in konvulsivische Zuckungen, sobald ein Geist von ihnen Besitz ergreift. Ein ähnliches Erscheinungsbild zeigen Epileptiker. Mit Energien dieser Art haben die meisten Medien gottlob nichts zu schaffen. Ihre Tür ist bereits geöffnet. Die geistige Welt ist daher nicht darauf angewiesen, die Pforte auf irgendeine andere Weise heimlich öffnen.

Auch Sex spielt bei energetischen Verbindungen eine gewisse Rolle, denn sexuelle Energien sind besonders geeignet, sich mit fremden Energien zu verbinden. Dies ist im Normalfall durchaus erwünscht: In einer Zweierbeziehung vermischen sich die Energien der beiden Partner und bilden zeitweilig eine Einheit. Dagegen ist nicht das Geringste einzuwenden.

Andererseits können sexuelle Energien ebenfalls dazu benutzt werden, eine Verbindung zu mentalen Ebenen herzustellen und diese aufrecht zu erhalten. Hier existieren zwei Richtungen:

▶ Führt die Entwicklung nach oben in die Lichtwelt, dann sind ekstatische Momente dazu da, die Verbindung zu festigen und ihr Glanz und Schönheit zu verleihen.

▶ Im umgekehrten Fall sieht die Sache anders aus: Die sexuellen Energien verbinden sich mit dunklen, trüben Energiewesen, denen daran gelegen ist, die eigenen Energien auf Kosten anderer zu reinigen und zu erhöhen.

Was geschieht bei einem epileptischen Anfall? Fremden Energiewesen ist es über einen längeren Zeitraum gelungen, die Verbindung zu dem Kranken soweit zu festigen, dass sie die Oberherrschaft zeitweilig übernehmen können. Das Ich des betreffenden Menschen wird zeitweilig aus der Verankerung mit dem physischen Körper ausgetrieben.

Bei Volltrance-Medien findet eine ähnliche Verbindung mit dem Einverständnis aller Beteiligten statt, allerdings ohne schädliche Auswirkungen für das Medium. Anders verhält es sich bei Epilepsiekranken: Hier gelingt es fremden Energiewesen, ohne Einverständnis der betreffenden Person in das energetische Gefüge des Körpers einzugreifen und wichtige Schlüsselpositionen zu besetzen. Der Kranke weiß in der Regel nicht, was vor sich geht und ist dem Ansturm der Fremdenergien hilflos ausgeliefert. Bei einem Anfall werden die Mitochondrien in Mitleidenschaft gezogen. Das bedeutet, lebenswichtige Verbindungen werden nach und nach unterbrochen und ausgeschaltet.

Was bezwecken die Energiewesen mit dieser Strategie? Sie streben letzten Endes danach, sich des menschlichen Organismus zu bemächtigen. Indem es ihnen gelingt, wichtige Schaltstellen im Körper unter ihre Kontrolle zu bringen, haben sie die Macht, wichtige Funktionen außer Kraft zu setzen. Sobald ihnen dies gelingt, können sie auch die Kontrolle über die feinstofflichen Energiezentren übernehmen. Diese Kontrolle ist ihr eigentliches Ziel.

Den feinstofflichen Energien kommt eine große Bedeutung im Gesamtsystem des Organismus zu, denn sie sind der Dreh- und Angelpunkt der Existenz. Falls die Kontrolle dieser Energien gelingt, ist das menschliche Ich außer Kraft gesetzt und die Fremdenergie nimmt seine Stelle ein. Dies ist das letztendliche Ziel der angreifenden Energiewesen.

Bei P. McLean werden feindselige Mächte erwähnt, die an einer geistigen Übernahme des einzelnen Individuums und der gesamten Menschheit interessiert sind. Dabei geht es um Machtkämpfe, deren Ausmaß kaum vorstellbar ist. „Hier wird nicht mit Atombomben gearbeitet, sondern mit Stoffen, die das Gehirn und die Zellen zerstören. Der Planet wird ja wegen des Gleichgewichts gebraucht, und deshalb wissen diese Mächte, dass er erhalten bleiben muss. Die Bewohner sind es, die entfernt werden sollen!" (In: Zeugnisse von Schutzgeistern, S.218f.)

Daher sei es von großer Wichtigkeit, bei einer Kontaktaufnahme zu geistigen Wesenheiten auf die Qualität der Aussagen zu achten, um zu erkennen, mit *wem* eine Verbindung hergestellt wurde. P. McLean fährt fort: „Wenn es einer dieser Gegner geschafft hat, sich in ein menschliches Gehirn einzuklinken, so kann er dieses Energiezentrum für seine Bedürfnisse umfunktionieren, wenn er willigen Einlass gewährt bekommt… Viele lassen sich missbrauchen und haben keine Ahnung, wem sie sich zur Verfügung stellen und vor allem, was sie mit ihrer Bereitwilligkeit verschulden" (ebd.).

Die Medien laufen Gefahr, zu Katalysatoren für erdgebundene Energiewesen zu werden, die sie unbewusst auch in ihrer Umgebung verbreiten. Achtsamkeit und innere Distanz zu destruktivem Denken und Handeln kann eine Schutzmauer errichten. Die Qualität der Gedanken- und Gefühlswelt erzeugt eine Resistenz gegen negative Einflüsse.

Niemand kann den Beweis oder Gegenbeweis führen, dass epileptische Anfälle allein innerpsychisch entstehen oder von eindringenden Fremdwesen verursacht werden. Die herrschenden Paradigma erlauben es häufig nicht, aus den Begrenzungen auszusteigen und neue Erfahrungen zuzulassen mit einer anderen, umfassenderen Wirklichkeitsstruktur.

Diese, von Paracelsus *Corpus subtile* (gemeint ist die feinstoffliche Ebene) genannte Realität hat ihre eigenen Gesetzmäßigkeiten. Jede Wirklichkeit erfordert eine eigene adäquate Methode zu ihrer Erfassung. Übernatürliche Beeinflussung gehört in den größeren Rahmen einer transzendenten Realitätsebene. Ideologische Vorurteile verhindern allerdings die Erforschung dieser ‚zweiten Wirklichkeit'.

Epilepsie - Therapie

In der frühen Neuzeit galten Krankheitssymptome als Ausdruck für die Anstrengungen einer Seele, sich zu heilen. Zwischen dem Auftreten epileptischer Krämpfe und einer geistigen Erkrankung wurde ein Zusammenhang hergestellt. Großer Wert wurde daher auf eine ausgeglichene Psyche und die Stärkung der Selbstheilungskräfte des Körpers gelegt. M. D. Engel meint, aus diesem Grunde sei es falsch, die Krankheiten eingleisig zu bekämpfen (S.44f.).

In neuerer Zeit haben die Menschen aufgehört, die Mitteilungen, die ihnen aus unterbewussten Quellen zufließen, wahrzunehmen und daraus ihre Schlüsse zu ziehen. Würden die Kranken den Kern ihrer Problematik besser begreifen, hätten sie damit einen Hebel an der Hand, der es ihnen ermöglichen könnte, die Krankheitssymptome zu verstehen. Während eines Krankheitsverlaufes werden der Seele unzählige Winke und Fingerzeige zuteil, die ihr in Form von Einfällen und Impulsen zufließen und ihr damit die Möglichkeit einräumen, den Krankheitsursachen auf den Grund zu gehen.

Für intuitiv begabte Menschen ist es von großem Vorteil, sich diesen inneren Schatz erschließen zu können und damit leidvolle, zeitraubende Wege in Krankheiten zu ersparen. Den Autoren R. Dahlke und T. Detlefsen ist es zu verdanken, mit ihren Büchern zahlreiche Hinweise auf tiefer liegende Probleme, die in der menschlichen Psyche angesiedelt sind, gegeben zu haben.

Bei Krampfanfällen jeder Art, wie Epilepsie, Katalepsie oder Veitstanz wurde früher die ‚magnetische' Behandlung für wirksam erachtet, erklärt F. Fischer: „Je heftiger und durchgreifender die krampfhaften Anfälle sind, desto mehr ist die Wirksamkeit der magnetischen Behandlung angezeigt" (vgl. Bd 2, S.71). Dabei würden unsichtbare ‚Fluida' auf die Kranken zu ihrer Stärkung übertragen.

Als Folge einer magnetischen Einwirkung als auch bei sehr lang andauernden Krampfanfällen komme es zur Entwicklung eines somnambulen Bewusstseins. Dieses durch die Anfälle entbundene somnambule Erwachen gehe allerdings meist für die Beobachtung verloren, da der Betroffene in der Regel einen Erinnerungsverlust erleidet. Wird ein Krampfzustand im Wachbewusstsein erinnert, wird er häufig als dunkel und voller konfuser Ideen beschrieben.

Unabhängig von einer magnetischen Behandlung geht der Krampf häufig mit einem natürlichen oder krankhaften somnambulen Erwachen einher. Dafür zeugen Berichte von Patienten, die nach heftigen, bis zur Erstarrung gehenden Krämpfen in visionäre Zustände geraten sind. Manchen erschien die ‚Mutter Gottes' oder der Geist eines Verstorbenen. Sie waren fähig, den Verlauf ihrer Anfälle vorauszusehen und erhielten Rat von inneren Stimmen. Sie konnten in die Ferne sehen oder ihr Körperinneres wahrnehmen.

Kataleptische Anfälle können bis zur Ekstase und zu verschiedenen Graden des Hellsehens führen. Die Erinnerung wird oft von einem Krampfzustand in den nächsten, nicht aber in den Wachzustand übertragen, wie nachträgliche magnetische Behandlungen aufgedeckt haben (ders. S.76). Von welcher Art die Beeinflussung tatsächlich ist, die durch magnetische Behandlung übertragen wird, bleibt allerdings im Dunkeln. Die Gefahr dabei ist, den ‚Bock zum Gärtner' zu machen, indem die Präsenz dubioser Energien im Innern des Kranken noch verstärkt wird.

Die Therapie der Epilepsie beschränke sich weitgehend auf Symptombekämpfung, bedauerte R. Barthel bereits 1934: „Denn jede Krankheit ist ja bekanntlich nur durch restlose Beseitigung der Ursache, nicht aber der Symptome heilbar. Und dieser Grundursache der Epilepsie haben wir bisher leider weder prophylaktisch noch therapeutisch beizukommen vermocht, weil wir sie leider noch nicht kennen, und sie auch unbewusst für uns bisher nicht universell fassbar gewesen ist" (S.35). Auch A. Knapp wendet sich wenig später gegen die gebräuchliche Form der Therapie, die das Grundleiden nicht bekämpft und das bei Ärzten verbreitete Vorurteil, dass Epilepsie eine unheilbare Krankheit sei.

Für unumgänglich hält Knapp eine vernünftige Regelung der Lebensweise der Kranken, eine Verbesserung des psychischen Wohlbefindens und des Allgemeinzustandes sowie eine Änderung des Speisezettels als Grundlage der Therapie. Eine vorwiegend vegetarische Ernährung sei anzuraten. Er spricht sogar von der „Erkenntnis, dass die Epileptikerbehandlung in weitgehendem Maße eine Ernährungsfrage ist und dass die Regelung der Diät von entscheidender Bedeutung sein kann..." (S.33). Der Autor legt Wert darauf, die Verwendung von Kochsalz einzuschränken. Fleischbrühe, Alkohol und Kaffee sind überdies strikt zu meiden. Eine überaus günstige Wirkung haben hingegen Butter und frisches Obst; wobei vor allem Äpfel besonders hervorgehoben werden.

Auch die Gemütsverfassung des Patienten ist für die Zahl und Art der Anfälle verantwortlich. Ärger mit dem Partner, Streitigkeiten mit

Nachbarn oder eine grundlegende Unzufriedenheit mit der Lebenssituation, in der er sich befindet, können Auslöser für epileptische Anfälle sein. In besonders schwierigen Fällen ist es daher hilfreich, sämtliche Reize von dem Kranken fernzuhalten. Eine sehr unruhige und laute Umgebung sowie heftige und aufgeregte Reaktionen seitens der Mitmenschen können eine Wiederholung der Anfälle bewirken. Auch akustische Halluzinationen, wie z.B. Trommelwirbel, Klingeln, Rascheln, Zischen oder ein bestimmtes Musikstück können einen Anfall einleiten.

Einige Patienten finden Mittel und Wege, die Anfallshäufigkeit zu reduzieren. Dazu gehören:

- kräftige Hautreizungen,
- heftige Bewegungen der Extremitäten,
- Zusammenpressen der Gliedmaßen, sobald sich ein Anfall ankündigt.

Auch psychische Gegenmaßnahmen können günstige Auswirkungen haben, denn eine ganze Anzahl von Patienten berichtet, „dass sie durch eine Willensanspannung regelmäßig oder bisweilen einen Anfall, den sie herannahen fühlen und an den wohlbekannten Aura-erscheinungen als solchen erkennen, zu unterdrücken vermögen" (ders. S.19).

Bei fast der Hälfte der Epilepsie-Patienten wurde ein Vitamin D - Mangel festgestellt. Eine regelmäßige Sonneneinstrahlung ist der Schlüssel für die natürliche Produktion von Vitamin D. Eine Studie ergab laut Internet, dass eine Behandlung mit Vitamin D die Anfallshäufigkeit erheblich reduzieren kann. Anti-Epileptika können hingegen den Vitamin D - Stoffwechsel stören, was zu Mangelerscheinungen führt.

Vitamin D ist nicht lediglich ein Vitamin, sondern auch ein neuroregulatorisches steroidales Hormon. Vitamin D - Rezeptoren finden sich im Gehirn, im Rückenmark und im zentralen Nervensystem. Sie bieten dem Körper Schutz vor Erkrankungen. Empfohlen für die Behandlung wird Vitamin D3 (vgl.: Internet www.biomedical-center.de). Die von Ärzten bevorzugte medikamentöse Behandlung kann zwar die Auswirkungen epileptischer Anfälle mildern, doch niemals eine Befreiung erzielen.

Am ehesten könnte den Betreffenden geholfen werden, wenn magische Mittel zum Einsatz kämen. Diese Mittel sind nur wenigen Leuten bekannt und nur sehr Wenige sind bereit, diese einzusetzen. Das hängt mit der Art der angreifenden Energien zusammen und den Verwicklungen, die damit zusammenhängen. Maßnahmen wie z.B. exorzistische Bemühungen führen oft nicht zum Erfolg, da die hartnäckigen Fremdenergien nicht so leicht zu vertreiben sind. Weiße Magier, die den Kampf gegen die Dunkelmächte aufnehmen, begeben sich selbst in Gefahr!

Die Frage, ob die Kluft zwischen den Heilmethoden unterschiedlicher Kulturen zu überbrücken sei, stellt A. Fadiman. Keines der Systeme sollte ihrer Ansicht nach einen Anspruch auf moralische Überlegenheit erheben oder zwanghaft nach irgendeinem eingleisigen Modell verfahren. Kompromissbereitschaft sei von allen Seiten gefordert.

Der unbestreitbare Fortschritt in der medikamentösen Behandlung hat zu einer Konzentration auf eine naturwissenschaftlich geprägte Symptombehandlung geführt. P. Vogel bemerkt hierzu: „So faszinierend scheint der Fortschritt dieser modernen Forschung zu sein, dass das Bewusstsein der ihr zugrunde liegenden Reduktion und Einseitigkeit fast verloren zu gehen scheint... Der Vielklang scheinbar objektiver Befunde lässt nur noch selten die leise Einzelstimme der Selbstwahrnehmung der Kranken vernehmbar werden... Es scheint so, als ob im Felde der Epilepsie das therapeutische Gespräch endgültig zu einem Gespräch über die Tablette und die beste Art ihrer Einverleibung geworden wäre" (zitiert in: Epilepsie-Information, S. 20).

Optimistische Schätzungen gehen davon aus, dass ca. 70% der Patienten nach medikamentöser Behandlung anfallsfrei werden. Doch im *Epilepsiebericht 98* wird darauf hingewiesen, dass, bezogen auf einen Beobachtungszeitraum von 3 Jahren, nur noch 25% der Befragten anfallsfrei waren. Allerdings wurden bei der Studie vorwiegend Patienten mit Behandlungsproblemen erfasst. Einer großen Gruppe kranker Menschen kann mit Medikamenten allein nicht ausreichend geholfen werden. Hinzu kommen die Komplikationen durch Nebenwirkungen, die bis zur akuten Leber- oder Bauchspeicheldrüsenentzündung, - manchmal (vor allem bei Kindern) mit Todesfolge - gehen können.

Bei schweren Fällen von Epilepsie, in denen die medikamentöse Behandlung versagt hat, werden Elektroden direkt ins Gehirn der Kranken implantiert. Kann der Krankheitsherd eingegrenzt werden, wird der betreffende Bereich operativ entfernt. Auf diese Weise sollen weitere Anfälle verhindert werden. Eine andere Methode ist die elektrische Hirnstimulation, die eine besonders intensive elektrische Aktivität im Gehirn vermindern soll. Durch die Stimulation werden hemmende Faktoren im Hirnareal verstärkt, auch wenn dies paradox klingt. Die Forschung auf diesem Gebiet ist allerdings noch nicht abgeschlossen. (Vgl.: *Futuremag* vom 19.03.2016 bei ARTE.)

Von O. Sacks, der immer wieder die organische Seite neurologischer Erkrankungen betont hat, stammt die Überlegung: „Aber können Schemata, Programme, Algorithmen allein uns die visionäre, dramatische und musikalische Qualität von Erfahrung vermitteln – jene intensive persönliche Qualität, die sie erst zur Erfahrung *macht*?" Seine Antwort ist ein leidenschaftliches „Nein!" Denn: „Es klafft… eine Lücke, ja ein Abgrund zwischen dem, was wir von unseren Patienten lernen, und dem, was die Physiologen uns sagen." (In: Der Mann, der seine Frau mit einem Hut verwechselte, S.198.)

Neben dem traditionellen medizinischen Modell der Epilepsie existiert ein verhaltensmedizinisches Modell, das auch umweltbedingte, von außen wirkende Faktoren in die Überlegungen mit einbezieht und damit die eindimensionale Sichtweise eines rein physiologischen Modells erweitert. Das gehäufte Auftreten von Anfällen kann neben einer organischen Bereitschaft hierzu mit sehr konflikthaften und stressbeladenen Lebensumständen in Verbindung gebracht werden. Berücksichtigt wird sowohl eine ungünstige körperliche als auch emotionale Verfassung. Hieraus ergeben sich Ansatzpunkte für Gegenmaßnahmen, die eine Änderung oder Vermeidung anfallsfördernder Faktoren bewirken.

Die Anhängerschaft von Naturheilverfahren ist in den letzten Jahrzehnten immens angewachsen. Es geht ihr darum, die westliche Medizin mit traditionellen Heilkünsten zu verbinden in Fällen, wo dies sinnvoll erscheint. Da die Krankheiten von psychosozialen Faktoren beeinflusst werden, kann eine kombinierte Medizin in vielen Fällen das Behandlungsergebnis positiv beeinflussen.

Auch schamanische Heilverfahren kommen in Betracht. Schamanen verstehen sich als Grenzgänger, als Vermittler zwischen Himmel und Erde. Sie haben die Fähigkeit, die materielle Welt und die metaphysische Realität sinnvoll miteinander in Beziehung zu setzen. Indem die Schamanen auf der metaphysischen Ebene operieren, sind sie in den Augen Vieler dazu prädestiniert, die Ursachen von Krankheiten zu ergründen und den Heilungsprozess fördernd zu begleiten.

Der Überlieferung nach werden weibliche und männliche Schamanen zum ‚Wirt‘ für einen Heilgeist bestimmt. Die Tür in eine andere Realität ist damit für sie geöffnet. Sie sehen sich in der Lage, Hilfsgeister herbeizurufen und gleichzeitig schädliche Wesenheiten fernzuhalten. Bei Krankheiten wie Epilepsie halten aus schamanischer Sicht Dämonen die Seele der Patienten gefangen. Schamanen setzen daher alles daran, die Seelen aus der unfreiwilligen Gefangenschaft zu befreien. Zu diesem Zweck versetzen sie sich in einen anderen Bewusstseinszustand, denn nur in tiefer Trance kann ihre eigene Seele sich auf die weite Reise in andere Welten begeben.

Die Formen der westlichen Medizin rivalisieren nicht direkt mit schamanischen Methoden, denn beide Formen des Heilens, die natürliche und die übernatürliche, können als komplementär angesehen werden. Sie stehen daher nicht in Widerspruch zueinander. Eine interkulturelle Medizin kann sich unter Umständen zu einer erfolgreichen, umfassenden Therapieform entwickeln, mit Ergebnissen, die bei einseitigem Vorgehen nicht möglich gewesen wären.

Mit alternativen Behandlungsstrategien befassen sich auch die Diplom-Psychologen G. Hänsch und W. Feil.[4] Epileptische Anfälle und Möglichkeiten der Verhütung sind ein wichtiger Schwerpunkt der Arbeit des Therapeutenpaares. Neben eigenen Behandlungsmethoden kommen klassische und moderne psychologische Ansätze zur Anwendung. Grundlagen sind die humanistische Psychologie, körpertherapeutische Methoden, Hypnotherapie, Gestalttherapie u.a.

Dabei geht es darum, warnende Anzeichen epileptischer Anfälle im Vorfeld wahrzunehmen, wobei schon kleinste Beobachtungen wichtige Hinweise geben können. Das angestrebte Ziel dabei ist, die sich anbahnenden Anfälle abzubrechen oder gänzlich zu verhindern.

Gegenwärtig werden die rund 800000 betroffenen Epileptiker in Deutschland immer noch vorwiegend medikamentös behandelt, obwohl lediglich 50-60% der Patienten unter Anti-Epileptika anfallsfrei werden. Deutlich spürbare unerwünschte Nebenwirkungen müssen dabei in Kauf genommen werden. Hinzu kommt eine jahrelange Abhängigkeit von Ärzten und Medikamenten.

Entsprechend der Sichtweise vieler behandelnder Fachärzte wird die epileptische Symptomatik für das Ergebnis eines unbeeinflussbaren, rein physiologisch bedingten Mechanismus gehalten, bei dem es außer medikamentöser Behandlung kaum Einflussmöglichkeiten gibt. G. Hänsch und W. Feil widersprechen dieser Auffassung aufgrund eigener Erfahrungen, denn ihnen ist es gelungen, ein schweres Anfallsleiden durch den Einsatz angewandter Psychologie unter Kontrolle zu bringen. Sie kamen zu der Überzeugung, dass der Eintritt eines Grand Mal nicht lediglich das Ergebnis eines unbeeinflussbaren neurophysiologischen Automatismus ist.

W. Feil kritisiert: „Folgt man den Hinweisen, dass jeder Anfall das Auftreten zukünftiger Anfälle bahnt, dann mutet es geradezu skandalös an, dass derart viele Betroffene weiterhin ausschließlich medikamentös behandelt werden, obwohl die Anfälle dadurch nicht weggehen. Zumindest bei solchen medikamentösen Misserfolgen sollte

---

[4] Praxis: Herzogstr. 77, 80796 München. Internet: Psychologisch fundierte Anfallsverhütung bei Epilepsien. Mail-Adresse: info@epilepsie-selbstcoaching.de

nicht weiter ignoriert werden, dass es wirkungsvolle psychologische Anfallsverhütungsmethoden gibt, die Betroffene selbst anwenden können und zwar gerade auch in der akuten Anfallssituation."

Die medizinische Sichtweise verdeckt den Blick auf alternative Behandlungsmethoden. Eine Vielzahl von Hinweisen deutet darauf hin, dass jeder Anfall das Auftreten zukünftiger Anfälle bahnt. Dadurch werden die Anfälle chronisch und treten in kürzeren Abstanden oder mit größerer Heftigkeit auf.

Da, wo medizinische Behandlungsstrategien nicht ausreichen, empfehlen G. Hänsch und W. Feil psychologische Anfallsverhütungsmaßnahmen. Diese können in Kombination mit Medikamenten angewendet werden. Es werden direkte Einflussmöglichkeiten gelehrt, um sowohl kleine als auch große Anfälle (Grand Mals) abzubrechen. Daneben werden indirekte psychologische Einflussnahmen vermittelt, die den kompetenten Umgang mit individuellen Risikofaktoren im Vorfeld der Anfälle thematisieren. Denn ein Anfall tritt nicht einfach zufällig auf.

Der erste Schritt besteht darin, das jeweilige persönliche ‚Anfallsmuster' aufzuspüren und auf dieser Grundlage eine individuelle Strategie zur Anfallsverhütung zu entwickeln. Das Anfallsmuster in seiner Gesamtheit entsteht nicht einfach zufällig und chaotisch, sondern hat System, behaupten G. Hänsch und W. Feil. Vieles von diesen Vorgängen bleibt unbewusst.

Die Elemente des Musters sind miteinander verwoben, d.h. es existieren vielfältige Wechselwirkungen. Strategien, die einmal gelernt wurden, können auch umgestaltet oder wieder verlernt werden. Sogar nach einer über Jahre andauernden Chronifizierung des Anfallsleidens sind Verbesserungen möglich bis hin zur völligen Anfallsfreiheit.

Die Behandlungsmethoden von G. Hänsch und W. Feil berücksichtigen vor allem zwei Merkmale:

▶ Epileptische Anfälle finden weitgehend unterhalb der Bewusstseinsschwelle statt.

▶ Äußere Faktoren, innere Faktoren und Symptome stehen in vielfältiger Wechselwirkung zueinander.

Epileptische Anfallsmuster sind das Ergebnis von Lernprozessen. *„Cells that fire together, wire together"*, schrieb D.O. Hebb 1949. Das ‚Feuerwerk' eines epileptischen Anfalls hinterlässt Spuren im Gehirn. Zellen, die gemeinsam 'feuern', vernetzen sich. Die veränderten Schaltkreise haben Auswirkungen auf das Erleben und Verhalten der Betroffenen.

Die Auswirkungen der epileptischen Anfälle haben eine Erwartungshaltung zur Folge, die für zukünftige Anfälle eine Rolle spielt. Das Muster beginnt sich bereits mit dem ersten Anfall zu bilden. „Damit wird im Gehirn ein komplexes Netz aus neuronalen Verschaltungen und synaptischen Verbindungen gebildet (bzw. ausgebaut oder umstrukturiert, falls Teile davon schon vorher existiert haben). Es entsteht also nach und nach ein neues Netz aus Nervenverbindungen. Je öfter eine Nervenverbindung genutzt wird, umso besser funktioniert sie und umso stabiler wird sie. Es ist wie mit einem Pfad durch den Wald. Je öfter dort Menschen gehen, desto fester wird der Boden und desto breiter wird der Pfad, so dass man immer besser und schneller durch den Wald kommt", erläutern Hänsch und Feil.

Je öfter die Anfälle auftreten, umso stabiler werden die Nervenverbindungen. Die daraus resultierenden Reaktionen verfestigen sich ebenfalls. Neurologen sprechen in diesem Zusammenhang von einem ‚pathologischen Lernprozess'. Die Sichtweise, Epilepsien als Lern- und Trainingsprozess zu begreifen, erlaubt eine ganze Anzahl von Gestaltungsmöglichkeiten, um auf das Geschehen Einfluss zu nehmen. Gerade in Zeiten, in denen Medikamente nicht zufriedenstellend oder überhaupt nicht wirken, gewinnen alternative Methoden eine zentrale Bedeutung.

Wenn der unter Epilepsie Leidende seine individuellen Musterelemente und deren Zusammenhänge erkennt, kann er dieses Wissen für die Anfallsverhütung nutzen. Durch verhaltens- bzw. lernpsychologische Methoden kann eine Desensibilisierung gegenüber Anfallsaus-lösern erreicht werden. Lernprozesse können somit das Risiko zu-künftiger Anfälle verringern.

Bei 40-50% der Patienten treten trotz hochdosierter Medikamente weiterhin Anfälle auf. „Wo die Medikamente nicht helfen, werden Betroffene von ihren Ärzten kaum über andere Methoden der An-fallsverhütung informiert und somit alleingelassen", kritisieren die Autoren. Sofern die Anfälle unter Anti-Epileptika nicht zurückge-hen, sollten möglichst bald psychologische Methoden in Betracht gezogen werden, fordern Hänsch und Feil. Es gibt eine Fülle von Möglichkeiten, Elemente des ‚epileptischen Musters', das den Anfäl-len zugrunde liegt, systematisch zu verändern. Oft genügen bereits wenige gezielte Änderungen. Da alle Teile des Musters in Wechsel-wirkung zueinander stehen, wird bei Eingriffen automatisch das ge-samte Muster verändert. Diese Methoden sind immer noch zu wenig bekannt, obwohl ihre Wirksamkeit von medizinischer Seite aner-kannt ist.

Neurofeedback ist eine der Methoden, mit denen Betroffene auf die Anbahnung und den Verlauf der Anfälle Einfluss nehmen lernen. Indem sie verstärkt auf die Vorzeichen achten, mit denen sich ein Anfall ankündigt, erkennen sie, wann sie eingreifen müssen. Die Me-thode gilt allerdings als zeitaufwändig und ist nur einer der Ansätze, die trainiert werden können. Es existieren andere Methoden, die un-ter dem Begriff ‚Anfallsselbstkontrolle' bekannt sind.

Es ist von immensem Vorteil, auf die eigenen intuitiven Wahrneh-mungen - besonders in kritischen Momenten - zu achten. Wichtig dabei ist es, die Aufmerksamkeit für die eigenen Anfallsabläufe zu schärfen, um eine individuell passende Lösung zu finden. Eine Ein-flussnahme ist dann möglich, wenn es gelingt, auch unter schwieri-gen Bedingungen den Aufmerksamkeitsfokus in eine gewünschte Richtung zu lenken. Es geht darum, das Anbahnen eines Anfalls im Vorfeld zu erkennen und eine Unterbrechung herbeizuführen.

Den Beginn eines epileptischen Anfalls schildert W. Feil aus eige-ner Erfahrung: Worte werden plötzlich nur mehr wie aus weiter Ferne vernommen, der Inhalt und die Bedeutung bleiben unverständlich. „Blitzartig sind Sie mit einem Etwas konfrontiert, das Ihre gesamte Aufmerksamkeit auf sich zieht. Sie können dieses Etwas nicht benennen und es gibt auch kein Wort dafür. Und dieses Etwas ist ungeheuer machtvoll. Sie geraten in einen **Sog**, der Sie hineinreißt in den Strudel eines Erlebens, das Menschen mit epileptischen Anfällen sehr unterschiedlich schildern."

Das Erlebnis wirkt wie eine Schreckensfahrt; ein Horrortrip, der im Nichts endet. Die Konstruktion der Wirklichkeit bricht unterdessen zusammen. - Aus einer sicheren Distanz heraus gesehen kann das Erleben einer „epileptischen Wirklichkeitszerstörung" sogar eine aufschlussreiche Erfahrung sein, erzählt W. Feil. Anschaulich beschreibt er die Erfahrung einer Sogwirkung: „Der Sog zieht meine gesamte Aufmerksamkeit auf sich. Das Wort ,wie weggetreten' passt gerade noch für den Beginn. Die Welt um mich herum wird unwirklich. Menschen, die auf mich zukommen oder mit mir sprechen, scheinen aus anderen Räumen oder vielmehr aus so etwas wie *Raumblasen* zu kommen und in meinen Raum bzw. meine Raumblase einzudringen. In diesem Moment nehme ich manche Merkmale dieser Menschen (Augen, Nase, Mund) überscharf wahr und die Menschen leuchten regelrecht auf, die Farben bekommen eine Leuchtkraft fast wie Spektralfarben.

Ich höre Echos kurzer Sequenzen von Gesprächen, die teils Stunden zurückliegen. Eine zeitlang war es immer die gleiche Sequenz, wie von einem Tonband, die Sequenz konnte ich jedoch nicht verstehen. Ich höre das, was jemand laut sagt, kaum noch und, schlimmer noch, ich verstehe es auch nicht mehr. Ich verstehe auch das nicht mehr, was ich selber sage. Wenn ich gerade in einem Gespräch bin, dann schauen mich die Leute entgeistert an. Man berichtet mir hinterher, der angefangene Satz geht unmittelbar in einen Wort-, Silben- und Laute-Salat über." Die Außenwelt ist kurzzeitig der Wahrnehmung entzogen. Anschließend fühlt er sich - wie unter dem Einfluss einer Droge - benebelt und schwindelig.

Auch eine Verschlimmerung des Anfallsleidens wird von W. Feil beschrieben: „Manchmal geschieht es, dass sich dieser Zustand des ‚Sogs' rasch verschlimmert! Ein unbeschreibliches Chaos entsteht dann in meinem Kopf. Gleichzeitig verschwindet die Welt um mich herum endgültig in einem diesigen Graubraun. Lautes unverständliches Stimmengewirr, chaotisch wie in einem Dampfradio früherer Zeiten, wenn eine Vielzahl von Sendern zusammen einen ‚Wellensalat' ergab. Andere nicht beschreibbare Geräusche kommen noch hinzu – alles ist sehr laut.

Für mich ist es entsetzlich, in diesen Situationen den rasch fortschreitenden Verlust meiner geistigen Fähigkeiten erleben zu müssen, den Verlust meiner Kontrolle über Wahrnehmung, Denken, Bewusstheit, mein Erleben insgesamt. Ich kämpfe verzweifelt gegen den Sog an, indem ich versuche, irgendeinen klaren Gedanken zu bekommen, mich nochmals auf irgendetwas fokussieren zu können. Es muss doch irgendwie aufzuhalten sein, ich will es auf gar keinen Fall zum Grand Mal-Anfall kommen lassen!

Sogar in diesem Zustand gibt es noch meinen inneren Beobachter, der alles registriert, und zwar jetzt kurz vor Eintritt des Grand Mal im Zeitlupentempo. Der innere Film läuft jetzt ganz langsam. Der innere Beobachter registriert alles bis zum Schluss. Es gibt außerdem noch eine Art inneren Alarmmelder. Er weiß, wie schlimm das Geschehen ist, und dass Gefahr droht. Es handelt sich schließlich nicht um eine von einem Anästhesisten überwachte Narkose. Er registriert noch am Rand des Bewusstseins, dass Gehirn und Körper bis auf das Äußerste belastet werden und dass der Ausgang ungewiss ist. Er meldet ununterbrochen höchste Alarmstufe.

Mein Entsetzen über dieses Erleben, die Verschlimmerung, die Unfähigkeit, Einfluss zu nehmen, das Gefühl des Ausgeliefertseins an dieses von mir als unkontrollierbar wahrgenommene Geschehen, mein Gefühl für die Gefahr und für den ungewissen Ausgang sind bleibende Erinnerungen an die generalisierten Anfälle, und solche Erinnerungen der Angst sind, wenn sie unbearbeitet bleiben, ein guter Nährboden für zukünftige Grand Mal-Anfälle. Dieser Angst liegt wohl letztlich die Angst davor zugrunde, dass ich mit einer irreversiblen Hirnschädigung oder überhaupt nicht mehr zurückkomme."

Fähigkeiten des Bewusstseins gehen während eines Anfalls schrittweise verloren. Dazu gehört die Fähigkeit, auf kognitiver Ebene die Aufmerksamkeit zu fokussieren oder das Vermögen, geordnet zu denken, zu sprechen, die Umgebung wahrzunehmen, sich in Raum und Zeit zu orientieren. Schließlich bricht der gesamte Kontakt zur Außenwelt ab.

Wie lassen sich derartige Phänomene erklären? Wenn jemand zu lange mental auf der geistigen Ebene verweilt, dann gerät er möglicherweise an einen *point of no return,* der die Rückkehr in die Materie erschwert. Bedenken dieser Art sind nicht völlig unberechtigt. Normalerweise setzt ein Mensch alles daran, die lichten Höhen zu erreichen und dort zu verweilen. Wenn es jemandem gelingt, sein Bewusstsein anzuheben und sich tagsüber vorwiegend in den lichten Höhen aufzuhalten, dann entsteht ein Sog, der immer stärker wird, je länger das Bewusstsein eine Verbindung herstellt. Dieser Sog ist in der Regel sehr erwünscht und hebt das individuelle Bewusstsein auf die rein geistige Ebene, wo letztlich eine Vereinigung stattfindet. Ist diese Vereinigung aber nicht erwünscht, dann sollte vorwiegend eine Konzentration auf erdnahe Bereiche stattfinden, eine ‚Erdung' sozusagen.

Ein Zwang geht aus von Wesenheiten, denen um jeden Preis daran gelegen ist, mit der geistigen Ebene eine Verbindung herzustellen. Häufig warten sie bereits seit langer Zeit auf diese Verknüpfung. Das betroffene Individuum ist ihnen ‚auf den Leim gegangen', wie man so treffend sagt. Langdauernde heftige Auseinandersetzungen, die in der eigenen Psyche stattfinden, schaffen ein Band zu Wesenheiten, die in der Wahl ihrer Mittel nicht immer wählerisch sind. Sie finden Mittel und Wege, ihre Energien festzuhaken und so eine stabile Verbindung zu erzeugen.

Gelingt es ihnen, ein Opfer auf die geistige Ebene zu befördern, bleibt sein Energiekörper mit ihnen verbunden. Er wird ein Teil von ihrem Energiefeld, eine Art ‚Trabant', der seine Eigenständigkeit allerdings verloren hat. - Eine derartige Verbindung wird von nicht wenigen als erstrebenswert angesehen. Doch die Eigenständigkeit geht verloren und damit die freien Wahlmöglichkeiten.

Sich von derartigen Verbindungen zu lösen, ist äußerst schwierig, besonders dann, wenn sie bereits über Jahre hinweg an Festigkeit gewonnen haben. Diese Wesen sind Meister der Verstellung, weshalb es ihnen gelingt, mit allen erdenklichen Mitteln die Aufmerksamkeit auf sich zu lenken. Ist die Verbindung noch nicht sehr gefestigt, findet der Betroffene immer wieder Mittel und Wege, die Verknüpfungen zu lockern, was schon eine gewisse Einsicht in die besagten Mechanismen voraussetzt. Heftiges Widerstreben setzt einer dauerhaften Verbindung von unerwünschter Seite Grenzen.

Mit visuellen Vorstellungen versucht W. Feil, den sich andrängenden Halluzinationen zu entkommen und das Stimmenchaos, das über ihn hereinbricht, zu übertönen. Nach wochenlangen Bemühungen, Strategien der Anfallsbewältigung zu verinnerlichen, nähert sich der nächste große Anfall. W. Feil berichtet: „Es riss mich, wie so oft, hinab in den Strudel. Aber an diesem Tag ‚stand etwas in mir auf', sodass ich mich nicht hinlegen und das Grand Mal über mich ergehen lassen wollte. Meine Entschlossenheit war derart stark, dass sie weiter wirkte, obwohl die Welt um mich herum bereits versank. - In der Schlussphase (wo normalerweise der Film reißt) spielte sich nun das ab, was für mich zum Durchbruch beim **Erlernen der Verhütung von Grand-Mal-Anfällen** wurde. In meiner Erinnerung ist dies alles wie im Zeitlupentempo geschehen.

Am Rand der Bewusstlosigkeit, inmitten des Chaos, bekam ich plötzlich so etwas wie eine Ahnung, dass ich mich *bewegen* muss. Es war eher wie eine wortlose innere Stimme, die durch den Lärm zu mir drang. Sie will, dass ich endlich die Bewegungen mache, die ich so lange eingeübt habe, sehr einfache, kraftvolle Bewegungen des afrikanischen Tanzes. *Ich will das unbedingt tun! Es ist von verzweifelter Wichtigkeit dass ich mich bewege!* Ich nehme alle meine Kräfte zusammen, um wenigstens irgendetwas zu tun. Aber es ist wie in manchen Träumen - ich komme mir wie gelähmt vor. Ich versuche

175

mit *allergrößter Anstrengung*, die eingeübte Bewegung zu machen. Das ist *kein körperlicher* Kraftaufwand. Es ist ein Kraftaufwand, der mit dem Geist geleistet werden muss. Es ist so, als müsste ich in einer lebensbedrohlichen Situation mit der Kraft meiner Gedanken einen Felsen wegbewegen, um den Weg frei zu räumen.

Die Zeit ist nun stehen geblieben. In meiner Erinnerung dauert meine Anstrengung sehr lang. Nach einer Ewigkeit spüre ich, dass ich tatsächlich tanze. Ich höre mich selbst dabei eine bestimmte Melodie summen, die für mich eine wichtige Bedeutung hat. Allmählich bekomme ich mit, dass ich mich aus der Gefahrenzone wegbewegt habe. Ich erinnere mich nicht an die einzelnen Phasen des Auftauchens, des Wachwerdens. Nach diesem Stück beinharter Arbeit war ich, wenn auch noch lange Zeit benommen, wieder da.“

Auch ein heftiges Anfallsgeschehen kann tatsächlich abgebrochen werden (sogar noch in letzter Sekunde) mithilfe hypnotherapeutischer Methoden, berichtet W. Feil. *Eine innere Kommunikation jenseits der Worte findet während der Krise statt. Ganz intuitiv, ohne den Umweg über die Vernunft, ist ihm plötzlich klar, was zu tun ist. Offenbar schaltet sich eine hilfreiche innere Instanz ein, die ihn in seinem Bemühen, Befreiung zu erlangen, Unterstützung gewährt.*

Nach Überwindung der Anfangsschwierigkeiten wird es, sobald sich erste Erfolge einstellen, sehr viel leichter, die Übungen in krisenhaften Situationen mit Erfolg auszuführen. Es erfordert ein beträchtliches Maß an Eigeninitiative und Durchhaltevermögen, um nicht nach ersten Misserfolgen alle Bemühungen aufzugeben. Man benötigt einen zähen Willen, um sich mit äußerster Kraft dafür einzusetzen, die eigene Autonomie aufrechtzuerhalten.

Mittlerweile hat W. Feil gelernt, die Anfälle innerhalb von Sekunden nach ihrem Beginn zu beenden, so dass von Außenstehenden lediglich kurze Sprech- oder Denkpausen wahrgenommen werden. Für jede Phase des Anfallsablaufs trainierte er spezielle Aktionen, die darauf abzielten, sich dem passiv ablaufenden Anfallsgeschehen zu widersetzen. Die Methodik beschränkt sich aber nicht lediglich auf den Abbruch eines im Entstehen begriffenen Anfalls. Es geht darum, auch die Umstände zu berücksichtigen, unter denen epileptische Anfälle zustande kommen, um sie bereits im Vorfeld ihres Entstehens zu verhüten.

Wenn die Auslöser bekannt sind, zu denen

- bestimmte Situationen,
- Geräusche, Gerüche oder Farbeindrücke,
- flackerndes Licht,
- schnell wechselnde Bilder oder Szenen,
- andere Menschen bzw. Menschansammlungen oder
- die eigene Befindlichkeit

gehören, kann dieses Wissen dazu genutzt werden, um gezielt eine Verminderung der Risikofaktoren herbeizuführen. Wichtig ist es, die Wahrnehmung zu schärfen, Signale zu entdecken sowie Abläufe und Zusammenhänge zu erkennen, die der Aufmerksamkeit bisher entgangen sind. Mit entsprechendem psychologischem Training ist es tatsächlich möglich, beginnende Anfälle blitzschnell abzubrechen, bevor sie sich weiter über das Gehirn ausbreiten können.

Wenn es schließlich gelingt, die Anfallshäufigkeit zu reduzieren, ist damit ein enormer Zuwachs an Lebensqualität verbunden. Die Betroffenen fühlen sich nicht mehr als Opfer, sondern als Mitgestalter des Geschehens. Allerdings ist Anfallsverhütung ohne eine konsequente Entschlossenheit und aktives Engagement kaum möglich. Durch zunehmende Praxis werden die Maßnahmen zur fast automatisch ablaufenden Routine, die mit zunehmender Leichtigkeit beherrscht wird. Die dafür erforderliche Aufmerksamkeit erhöht das Gewahrsein auch in anderen Lebenssituationen.

Katatone Erstarrung

*Das Aktiv-Passiv-Prinzip steckt mehr oder weniger
in allen geistigen Prozessen.*

Anspannung von Kopf bis Fuß

Patienten im katatonen Zustand leiden unter schweren Angstzuständen, die zeitweilig abgelöst werden von einer rauschhaft erhobenen Stimmungslage. Sie handeln in einer für Außenstehende nicht verständlichen Weise, die für sie selbst allerdings einen Sinn ergibt. Schließlich geraten sie in einen seltsamen Erstarrungszustand, so als wäre alles Leben in ihnen erstorben.

Im katatonen Zustand ist der Patient erregt oder apathisch; er gibt unverständliche, nicht zusammenhängende Äußerungen von sich oder schweigt über einen langen Zeitraum. Auf Fragen antwortet er gar nicht oder in unangemessener Weise. Gelingt es ihm nach dieser Phase, wieder den Kontakt zur Umwelt herzustellen, sind nur selten Einzelheiten über diese Zeit in Erfahrung zu bringen. Lediglich bruchstückhafte Erinnerungen sind ihm geblieben.

Die katatone Erkrankung nimmt oft in einer niedergedrückten seelischen Verfassung ihren Anfang. Die Betroffen sondern sich ab; sie wirken depressiv und teilnahmslos. Häufig klagen sie über Mattigkeit, Kopfschmerzen und schlaflose Nächte. Einige suchen die Einsamkeit auf und sitzen in irgendeinem versteckten Winkel, wo sie stundenlang vor sich hinbrüten. (Ein ähnliches Verhalten findet sich bei angehenden Schamanen, die von der sogen. *Schamanenkrankheit* befallen sind.) Der Hang zur Träumerei wird abgelöst von einem unruhigen, gereizten Stadium mit Sinnestäuschungen und wahnhaften Überzeugungen. Die Angst, sich zu versündigen oder ausgesprochene Größenideen prägen das Bild.

Im katatonen Erregungszustand fallen die Patienten durch aggressives Verhalten auf und sind in ständiger Bewegung. Sie hören Stimmen, die ihnen zurufen, sie seien von hoher Abstammung oder besäßen irgendwo ein riesiges Vermögen. Dann wieder sind sie davon überzeugt, selbst der Heiland zu sein und wundertätige Dinge tun zu können. In feierlicher Pose halten einige von ihnen salbungsvolle Reden. Die Urteilsfähigkeit ist stark herabgesetzt.

K. Conrad vertritt die Ansicht, die Katatonie sei von einem abnormen Bedeutungsbewusstsein geprägt. Dem katatonen Zustand gehe eine paranoide Phase voraus, die in schwere Erregungszustände, oft mit anschließendem Stupor, übergeht. Obwohl Conrad sich bemüht, ‚Gestaltanalysen' des katatonen Erlebens vorzunehmen, gelingt es ihm nicht, einen grundlegenden Einblick in das Geschehen zu erhalten. Resignierend kommt er zu dem Schluss: „Das Wesen dieser Art des Erlebens ist im letzten noch nicht zu erfassen. Es liegt im Ungeformten, Unfassbaren und entzieht sich hierdurch jedem Zugriff" (S.225).

Bei der schweren Form der Katatonie tritt in der Entwicklung ein völliger Stillstand ein. Die Erkrankung mit Störungen der Psychomotorik kann bei hohem Ausprägungsgrad eine Erstarrung des gesamten Körpers bewirken. Der Begriff Katatonie bedeutet ‚Anspannung von Kopf bis Fuß' (vgl. Wikipedia). Die Kranken verbleiben in völliger Bewegungslosigkeit. Zwar sind sie wach und ansprechbar, doch rühren sie sich nicht vom Fleck. Oft nehmen sie ihre Umgebung mit besonderer Empfindsamkeit wahr.

Katatone Symptome

Die Symptome der Katatonie haben im Laufe der Zeit an Bedeutung verloren, mit Ausnahme der Erregungszustände und des Stupors. Die Symptome sind von unterschiedlicher Ausprägung:

▶ Die **Katatonie** ist gekennzeichnet durch eine tiefgehende seelische Verstimmung und Störungen der Motorik: Eine steife und starre Haltung sowie eine verspannte Muskulatur kennzeichnen die Erkrankung.

▶ Bei der **Katalepsie** verharren die Glieder wie erstarrt in einer bestimmten Stellung. Oft sind die Patienten nicht völlig regungslos, sondern behalten über eine geraume Zeit eine starre Haltung bei.

▶ Im **Stupor** dagegen verharren die Kranken für lange Zeit in völliger Regungslosigkeit und nehmen durch keinerlei Anzeichen eine Beziehung zur Umwelt auf. Sie wirken wie leblose Statuen, denen jeder Bewegungsantrieb abhanden gekommen ist.

Im katatonen Stupor reagieren die Patienten nicht mehr auf Außenreize. Ihr starres und ausdrucksloses Gesicht lässt keine Schlüsse auf irgendeine innere Regung zu; selbst starke Schmerzreize rufen keinerlei Reaktionen hervor. Dennoch können im Innern heftige Gefühlsstürme toben, wie an einer enorm gesteigerten Pulsfrequenz zu erkennen ist. Die Bewegungsstarre geht oft mit starken Angstgefühlen einher, besonders dann, wenn halluzinatorische Wahrnehmungen hinzukommen.

Die Betroffenen leiden unter der quälenden Unfähigkeit, sich zu rühren und fühlen sich daher hilflos der Situation ausgeliefert. Sie verharren sehr lange in der Regungslosigkeit, ohne Flüssigkeit oder feste Nahrung zu sich zu nehmen. Hierdurch kann eine lebensbedrohliche Situation entstehen. Einige Patienten wiederholen ständig die gleichen Bewegungsabläufe, *Automatismen* genannt, oder sie schneiden Grimassen. Die eigenen Willenimpulse sind in den Hintergrund gedrängt bzw. völlig abgeschaltet.

Die stuporöse Bewegungsstarre ist, so wird angenommen, ein Erstarren in Angst, Schrecken oder Ratlosigkeit. Das Empfinden einer schweren inneren Bedrohung macht sich in einem plötzlichen erregten Ausbruch Luft. Die Patienten geraten in Panik und reagieren in unberechenbarer Weise. Zu einer gesteigerten psychomotorischen Unruhe kommen oft zerstörerische Impulse. Das Bewusstsein ist teilweise getrübt. Unvermutete Angriffe gegen vertraute Personen verschlimmern zusätzlich die Situation.

Weitere Symptome, die unter dem Begriff *Katatonie* zusammengefasst werden, sind:

◉ *Manierismus*: Die Patienten fallen durch Grimassen, eine gedrechselte Sprache und gestelzte Bewegungen auf.

◉ *Befehlsautomatie*: Jedes Kommando wird ohne zu Zögern, ähnlich wie bei einem Roboter, ausgeführt.

◉ *Stereotypes Verhalten*: Andauernde Wiederholungen von Bewegungsabläufen, einzelnen Worten oder Gesten.

◉ *Echopraxie*: Bewegungen und Gesten anderer Menschen werden imitiert.

Im katatonen Stupor herrscht eine einförmige Stimmungslage vor. Die Augen sind entweder weit aufgerissen oder geschlossen Jeder Lageveränderung setzen die Patienten heftigen Widerstand entgegen. Gelegentlich ist zu beobachten, dass ein Kranker den Versuch macht, sich mitzuteilen, dann aber mitten im Satz abbricht. Oder er unterbricht eine begonnene Bewegung, gleichsam gegen seinen Willen. Im Nachhinein gibt er auf Befragen an, es sei eine *fremde Einwirkung* gewesen, die ihn gehindert habe. Dieser Zustand erinnert an eine Inbesitznahme durch feindselige Mächte, wie sie im *Rituale Romanum* der katholischen Kirche beschrieben ist, bemerkt J. Zutt. Als Kennzeichen von Besessenheit ist dort aufgeführt: „Gliederstarre und Beraubung fast aller vitalen Tätigkeit" (S.141).

Ein wesentliches Element der katatonen Störung besteht in der Unfähigkeit, seine Aufmerksamkeit auf die Umgebung zu richten. Das herabgedämpfte Bewusstsein hat seine Vorherrschaft über die psychischen Vorgänge verloren. Die Hemmung der geistigen Tätigkeit führt zu einem verlangsamten Gedankenablauf. Die Aufmerksamkeit wird selektiv von Bildern, momentanen Eindrücken und Phantasien so stark in Anspruch genommen, dass nur schwer davon loszukommen ist.

Die Gedanken kreisen - manchmal über einen langen Zeitraum hinweg - um einen bestimmten Gedankenkomplex, der irgendwann einmal die volle Aufmerksamkeit erregt hatte. In Verbindung mit intensiven Gefühlen bildet dieser Komplex den Kern der geistigen Tätigkeit. Das Bewusstsein bleibt daran haften, je länger die Aufmerksamkeit auf den bestimmten Inhalt gelenkt wird. Es verliert seine Beweglichkeit und damit seine Freiheit.

Bei C.G. Jung findet sich die Bemerkung, die katatonen Symptome seien *„Veränderungen des Willens selbst durch ein Agens, welches als außerhalb der Ichkontinuität gefühlt und demzufolge als fremde Macht gedeutet wird."* (Vgl.: Über die Psychologie der Dementia praecox. Gesammelte Werke Bd 3, S.32.) Jung beschreibt den Zustand eines kataleptischen Patienten wie folgt: „Der Katalepsie liegt geradezu eine Tendenz, zu schlafen, ‚ein Toter zu sein', zugrunde; das musste aus den Äußerungen der Patienten entnommen werden. Der Erfolg dieser Tendenz ist ein ähnlicher wie sein natürlicher Schlaf, gleicht aber doch mehr dem hypnotischen Schlaf." (Vgl.: Gesammelte Werke Bd 18, S.449.) Eine der Patientinnen verfällt von Zeit zu Zeit in Starrkrämpfe. Dabei fühlt sie sich von einer Stimme bedroht, die ihr ankündigt, sie werde für immer erstarren, dies werde ihr Tod sein!

Von A. Lowen wird die katatone Rigidität als ein Konflikt zwischen dem Impuls, zu handeln und der gleichzeitigen Abwehr gegen diesen Impuls interpretiert. Der Psychotherapeut beschreibt einen Patienten, der das Zittern seiner Beine nicht kontrollieren kann. Da er die Bewegungen nicht zu steuern vermag, trennt er seine Aufmerksamkeit vom Körper und zieht sich in sich selbst zurück. Er verfällt in einen katatonen Stupor; die Augen werden glasig und sind leicht nach oben verdreht. Der Gesichtsaudruck ist leblos, die Stimme kaum noch hörbar.

Zwischen Wahrnehmung und Bewegung tritt eine Spaltung. Nach Auffassung Lowens hat der Patient ein Problem damit, aggressive Impulse zu kontrollieren in Situationen, die ein Handeln erfordern. Eine unbewusste Angst hindert das Ich daran, die Handlung auszuführen. „Wo war das Selbst in diesem Zustand katatonen Stupors?" fragt der Autor. (Vgl.: Körperausdruck und Persönlichkeit, S.421.) Die Sinne des jungen Mannes waren wach, denn er vermochte auf Fragen eine Antwort zu geben. Lowen zieht den Schluss: „Die aggressive, motorische, materielle Seite seines Wesens war tot. Die zarte, sensorische, spirituelle Komponente war lebendig und wachsam. Diese Seite seiner Persönlichkeit war erreichbar, die andere war zurückgezogen; er war gespalten. Eine Hälfte seiner Persönlichkeit war wach, die andere schlief – einen Schlaf, der dem Tod ähnlich war." Diese unbefriedigende Erklärung ist nur schwer nachvollziehbar und lässt einige Fragen offen.

Ein 30jähriger Mann wird bei C. Scharfetter erwähnt, der in einer Gemeinschaft *Transzendentale Meditation* übt. Der Meditierende „erstarrt im Sitzen, isst und trinkt, bewegt sich nicht mehr. Es dauert lange, bis man den Zustand als nicht mehr in den Rahmen der Meditation gehörig erkennt. Er war in einen katatonen Stupor geraten. Die schizophrene Erkrankung besteht noch 20 Jahre später" (S.89).

Auch berühmte Persönlichkeiten werden von dem Leiden nicht verschont. Bei K. Birnbaum finden sich hierfür zahlreiche Beispiele. Von Edgar Allan Poe wird erzählt, er sei regelmäßig von kataleptischen Anfällen heimgesucht worden, was sich höchstwahrscheinlich auf sein literarisches Schaffen ausgewirkt hat. Seine Erzählung *Das vorzeitige Begräbnis* gibt ein beredtes Zeugnis seiner Ängste. Es geht dabei um einen Mann, der unter der panischen Angstvorstellung leidet, lebendig begraben zu werden. Zur Unbeweglichkeit verdammt, eingeschlossen in einem Sarg, würde es kein Entrinnen geben aus dem dunklen Gefängnis.

Der jüdische Philosoph Moses Mendelssohn wurde geplagt von Anfällen „eigenartiger körperlicher Hemmung mit Sprach- und Bewegungsunfähigkeit, die mit Ängstlichkeit, Depression, Kopfschmerz, Ohrensausen, Herzklopfen einhergingen. Sie traten bei jeder geistigen Beschäftigung auf, um unter strenger Diät allmählich zur Heilung zu kommen."

Ein Freund Mendelssohns beschreibt die Krankheit. Sie ist „voll sonderbarer psychologischer Erscheinungen... Über zwei Jahre lang durfte er gar nichts tun, gar nichts lesen, über gar nichts nachdenken, keine lauten Töne hören. Wenn jemand im geringsten lebhaft mit ihm redete, oder er selbst nur ein wenig lebhaft wurde, so fiel er a-bends in eine höchst beschwerliche Katalepsie, worin er alles sah und hörte, was um ihn vorging, ohne ein Glied bewegen zu können.

Hatte er dann am Tage lebhafte Reden gehört, so rief ihn, während des Anfalls, eine Stentorstimme die einzelnen mit einem hohen Akzent ausgesprochenen oder sonst laut geredeten Worte und Silben wieder einzeln zu, so dass ihm auf eine sehr unangenehme Art die Ohren gellten" (ebd., S.269f.).

Bei A. David-Néel werden tibetische *dre log* erwähnt: „*Dre log* bedeutet wörtlich, ‚aus dem Jenseits zurückgekehrt'." Der *dre log* ist nicht tot. Er hat nur eine geheimnisvolle Reise gemacht, während sein Körper sich entweder im Zustand der Katalepsie befand oder ins Koma gefallen ist. „Ein solcher Zustand kann sehr lange anhalten. Es werden Beispiele von Leuten genannt, die über einen Monat darin verblieben sind", berichtet die Autorin (in: Im Banne der Mysterien, S.199f.).

Menschen mit kurzem Gedächtnis erinnern sich nicht an die Ausflüge, die ihr Astralkörper unternommen hat. Andere besitzen ein zuverlässiges Gedächtnis und berichten, - nachdem sie wieder ins normale Leben zurückgekehrt sind -, anschaulich von Reisebildern und Landschaften, die sie gesehen haben und von Abenteuern, die sie durchlebten. „In der Regel beziehen sich die Erzählungen der tibetischen *dre log* auf vermeintliche Aufenthalte in der Hölle oder im Paradies" (ebd.).

Möglicherweise existieren Parallelen zwischen den Berichten aus Tibet und kataleptischen Zuständen in westlichen Krankenhäusern, die bislang noch nicht beachtet wurden. Kulturübergreifende Vergleiche könnten ein Licht auf bislang unverstandene Phänomene werfen und behilflich sein beim Auffinden von Zusammenhängen, bei der Sinnfindung sowie der Entwicklung adäquater Therapien.

Riskante Katatonie-Therapie

Für die katatone Erkrankung wird im Allgemeinen eine relativ günstige Prognose gestellt. Daneben existiert eine krisenhaft verlaufende Form mit hohem Fieber, beschleunigtem Herzrhythmus und hohem Blutdruck, die häufig einen tödlichen Ausgang nimmt. G. Northoff spricht von einem ‚katatonen Dilemma', da die letal verlaufende Form nur schwer von dem *Neuroleptisch malignen Syndrom (NMS)* unterschieden werden kann, „welches neben Fieber noch stärkere vegetative Dysregulationen zeigt. Das NMS wird durch Neuroleptika verursacht und ist von der febrilen Katatonie kaum zu unterscheiden…" (S.22).

Dies bedeutet im Klartext, dass Patienten durch die Wirkung hoch dosierter Medikamente in eine lebensbedrohliche Situation geraten, die sogar einen tödlichen Ausgang nehmen kann! Daran ist zu erkennen, wie schwierig es ist, eine adäquate Therapieform für die katatone Erkrankung zu finden, ganz zu schweigen von der Erforschung der Ursachen.

Bei vielen katatonen Patienten schleichen sich unheimliche Empfindungen in das Erleben ein, für das sie selbst keine rechte Erklärung haben. M. Franz erwähnt einen 49jährigen Patienten, der von sich behauptet, er sei vom Teufel besessen. Dieser wolle ihn in den Selbstmord treiben, da er sich mit Sodomie abgegeben habe!

Bei der Aufnahme in einer psychiatrischen Klinik ist er mutistisch und reagiert lediglich mit Kopfschütteln und Augenbewegungen. Zeitweilig bricht er in laute Flüche aus und verweigert die Nahrungsaufnahme. Der reglos im Bett liegende Mann vermittelt den Eindruck höchster Anspannung. Er zeigt das Bild eines katatonen Stupors mit ‚stummer' Erregung. Trotz hoch dosierter Medikamentengabe bleibt er noch „über einen Monat offensichtlich wahnhaft, ohne aber darüber zu sprechen. Danach trat ein Erregungszustand mit erheblicher

Gewalttätigkeit auf, anschließend eine schwer depressive Phase...",
berichtet M. Franz (S.111f.).

Eine katatone Episode kann als Teil schizophrener Krankheitsverläufe vorkommen. Auch ein Bezug zu manischen und depressiven Verläufen wird von ärztlicher Seite gesehen. G. Northoff erwähnt eine 36jährige Frau, die von sich behauptet, die ‚Stimme Gottes' zu hören. Ihre Religiosität grenzt an Fanatismus: Stundenlang sitzt sie in Gebetshaltung versunken in einer Ecke oder liegt lang ausgestreckt auf dem Kirchenboden. Dann wieder bleibt sie in regungsloser Haltung im Bett liegen, hält die Augen geschlossen, isst nicht mehr und reagiert nicht auf Ansprache. Hin und wieder meldet sich auch ihr verstorbener Schwiegervater zu Wort.

Als sie endlich wieder spricht, gibt sie an, alle Vorgänge um sie herum genau beobachtet zu haben, doch sie „hätte nicht regieren können, weil etwas ‚Fremdes' über sie gekommen sei, obgleich sie das gleichzeitig selbst gewesen sei. Sie habe sich gefühlt wie ein Roboter." Schizophrene Störungen mit katatonen Begleiterscheinungen werden prognostisch ungünstiger eingeschätzt als Verläufe mit heftiger Symptomatik, denn sie versanden häufig in chronisch-katatone Zustände (vgl.: J. Wyrsch, S.20).

C. Balducci beschreibt die Katatonie als einen „Zustand völliger Untätigkeit, der darauf zurückzuführen ist, dass jeder Versuch einer Handlung automatisch durch die Vorstellung der entgegen gesetzten Handlung neutralisiert wird..." (S.130).

Die von ärztlicher Seite angewandte Therapie ist, trotz der Gefahr riskanter Nebenwirkungen, fast ausnahmslos eine hoch dosierte Medikamentengabe. Auf die schwerwiegende Belastung für Patienten mit akuter Katatonie macht H. Franz aufmerksam: „Die in erster Linie angewandten sogenannten ‚hochpotenten' Neuroleptika sind schwer zu handhaben, weil sich nach Stunden bis Tagen katatonieähnliche extrapyramidale Nebenwirkungen einstellen, die klinisch schwer oder nicht von den Symptomen der Katatonie zu unterscheiden sind." Die Nebenwirkungen der Medikamente ähneln somit den Krankheitsmerkmalen!

Doch damit nicht genug: Bei einer großen Anzahl der Patienten verschlimmert die medikamentöse Behandlung das Krankheitsbild dramatisch. Es kommt zum sogenannten ‚Malignen Neuroleptischen Syndrom' (MNS), an dem ca. 20% der Patienten sterben. Das heißt im Klartext: Ein Fünftel der Patienten verstirbt nicht an den Folgen der Krankheit, sondern wird ein Opfer der medikamentösen Behandlung!

Die letale Wirkung der Medikation wird diskret als *katatones Dilemma* umschrieben. Auch nicht-tödlich verlaufende Katatonien werden durch die Vergabe von Neuroleptika induziert (ders. S.13). Diese Art der Therapie entzieht sich dem Verständnis, da die Vergabe hoch dosierter Neuroleptika keineswegs eindeutige Behandlungserfolge verspricht. Ganz in Gegenteil zeigen viele Patienten überhaupt keine Reaktionen, die auf eine Besserung der Symptomatik schließen lassen.

Als Nebenwirkungen klassischer Neuroleptika werden genannt: *Akinesie* (= Bewegungshemmung), *Katalepsie* (= Starrkrampf) und *Rigor* (= Muskelstarre); d.h., die Nebenwirkungen gehen parallel mit den Krankheitssymptomen. Hier stellt sich die Frage, ob nicht der Teufel mit Beelzebub ausgetrieben wird?

Die Verwendung fachspezifischer Termini kann nicht über den grundlegenden Mangel an Wissen im Hinblick auf psychotische Erkrankungen und den daraus resultierenden therapeutischen Maßnahmen hinwegtäuschen. Die Behandlung katatoner Erkrankungen hat sich als besonders gravierendes Problem erwiesen. Die Krankheit tritt zwar nicht allzu oft in Erscheinung, doch im akuten Stadium ist sie lebensbedrohlich.

Die astrale Starre

Aus der Hypnose und aus Astralwanderungen ist das Phänomen der *Katalepsie*, der Erstarrung des gesamten Körpers, gut bekannt.

Menschen, die sich auf Astralwanderungen begeben (in denen sich ihr feinstofflicher astraler Doppelgänger vom physischen Körper trennt und auf Reisen geht) erzählen, dass sie zwar im Moment der Trennung bei Bewusstsein sind, aber außerstande, sich zu bewegen. S.J. Muldoon und H. Carrington berichten: „Wenn man zu Beginn der Astralwanderung bei Bewusstsein ist, hat man das Gefühl, man klebe fest, man stecke fest in einer Lage, in der man sich nicht bewegen kann" (S.66f.).

Dieser Zustand wird *astrale Starre* genannt. Gleichzeitig gerät der feinstoffliche Astralkörper in heftige Schwingung und ein starker Druck wird im Nacken verspürt, der auf die Schwingungen Einfluss zu nehmen scheint. „Ich versuchte, mich zu bewegen, konnte es aber immer noch nicht, als ob ich unter dem Einfluss einer übermächtigen und leitenden Kraft wäre" (ebd.).

Eine körperliche Ruhigstellung, Entspannung oder Körperstarre ist die beste Voraussetzung, um eine Loslösung vom Körper zu erreichen. Experimentatoren suggerieren den Versuchspersonen eine Erstarrung der Gliedmaßen, um einen veränderten Bewusstseinszustand hervorzurufen, der die Ablösung des Seelenbewusstseins vom Körper begünstigt. „Von der Trance zum Hochgefühl steigert sich der Trennungsimpuls zum Zittern und Erregtsein oder sogar zum Krampf und gipfelt in einer Körperlähmung, die schließlich zur Seelenablösung führt", berichtet H. Kalweit (in: Liebe und Tod, S.50). Auch in der Hypnosetechnik wird auf diesen Punkt hingearbeitet.

Das Suggerieren einer Lähmung, Erstarrung oder Schwere wird bei Astralwanderungen und Hypnose routinemäßig eingesetzt, behauptet der Autor. Die Betreffenden schildern die Empfindung, über dem Bett zu schweben, nachdem ihr Körper steif geworden ist, verbunden mit der Unfähigkeit, sich zu bewegen.

Eine Lähmung des materiellen Körpers kann auch nach einem normalen Erwachen auftreten. In der Regel dauert sie nur kurze Zeit. Falls sie sich ausdehnt, sorgt sie meist für enorme psychische Beunruhigung bei den Betroffenen. Ein Mangel an energetischer Kraft begünstigt den Lähmungszustand. Er kann durch Erschöpfung, übermäßige Nervosität oder einen allgemein schlechten Gesundheitszustand hervorgerufen werden.

Andererseits ist Körperstarre die Voraussetzung für einen Körperaustritt. Muldoon und Carrington empfehlen Übungen, um eine Bewegungsunfähigkeit des physischen Körpers zu erreichen. Atemübungen, die Entspannung der Körpermitte, Visualisierungen und andere Praktiken sind die Grundlage für die Körperbeherrschung. Der Herzrhythmus steht dabei im Fokus der Aufmerksamkeit.

Ein wichtiger Schritt besteht darin, die Zahl der Herzschläge willentlich durch entsprechende Suggestionen zu verringern. Ein langsamer Herzrhythmus soll einen hinreichenden Grad an Passivität und Bewegungsunfähigkeit des physischen Organismus hervorrufen.

Es ist der Blutkreislauf, der den physischen Körper belebt oder aber eine Starre in ihm hervorruft. Die Lenkung des Herzschlags sehen die Autoren daher als eine der wesentlichen Voraussetzungen für die Aussendung des Astralkörpers an. Dass damit auch unvorhergesehene Gefahren verbunden sind, liegt auf der Hand.

Wenn der Astralkörper losgelöst ist, stellt sich die Empfindung der Leichtigkeit ein. Man schwebt über dem Bett und sieht den physischen Körper wie ein Zweites Ich, das auf dem Bett ruht. Beide Körper sind durch ein dehnbares Band, auch als ‚Silberschnur' bezeichnet, miteinander verbunden.

Die Bewegungen des Astralkörpers scheinen anfangs von einer unsichtbaren, die Luft erfüllenden Kraft gelenkt. Allmählich lässt die lenkende Kraft nach und man ist frei, sich zu bewegen.

Nach einiger Zeit übt das Band einen magnetischen Zug aus in Richtung des ruhenden materiellen Körpers. „Wieder fand ich mich außerstande, mich zu bewegen. Wieder war ich in der Gewalt einer unsichtbaren, ungeheuren, lenkenden Kraft" (ebd.), solange, bis der Astralkörper sich mit seinem physischen Gegenstück vereinigt hat.

Während der Erstarrung ist der physische Körper steif und unbeweglich und ähnelt in diesem Zustand einem im Starrkrampf befindlichen Organismus. „Wenn jemand sich im physischen Starrkrampf befindet, so ist er in diesem Zustand, weil sein Astralkörper erstarrt ist", erklären Muldoon und Carrington (S.73).

Sobald der Astralkörper einmal abgespalten und kraftlos ist, kann das Unterbewusstsein – oder auch andere Kräfte – ihn lenken, wohin es will. Auch in Hypnosevorführungen, in denen der Körper steif wie ein Brett wirkt, liegt eine Erstarrung des astralen Doppelgängers zugrunde. Obwohl der Astralkörper erstarrt ist, kann das Bewusstsein - völlig oder nur teilweise - wach sein.

Auch unbeabsichtigte Astralwanderungen kommen vor. Muldoon und Carrington behaupten, eine Art ‚verborgenes Bewusstsein' verursache die Bewegungsunfähigkeit (S.431, Anm. 24). Eine ‚lenkende Intelligenz' steuere den Körperaustritt. Im Astralkörper werde man, wenn man nicht seinen bewussten Willen gebraucht, vom ‚unterbewussten Willen' gelenkt (S.345f.).

Das verborgene Bewusstsein kann eine Astralwanderung bewirken, ohne dazu angeregt zu werden. „Wenn eine solche Astralwanderung stattfindet, ist es lehrreich, zu beobachten, wie die verborgene Intelligenz in uns ganz ähnlich handelt wie das Bewusstsein während einer absichtlichen Astralwanderung", betonen die Autoren (S.348f.).

Die innere Kraft beraubt den Wanderer seiner Bewegungsfähigkeit, auch entgegen seinem Willen. Das verborgene Bewusstsein ist dem individuellen Bewusstsein überlegen. „Das verborgene Bewusstsein kann eine… Astralwanderung bewirken und der Astralwanderer kann dabei bewusstlos sein. Dabei verfährt die lenkende Kraft mit dem Astralkörper nach Belieben, unabhängig von jedem äußeren Eindruck."

Das verborgene Bewusstsein übernimmt auch mitunter Anweisungen aus dem Wachbewusstsein und führt sie aus. Oder es „kann den Astralkörper lenken… und Weisungen des Wachbewusstseins entweder befolgen oder unbeachtet lassen" (ebd.). Das Wachbewusstsein verliert somit partiell seine Lenkungsfunktion und dies ist ein Punkt, der Beachtung verdient und Anlass zur Sorge geben sollte.

Die mystische Verklärung

Patienten, die an Katatonie leiden, werden einerseits von starken Ängsten heimgesucht, zu anderen Zeiten erleben sie Zustände mystischer Verklärung, die ihnen tiefe Einblicke in religiöse Zusammenhänge vermitteln. Plötzliche Erleuchtungserlebnisse oder die Empfindung des Einswerdens mit der Gottheit rufen Zustände ekstatischen Glücks hervor. Die *Unio mystica*, ein allumfassendes Einheitserleben, bietet womöglich einen Schlüssel zum Verständnis katatoner Zustände, wobei die katatone Erstarrung als negative Variante der rauschhaften Vereinigung gesehen werden kann.

Auf suggestiv-hypnotischem Weg kann eine Körperstarre hervorgerufen werden. In Indien sind nach Einnahme von Cannabis ebenfalls kataleptische Zustände, die Rösel als ‚künstlicher Scheintod' bezeichnet, beobachtet worden (S.95). Swedenborg beschreibt in seiner Abhandlung über die *Krankheiten der Fibern* verschiedene Seelenkrankheiten und übernatürliche Seelenzustände (vgl.: M. Lamm, S.133f.). Als äußeres Symptom ekstatischer Zustände wird die Atemhemmung erwähnt. Swedenborg fasst „die Ekstase als einen Zustand auf…, in dem der Körper und die niederen Seelenfähigkeiten in Erstarrung liegen und die anima hierdurch in den Genuss des übernatürlichen Lichtes gelangt" (ebd.). Die eigenen Ekstasen leitete Swedenborgs durch Atemhemmung ein, auf die eine innere Erleuchtung folgte.

Mystische Erfahrungen werden von der Psychiatrie leicht für abnorm gehalten. Wenn von solchen Erlebnissen die Rede ist, erhebt sich sogleich die Frage, ob sie nicht psychotischen Ursprungs sind. Im indischen Yoga-System sieht G. Bychowski bspw. „eine Praxis der Introversion, eine Anweisung zum willkürlichen Stupor... der Yoga leitet zur vollkommenen Introversion an, man versetzt sich in eine Art Stupor, in welchem Zustand die äußere Welt verschwindet und nur noch die innere wahrgenommen wird. Diese Introspektion erscheint als das höchste Ziel der Erkenntnis" (S.140). Das Ziel des Yoga sei es, die Seele selbst wahrzunehmen.

Die Yogasutren des Patanjali sind aufgebaut auf der konsequenten Abkehr von den Objekten. Bychowski sieht darin eine Analogie zur Struktur des schizophrenen Wahnsystems. Auch im metaphysischen System Schopenhauers (vgl.: Die Welt als Wille und Vorstellung) wird eine Abkehr von der Welt der Objekte gefordert. Die Befreiung und letztendliche Vernichtung des individuellen Willens wird als das höchste Ideal hingestellt.

Der mit *Katalepsie* umschriebene körperliche und seelische Ausnahmezustand ist bei einigen Schamanen Teil ihrer Sèancen. *Katalepsie* ist ein Einzelsymptom der *Katatonie*. Sie ist gekennzeichnet durch Bewegungsunfähigkeit in wachbewusstem Zustand. Wenn der Körper des Schamanen wie tot daliegt, ist es für die Anwesenden selbstverständlich, dass seine Seele und sein Bewusstsein nicht anwesend sind. Die Reise führt den Schamanen in Sphären jenseits der Alltagswirklichkeit, in den mystischen Raum.

Der Körper liegt stundenlang in kataleptischer Starre danieder, während der Geist sich in ferne Gegenden begibt. In diesem Zustand ist der Körper völlig unempfindlich gegen äußere Reize. Die visionäre Erfahrung eines australischen Schamanen beschreibt der Anthropologe A.P. Elkin: „Während dieser Mensch seine Vision erfährt, kann er sich nicht bewegen, aber er ist sich dessen bewusst, was um ihn herum vor sich geht. Wie einer… mir sagte, konnte er sehen und wahrnehmen, was geschah, aber war wie tot. Spürte nichts" (zitiert bei M. Harner, S.81).

Die Schamanin eines Stammes in Zentralasien begab sich während einer Heilsitzung „so in das Schamanisieren hinein, dass sie in einen vollständigen Trancezustand geriet: Zuerst hatte sie 3 ½ Minuten hindurch konvulsivische Anfälle, danach fiel sie in einen zwei Stunden währenden Starrkrampf", berichtet K. Jettmar (in: J. Zutt, S.105).

Als Abwehrmaßnahme gegen bedrohliche Erlebnisse kann es auch bei Psychotikern zu einer Erstarrung kommen. „Zustände, die in der psychiatrischen Nomenklatur als ‚Katatonie' beschrieben werden, weisen religionsphänomenologisch oft Analogien zu bestimmten Beschwörungs- und Gebetshaltungen auf", erklärt R. Mundhenk

(S.64). In einer versteinerten, katatonen Abwehrhaltung verkriecht sich der Patient allen Ansprüchen gegenüber, die von außen an ihn gestellt werden. „Der anscheinend Gebannte ist zugleich der, der alle seine Kräfte von der Welt abzieht und konzentriert, um das Unbekannte und Bedrohliche abzuwenden", ergänzt der Autor.

Der Zustand der völligen Muskelstarre, der bei Geisteskranken beobachtet wird, lässt sich auch in der Hypnose oder mittels Selbstsuggestion im Rahmen magischer Praktiken erzeugen. Zur Vorbereitung der ‚Spaltungsmagie', der den Austritt des feinstofflichen Astralkörpers aus dem sichtbaren physischen Körpers bewirken soll, werden entsprechende Übungen verlangt. Im Zustand der Muskelstarre, der Katalepsie, ist die Spaltung leichter zu bewerkstelligen. Auch Astralreisende der Gegenwart berichten regelmäßig von einer ‚Schlafstarre', die einem Körperaustritt vorausgeht und die mit der Unfähigkeit einhergeht, sich zu bewegen.

G.A. Gregorius schlägt eine entsprechende Übung vor, bei welcher der Körper in einen völlig passiven Zustand versetzt wird und bei der man sich vorstellt, wie der Körper, - angefangen von den Füßen -, langsam seif und starr wird. Dabei wird die Atmung so weit wie möglich reduziert. „Die Katalepsie muss vollständig sein!" so lautet die strikte Anweisung. Die Augen sind während der Übung, die anfangs einige Pulsschläge andauern soll, geschlossen. Kategorisch wird gefordert: „Es muss so lange geübt werden, bis es gelingt, die Katalepsie auf Zuruf des Willens, sofort! zu jeder Zeit und in jeder Stellung zu erlangen" (S.63).

Im magischen Schrifttum wird immer wieder vor derartigen Praktiken, insbesondere vor dem Missbrauch magischen Wissens, gewarnt, da dies Geisteskrankheiten zur Folge haben könnte. Hier liegt eine Möglichkeit zum Verständnis von ansonsten nur schwer zu begreifenden seelischen Störungen.

In der westlichen Psychologie und Psychiatrie wurde – von wenigen Ausnahmen abgesehen -, die mediale und spirituelle Entwicklung lange Zeit nicht als ernstzunehmendes Phänomen anerkannt. Mystische Erfahrungen wurden mit psychotischen Erlebnissen in einen Topf geworfen. Visionen von übernatürlichen Erscheinungen oder das Gefühl der Einheit mit dem Kosmos waren angeblich grobe Verzerrungen der ‚objektiven Realität', denen höchstwahrscheinlich eine geistige Erkrankung zugrunde lag. Der Psychoanalytiker F. Alexander vergleicht buddhistische Meditationen mit künstlich herbeigeführter Katatonie. Die ‚narzisstische' Wendung nach innen sieht er als „eine Art künstliche Schizophrenie mit vollständigem Abzug des libidinösen Interesses von der Außenwelt." (Vgl.: St. Grof, Das Abenteuer der Selbstentdeckung, S.321.) Die Einseitigkeit dieser Sichtweise liegt klar auf der Hand; sie ist mittlerweile einer etwas differenzierten Betrachtung gewichen.

Zustände religiöser Ergriffenheit sind zu unterscheiden „von allen Erscheinungen etwa der kataleptischen Beeinflussbarkeit, wo ebenfalls Impulsstörungen auftreten, Gedanken ‚gemacht' oder ‚abgezogen' oder ‚eingeblasen' werden...", betont dagegen J. Zutt (S.82). Kataleptische Zustände sind auch bei Fakiren bekannt. Die Phänomene bei indischen Mystikern zeigen „nicht anders als bei... Derwischen alle Symptome einer erotisch-determinierten Ergriffenheit des Göttlichen. Dabei zeige der geistige Weg die gleiche Methode, die sexuelle Kraft zu bewahren, nicht aus Gründen bürgerlich-rationaler Moral natürlich, sondern um diese spermatische Kraft zur Spiritualisierung im Körper aufsteigen zu lassen, bis zu dem im Gehirn gedachten tausendblättrigen Lotos. Wenn ein Mystiker dieses Ziel erreicht hat, sei damit die erotische Unio mystica erreicht, wobei der Körper in der äußeren Totenstarre verharre, in welcher er die Welt der Sinne nicht mehr wahrnehme" (ebd., S.119).

Der indische Guru Ramakrishna verfiel oft aus einem Zustand der Schwärmerei in eine steinerne Unbeweglichkeit, die ein Gegengewicht zu seiner übermäßigen Erregung bildete. *Sarada Devi*, die Gemahlin des indischen Heiligen *Ramakrishna*, verbrachte schlaflose Nächte, da sie sich nicht an die mystischen Entrückungszustände ihres Gatten gewöhnen konnte. Sie erzählt: „Der Gotteszustand, in den er gewöhnlich zu versinken pflegte, entzieht sich jeder Beschreibung. Wenn er in Verzückung war, lachte oder weinte er. Manchmal geriet er in den Zustand des großen Samadhi, dann wurde sein Körper starr wie ein Steinblock. Oft habe ich ihn eine ganze Nacht in dieser Haltung verharren sehen" (in: S. Lemaitre, S.99). Wenn diese Zustände übermäßig lange andauerten, halfen einige in das Ohr des Entrückten geflüsterte Mantras, um diesem zur Rückkehr in sein normales Bewusstsein zu verhelfen.

In der mystischen Vereinigung setzt der Atem aus; das Bewusstsein des Körpers verschwindet. Er verfällt in eine kataleptische Starre, während die Wahrnehmungen der Sinne nicht mehr gegenwärtig sind. Ekstatiker werden auch als ‚die von den Göttern Besessenen' bezeichnet, da im Zustand der Verzückung die normale Sinneswahrnehmung sowie der bewusste Wille ausgeschaltet sind (vgl.: R. Rösel, S.78).

Nicht immer führt ein geistiger Pfad geradewegs ins gelobte Land. Oft sind unvorhergesehene Hindernisse zu überwinden; unwegsame Abschnitte erschweren das Weiterkommen. Der Proband gerät auf Abwege und in psychische Ausnahmezustände, von denen er zuvor keine Ahnung hatte. Oft ist ihm nicht einmal klar, was in seinem Innern vor sich geht.

Der fromme Pilger sieht sich mit der Forderung konfrontiert, seine alte Ordnung aufzugeben und bisher gültige Übereinkünfte zu opfern. Dies wird mitunter als ungeheure Ich-Bedrohung erlebt, die zu einer erstarrten Haltung führen kann aus der Angst heraus, jede Bewegung könnte ein Auseinanderfallen der körperlichen und seelischen Strukturen zur Folge haben. Manche fürchten gar, den Weltuntergang herbeizuführen! Die Betreffenden sind daher bestrebt, ihr Interesse weitgehend von der Außenwelt abzuziehen, um sich auf Vorgänge in ihrem Inneren zu konzentrieren. Daher wirken sie oft sehr schweigsam und in sich zurückgezogen.

Gelingt es ihnen letztlich, die Fallstricke und Hindernisse in der eigenen Psyche zu überwinden, findet eine grundlegende Veränderung statt, die es der Persönlichkeit unter günstigen Voraussetzungen ermöglicht, wieder eine angemessene Beziehung zur Umwelt und ihren Mitmenschen aufzunehmen.

Manische Grenzüberschreitung

„Dem Wahnsinn ist der große Geist verwandt, und beide
trennt nur eine dünne Wand. "
Arthur Schopenhauer

Zwischen Manie und Depression

Erregungszustände, übersteigerte Phantasien oder Impulsivität werden von Psychiatern und Psychotherapeuten als *Manie* bezeichnet. Dabei werden psychische Funktionen über die normalen Grenzen hinaus stimuliert und entgleiten der Kontrolle. Unter der Verheißung des Überschusses an Energie gähnt ein drohender Abgrund.

O. Sacks berichtet über einen Patienten, der an der Schwelle zwischen Fülle und Überschuss steht: „Das überschäumende Gefühl von Gesundheit und Energie, von ‚Gnade'…, wurde zu übermäßig und begann, eine übertriebene, manische und großsüchtige Form anzunehmen… Sein Gefühl der Harmonie, Leichtigkeit und müheloser Beherrschung wird durch ein Gefühl des *Zu-Viel*, der Kraft, des Drucks… ersetzt, das ihn in seine Bestandteile aufzulösen und zu zerschmettern drohte." (In: Der Mann, der seine Frau mit einem Hut verwechselte, S.128).

Bei Patienten mit schwach entwickeltem Ich besteht das Risiko einer ‚Enteignung'. Die Krankheit tritt in Form eines Verführers auf, dem das Selbst mehr und mehr gehorcht und der die eigenständige Existenz gefährdet. Die materielle Welt ist überaus verlockend, denn sie bietet eine immense Fülle an Möglichkeiten. Diese Welt erfüllt den manischen Menschen mit überschäumender Freude und einem Machtgefühl, dass es ihm leicht macht, die Grenzen seines bisherigen Lebens unbedenklich zu überschreiten.

198

Ein manisch-depressiver Mensch wird von einem inneren Schwung berauscht, der sich zu einem Gefühl übernatürlicher Machtfülle steigern kann, schreibt J. Zutt: „... sein Machtgefühl kann sich steigern bis zum Gefühl, göttlicher Macht teilhaftig zu sein" (S.17). Er hat den Eindruck, mit Christus oder mit Gott vereint zu sein. Dieser Zustand wird als einschneidendes religiöses Erlebnis empfunden, das er als wertvoll betrachtet und keinesfalls missen möchte, obwohl die meisten Psychiater mit dergleichen Erfahrungen der Transzendenz nicht viel anzufangen wissen.

Mit ‚mania' ist ein Verlust der Selbstkontrolle gemeint, ein rauschhaftes Erleben, eine Entrückung aus der eigenen Mitte. Das Element von Krankheit oder ‚Verrücktheit' ist nicht gegeben, wenn dieser Zustand nicht durch Geistesverwirrung, sondern durch eine übernatürliche Kraft herbeigeführt wird. „Die größten Güter werden uns zuteil in der Weise der *mania*, sofern sie als göttliche Gabe verliehen wird." Dieser Satz stammt von *Sokrates*, der energisch bestreitet, dass ‚mania' einfach nur ein Übel, eine Krankheit sei. Sie könnte unter Umständen sogar ein Weg sein, zu den größten Gütern, allerdings unter der Bedingung, dass die *mania* den Menschen als besondere Gabe zuteil wird, berichtet J. Pieper (S.83).

Am ehesten zutreffend scheint die Bezeichnung ‚Enthusiasmus' oder ‚Begeisterung' zu sein. Zum Wesen des Menschen gehört beides, sowohl die Selbstbeherrschung und Eigenmacht wie auch ihre Aufhebung durch den Einbruch einer höheren Macht. Doch nicht jeder ist geneigt, den Verlust der Autarkie als einen Gewinn anzusehen, zumal auch eine Kehrseite existiert.

Die Welt der Depression ist ein polar entgegengesetzter Zustand. Der depressive Stimmungsumschwung wird als ein ‚Versinken im Nichts' empfunden. Etliche Psychiatriepatienten entwickeln nach dem Abklingen einer Psychose schwere und langwierige Depressionen, in denen sich viele nach der Zeit der psychotischen Zustände zurücksehnen. Die immense Kraft und Motivation, das teilweise überbordende Selbstbewusstsein, der große innere Reichtum der akuten Phasen, bilden einen schmerzlichen Gegensatz zu den depressiven Verstimmungen, in denen ihr Selbstbewusstsein am Boden liegt.

Bei H. Taube werden Zeiten tiefer Depression von manischen Hochphasen abgelöst. Seitens der Ärzte wird bei ihm eine ‚schizoaffektive Psychose' diagnostiziert. Dennoch äußert er sich dankbar darüber, in geheimnisvolle Welten eingetaucht zu sein und Dinge erfahren zu haben, die den Menschen normalerweise verschlossen sind. Das Glück und die Euphorie in den manischen Phasen seien unbeschreiblich gewesen, berichtet er, ebenso wie die düsteren Phasen an Schmerz und Leid kaum zu überbieten waren.

Er konsumiert verschieden Drogen und beschreibt anschaulich seine Wahrnehmungen. Im Drogenrausch ist sein Körper „mit wunderbarer Wärme erfüllt. Ich schließe meine Augen und eine Reise in die bunteste aller Welten beginnt hinter den Lidern. Unzählige Blumen in intensivster Farbenpracht, die nicht still stehen wollen, ja, sie tanzen wie ferngesteuert zur Musik von Queen" (S.20). Vor Freude und Glückseligkeit ist er wie berauscht und hat den Eindruck, die Sprache der Pflanzen und Tiere zu verstehen.

Irgendwann geht die Phantasie mit ihm durch. Er beginnt, Gedichte aufzuschreiben, die ihm unentwegt zuströmen. Verwundert fragt er sich: „Wo kommen meine Texte her? Wer ist es, der sie schreibt? Es ist meine Hand, die den Stift führt, aber nicht mein Kopf, der die Verse denkt. Mein Bewusstsein hat sich aufs Schärfste verändert, ist emporgestiegen, auf in den Himmel gefahren, und wieder nieder auf die Erde geprescht" (S.56). Er verfügt über den ‚wahren Durchblick', von dem andere nur träumen können.

Die meiste Zeit über wähnt H. Traube sich auf dem Weg, ein mächtiger Magier zu werden. Überall sieht er Zeichen und Hinweise, die ihn ins Paradies, aber auch in die Hölle führen. Zuletzt zieht er das Fazit: „Der Wahn der Zeichen hat mich viele, viele Monate in seinen Bann gezogen. Heute gehe ich so weit, dass ich sagen kann, ich bin sehr dankbar, in jene fremden Sphären, die den meisten Menschen verschlossen bleiben, hineinschauen zu dürfen. Eine Manie zu erleben, war für mich das größte Glück, das ich je erfahren habe. Die

Depression danach allerdings ist die Hölle auf Erden. Dennoch, hätte ich meine psychischen Krisen nicht durchlebt, wäre ich nicht der, der ich heute bin" (S.407).

Manische Zustände sind für H. Taube ein Erlebnis, das Grenzen überwindet: „Wir brauchen die Manie, den Flug bis über alle Wolken. Psychotiker sind süchtig nach Höhenflügen. Sie brauchen immer wieder den Überkosmoskick. *Immer, immer wieder*. Wer ihn einmal erlebt hat, der wird niemals freiwillig darauf verzichten wollen. Dass wir dann plötzlich in bodenlose Tiefen stürzen, wissen wir, das nehmen wir in Kauf. Jene beiden Elemente sind verbunden wie Wind und das Meer" (S.357).

Ein manisch-depressiver Gemütszustand sei dann anzunehmen, wenn Zeiten der Apathie und Niedergeschlagenheit dem Hochgefühl vorausgehen. Manische Zustände schließen spirituelle Erfahrungen aber keineswegs aus. Unter diesen Umständen würden sie allerdings kaum zum Wachstum der Persönlichkeit beitragen. Gewarnt werden müsse vor einer eingleisigen Einordnung mystischer Erfahrungen als pathologisch, repressiv o.ä. Doch auch die übertriebene Beachtung außerordentlicher Bewusstseinszustände und eine Fixierung darauf seien als bedenklich anzusehen.

In der intensiven Atmosphäre eines spirituellen Workshops, der auf einen ‚Durchbruch' hin angelegt ist, haben viele Teilnehmer ein überwältigendes Erlebnis, das sie überfordert. Das Energieniveau ist enorm hoch und Bewusstsein erweitert sich. Nach Beendigung des Workshops ziehen sich die Leiter zurück, ohne die Schwierigkeiten zu berücksichtigen, die manche Teilnehmer mit der Verarbeitung ihrer Erfahrung haben.

In einer solchen Situation werden erfahrene Helfer benötigt, die in der Lage sind, die wahre Natur der Erlebnisse zu verstehen und den abgehobenen Zustand überwinden helfen. Werden die Betreffenden allein gelassen, dann besteht die Gefahr, von den Symptomen überwältigt zu werden.

Sofern die wahre Natur der Erfahrung nicht verstanden wird, ist die ärztliche Diagnose in einem solchen Fall häufig ‚Manie'. Psychopharmaka werden in der Regel verordnet, um die ‚Symptome' zu stoppen. Werden die Symptome durch Medikamente unterdrückt, wird die Entfaltung des Prozesses verhindert. Der ‚Durchbruch' wird zu einem Zusammenbruch, da persönliche Unterstützung und Rückzugsmöglichkeiten fehlen, die es ermöglichen würden, den einmal begonnenen Prozess zuende zu bringen.

Wurde in früheren Zeiten eine Psychose als die ultimative Katastrophe angesehen, hat sich mittlerweile diese Einstellung durch eine verbesserte Behandlungsstrategie grundlegend geändert. Psychosen gehen zwar häufig mit extremen Ängsten und Weltuntergangsszenarien einher, doch auch überschwängliche Glücksgefühle und aufbauende Erlebnisse sind Teil der Erfahrung.

Die Stufen der Läuterung

Eine geläuterte Seele wirkt wie ein schützender Umhang im realen Leben.

Eine Form der Läuterung auf dem spirituellen Pfad ist die Umgestaltung der Sinneswahrnehmung. Es gibt nicht nur die äußeren Sinne, sondern auch innere Sinne, zu denen vor allem Einbildungskraft und Phantasie gehören. Sie sollen von allen weltlichen Interessen abgezogen werden. Mit der Zeit werden die Sinne von allen bildhaften Gestalten entleert und dem Geist angeglichen, um für die Mitteilungen Gottes aufnahmefähig zu werden.

Niedergeschlagenheit, Mutlosigkeit, das Gefühl, zu stagnieren oder gar Rückschritte zu machen, sowie innere Gereiztheit und Unruhe gehören zum depressiven Syndrom, wie C. Scharfetter betont. Ob dieses allerdings einer psychiatrischen Diagnose zugeordnet werden sollte oder eher als Lebensabschnitt des spirituellen Weges aufgefasst werden kann, hängt von dem Gesamtkontext, der Lebensgeschichte, dem Entwicklungsstand des Betreffenden und der Intensität des Syndroms ab.

Die Alternative ‚psychotisch' oder ‚geistlich' sei falsch, denn auch bei spirituell entwickelten Menschen kommen in unterschiedlichem Ausmaß psychopathologische Störungen vor. Diagnostische Schwierigkeiten bereitet Scharfetter eher das manische Syndrom: „Denn manche Selbstüberhebung, Gefühl der Leichtigkeit, gar des Schwebens, der Ausdehnung, des All-Kontaktes, der neu gewonnenen Einsicht und Befähigung eines Adepten, der z.B. die Kundalini in sich aufsteigen zu spüren meint, der parapsychologische Erfahrungen zu haben, gar übernatürlich befähigt zu sein glaubt und berufen, eine traditionelle Lehre zu verkünden oder eine neue zu kreieren, lässt den Psychiater eher an eine Manie denken. *Aber man darf nicht jedes Glücksgefühl religiöser Art zur ‚Manie' pathologisieren*" (S.86).

Der bekannte Mystiker und Kirchenlehrer Johannes vom Kreuz, der den Weg der Entsagung ging, beschrieb verschiedene Stadien, welche die Seele durchlaufen muss, wenn sie zu einer Vereinigung mit dem Göttlichen gelangen will. Dazu gehören:

☼ Die Reinigung,
☼ die Erleuchtung,
☼ die Vereinigung.

Durch die Läuterung soll die Seele von allen Unvollkommenheiten befreit werden. Da sie mit vielen Schwächen behaftet ist, erlebt sie das Einströmen des reinigenden ‚Gotteslichts' als schmerzhaft und bedrückend. Es kommt ihr so vor, als befinde sie sich in einer ‚dunklen Nacht', berichtet J. vom Kreuz. Die Entwicklung von Tugenden, wie Geduld, Nächstenliebe, Sanftmut und anderer Charaktereigenschaften ist nicht minder wichtig für den spirituellen Reifungsprozess.

Nach einiger Zeit meditativer Übungen ist der Proband zu keiner Betrachtung mehr fähig. Trotz aller Anstrengungen vermag er weder durch Nachdenken noch durch seine Vorstellungskraft Empfindungen in seinem Innern zu erwecken. Er findet weder Gefallen an weltlichen noch an geistlichen Dingen. Niedergeschlagenheit und Traurigkeit sind die Grundstimmung in diesem Entwicklungsabschnitt.

In dieser dunklen Nacht gibt der Übende die bisherigen Meditationen auf und vollzieht den Übergang in die gegenstandslose Meditation, bei der Verstand und Vorstellungskraft zur Ruhe kommen. Ein Hindernis in diesem Stadium sind zeitweilig auftretende psychosomatische Störungen, wie Kopfweh, Magenbeschwerden oder Herzkrämpfe. Der Zustand der Seele ist noch recht labil. Als Ursache gelten die mangelhafte innere Sammlung und eine zu sehr an die Sinne gebundene Auffassung der spirituellen Erfahrungen. Die dunkle Nacht soll all jene Unvollkommenheiten ausrotten, die von der Läuterung noch nicht berührt worden sind.

Der Läuterungsprozess ist von unterschiedlicher Dauer und Intensität. Bisweilen vergehen mehrere Jahre, in denen die Seele einer Reinigung unterzogen wird. Die damit einhergehenden Leiden können sehr heftig sein. Die Seele wird von Todesängsten heimgesucht und meint, aus der göttlichen Gnade gefallen zu sein. Es kommt ihr so vor, als erhebe sich Gott gegen sie und als kämpfe sie gegen ihn. Sie erlebt sich in die tiefste Finsternis verstoßen. Geist und Sinne werden wie von einer unsichtbaren Last erdrückt. Die Seele erlebt ein Wechselbad der Gefühle, ein stetiges Auf und Ab zwischen dunkler Verzweiflung und Hochstimmung. In der Psychopathologie würde ein solcher Mensch als manisch-depressiv gelten.

Bei all dem Schmerz und der Sehnsucht fühlt sich die Seele trotz allem von einer Gegenwart in ihrem Innern begleitet und gestärkt (vgl. Johnnes vom Kreuz). Wenn die Seele von allen Schlacken gereinigt ist, steht der mystischen Erkenntnis und Vereinigung mit dem göttlichen All-Bewusstsein nichts mehr im Wege. Die großen Gefühlsschwankungen haben ein Ende genommen; die Grundstimmung ist die der Ruhe, Abgeklärtheit und Gelassenheit.

Die Spaltung des Bewusstseins

Es gibt in der Natur und in uns selbst viele Kräfte,
die wir nicht verstehen.
George Langelaan

Das Unbewusste bei C.G. Jung

Das Unbewusste in der menschlichen Seele ist „die Gesamtheit aller psychischen Vorgänge, die nicht wahrgenommen werden, also unbewusst sind", schreibt der Psychoanalytiker C.G. Jung. Das menschliche Bewusstsein ist um ein Ich herum organisiert, das sich in erster Linie mit der Realität auseinandersetzt. Daneben existieren ein Unterbewusstsein und ein Unbewusstes, die nicht in gleicher Weise ich-verhaftet und deshalb dem Bewusstsein nicht ohne weiteres zugänglich sind. Das normale Wachbewusstsein hat von den unbewussten Inhalten keine direkte Kenntnis.

Die unbewussten Anteile der Psyche sind aber nicht lediglich Verdrängungsprodukte des Wachbewusstseins, wie S. Freud angenommen hat. Diese Erklärung reicht nicht aus, sondern bedarf einer Ergänzung. Jung teilt auch nicht die Auffassung, die dem Unbewussten eine vorwiegend triebhafte Natur zuerkennt und die imaginäre Wuncherfüllung in den Vordergrund stellt. Dagegen betont er die kompensatorische Natur unbewusster Prozesse.

Im Unbewussten sieht er den „schöpferischen Mutterboden" des Bewusstseins. (Vgl.: Die Dynamik des Unbewussten, in: Gesammelte Werke Bd 6, S.516.) Die Inhalte des Unbewussten bestehen vor allem aus unentwickelten und unbewussten Persönlichkeitsteilen, die nach Integration streben. Neben den individuellen Anteilen der Psyche spielen kollektive Anteile eine Rolle, die nicht auf die jeweilige Persönlichkeit beschränkt sind.

Das Unbewusste ist bislang keineswegs hinreichend erforscht, wie der englische Psychoanalytiker Stephen Grosz betont: *„Es heißt, Leute wie ich seien Experten für das Unbewusste, aber in Wahrheit wissen wir so gut wie nichts und hören zu, um zu verstehen. Vielleicht ist das meine wichtigste Absicht als Autor: Ich wollte ein Buch darüber schreiben, dass wir eine Methode des Nichtwissens praktizieren"* (in: Der Spiegel, Nr.44/2013, S.132).

Von einer psychischen Störung spricht man, wenn das seelische Gleichgewicht aus der Balance geraten ist. Gemeint ist das Gleichgewicht zwischen bewussten und unbewussten Inhalten. Das Unbewusste dringt auf abnorme Weise ins Bewusstsein ein. Unbewussten Inhalten gelingt es, sich über die Bewusstseinsschwelle in die bewusste Wahrnehmung zu drängen, wie das Phänomen der Halluzinationen deutlich zeigt. Wahnhafte Einfälle und seltsame, zwanghafte Vorstellungen wirken auf die Betreffenden unerwartet und bizarr, bedingt durch ihre Herkunft jenseits der Bewusstseinsschwelle. (Vgl.: C.G. Jung: Das Unbewusste in der Psychopathologie. Gesammelte Werke Bd 3, S.21f.)

Vermehrte Einflüsse aus dem Unbewussten resultieren aus einer ausgeprägten Einseitigkeit der Einstellungen und Lebensweise. Menschen, die über einen längeren Zeitraum isoliert leben, werden durch korrigierende Einflüsse aus dem Unbewussten aus ihrer starren Haltung aufgeschreckt. Das Unbewusste dient in einem solchen Fall als Gegenspieler, um die Einseitigkeit der bewussten Lebensführung in den Fokus zu rücken.

Das sogenannte ‚Unbewusste' ist, wie es scheint, zu intelligenten Reaktionen fähig und zeigt ein überraschendes Beurteilungsvermögen, welches imstande ist, die Lebensweise einer Person kritisch zu betrachten. In dieser Hinsicht hat es dem Wachbewusstsein offenbar einiges voraus. Ist das Ergebnis nicht zufriedenstellend, kann es Einflussmöglichkeiten geltend machen und auf die Defizite in der Haltung des Individuums dem Leben gegenüber hinweisen.

Die korrigierenden Impulse setzten allerdings nicht automatisch einen Heilungsprozess in Gang. Unter Umständen machen sie sich auf eine Art bemerkbar, die das Bewusstsein nicht annimmt. Psychisch unausgeglichene Menschen gewinnen den Eindruck, sich gegen ihr eigenes Unbewusstes verteidigen zu müssen. Sie führen einen Kampf gegen die kompensatorischen Einflüsse aus dem Innern.

Der Mangel an Übereinstimmung zwischen den bewussten und unbewussten Tendenzen bewirkt eine unheilvolle Spaltung, denn das Unbewusste beginnt, sich dem Bewusstsein gewaltsam aufzudrängen. Seltsame, unverständliche Gedankengänge und halluzinative Wahrnehmungen tragen den Stempel eines inneren Konflikts. Eine nachteilige Entwicklung setzt ein. Die kompensatorischen Einflüsse, die in das Bewusstsein einbrechen, müssen immer wieder gegen innere Widerstände ankämpfen. Daher gelangen sie in verzerrter Form in die bewusste Wahrnehmung.

C.G. Jung sieht in der Neurose eine „relative Dissoziation, ein Konflikt zwischen dem Ich und einer widerstrebenden Kraft, die auf unbewussten Inhalten beruht". Die „oberste Kontrolle" wird schwächer; die Inhalte haben ihre Verbindung mit der psychischen Gesamtheit mehr oder weniger verloren. Ein innerer Konflikt entsteht: *„Jeder Neurotiker kämpft um die Aufrechterhaltung und Herrschaft des Ichbewusstseins und um die Unterjochung der widerstrebenden unbewussten Kräfte. Ein Patient aber, der gegen das Eindringen seltsamer Inhalte aus dem Unbewussten ankämpft, (oder) sich sogar von ihnen leiten lässt, setzt sich sogleich dem Verdacht der Schizophrenie aus"*, kritisiert Jung (S.261).

Manche Patienten kämpfen über Jahre hinweg um Kontrolle und die Erhaltung ihres Ich, um die Einheit ihrer Persönlichkeit, bis zuletzt ein kritischer Punkt, eine Gefahrenlinie, überschritten ist. „Zuletzt aber hat er nachgegeben – er unterlag dem Eindringling, den er nicht länger unterdrücken konnte. Er ist nicht bloß von einer heftigen Emotion überwältigt worden, sondern er ist wirklich in einer Flut unüberwindlicher starker Mächte und Gedankenformen ertrunken, die weit über jede gewöhnliche Emotion hinausgehen, einerlei wie heftig diese ist. Diese unbewussten Mächte und Inhalte waren schon lange in ihm, und er hat jahrelang erfolgreich mit ihnen gerungen" (S.269).

Diese potentiell gefährlichen Mächte existieren auch im Unbewussten gewöhnlicher Menschen. Für sie ist es von Vorteil, keine Kenntnis davon zu haben. Die Mächte sind Bestandteil der unbewussten menschlichen Psyche. Sie erscheinen in zahlreichen Phantasien und Träumen, ohne im allgemeinen pathologische Reaktionen hervorzurufen.

Der Grund für eine akute Psychose ist nicht direkt in den eigentümlichen Inhalten des Unbewussten mit ihren Parallelen zur Mythologie und Symbolik aller Völker und Zeiten zu suchen. Die Entstehung einer psychotischen Erkrankung hängt damit zusammen, „ob der Mensch eine gewisse Panik ertragen kann oder ob er die chronische Spannung einer Psyche aushält, die mit sich selbst im Kampf steht. Sehr oft ist es einfach eine Sache des geringfügigen Zuviel, des Tropfens, der das Fass zum Überlaufen bringt, oder des Funkens, der das Pulverfass in Brand setzt" (S.270f.).

Der Ausbruch einer Psychose konfrontiert das persönliche Ich-Bewusstsein mit einem ungewöhnlich starken Unbewussten, oder aber das schwache Bewusstsein erweist sich als nicht fähig, den Einfluss unbewusster Mächte zurückzuhalten. In früheren Kulturen wurde von Geisteskranken behauptet, sie seien von Dämonen besessen oder würden von Geistern verfolgt. „Dies ist eine korrekte Interpretation des psychischen Zustandes eines solchen Menschen, denn er wird von autonomen Gestalten und Gedankenformen überfallen", erklärt Jung.

Er fährt fort: „Vom primitiven Standpunkt ist es vollkommen klar, dass das Unbewusste aus eigenem Antrieb das Ich in Besitz genommen hat. Dieser Ansicht entsprechend wird das Ich nicht entkräftigt, sondern das Unbewusste wird durch die Gegenwart eines Dämon gestärkt" (ebd.). Auf die Überlegung, wodurch eine geistige Störung hervorgerufen wird, antwortet Jung: „...es ist äußerst schwierig zu entscheiden, ob es sich primär um eine Schwäche des Bewusstseins und die entsprechende Dissoziabilität oder um die Stärke des Unbewussten handelt. Die letztere Möglichkeit kann nicht einfach ausgeschlossen werden, denn es ist denkbar, dass das reichliche archaische Material in der Schizophrenie Ausdruck einer immer noch vorhandenen infantilen und daher primitiven Mentalität ist." (Vgl.: Über die Psychogenese der Schizophrenie. Gesammelte Werke Bd 3, S.274.)

Die Voreingenommenheit gegenüber einer ‚primitiven Mentalität' hat sich glücklicherweise nicht bis in die Gegenwart hinein gehalten. Die Maßstäbe haben sich verändert und auch das Wissen und Interesse gegenüber ursprünglichen (archaischen) Glaubensinhalten. Jung ist aufgrund persönlicher Erfahrungen zu Erkenntnissen gelangt, die über das allgemein verfügbare Wissen der damaligen Zeit weit hinausgehen und die dem Wissen älterer Kulturen nahe stehen: „Wer sich selber aufmerksam und schonungslos beobachtet, weiß, dass ein Wesen in ihm haust, das gern alles Schwierige und alles Fragwürdige im Leben verschleiern und zudecken möchte, um sich eine leichte und freie Bahn zu schaffen.

Die Geisteskrankheit verhilft diesem Wesen zur Oberhand. Und ist dieses Wesen einmal oben, so wird langsam oder rasch die Wirklichkeit übersponnen; sie wird zum fernen Traum, der Traum aber zur Realität, die bei den Kranken oft das Leben ganz oder zum Teil an sich fesselt." (Vgl.: Der Inhalt der Psychose. Gesammelte Werke Bd 3, S.198.) Will man die Kräfte, die im menschlichen Bewusstsein einen Einfluss ausüben, ergründen, wird schnell klar, dass die Grenzen des Bewusstseins immer noch weitgehend unbekannt sind. Das menschliche Bewusstsein ist weitaus komplizierter, als gemeinhin angenommen wird. (Vgl. hierzu auch mein Buch: Übergriffe aus dem Jenseits, S.197f.)

Religiösen Themen wird in den Werken Jungs ein bedeutender Stellenwert eingeräumt. Religion ist nicht an bestimmte Konfessionen gebunden. Auch die Religionsformen der Naturvölker haben einen bedeutenden Anteil an Jungs Betrachtungen. Die Glaubensgrundsätze, die den unterschiedlichen Religionen zugrunde liegen, erkannte Jung als archetypische Inhalte der menschlichen Seele. Seine aufgeschlossene Sichtweise erhöht das Verständnis für traditionelle religiöse Überlieferungen und erfüllt erstarrte Formen mit neuem Sinngehalt.

Über die Göttervorstellungen im Unterbewusstsein der Menschen äußert sich Jung wie folgt: „Von jeher hat der Mensch die Äußerung einer von ihm nicht gewollten und veranlassten Seelentätigkeit als dämonisch, göttlich oder als ‚heilig‘, heilend und ganz machend empfunden." (In: Zur Psychologie westlicher und östlicher Religion. Gesammelte Werke Bd 11, S.177.) Der Gottesglaube ergänzt die jeweilige Geisteshaltung des Individuums. Erst durch seine Präsenz entsteht eine seelische Gesamtheit.

Das bewusste Ich, das – zumindest dem Anschein nach – ohne Verbindung mit dem Unbewussten existiert, ist nur ein fragmentarischer Teil der Psyche. „Je mehr das Unbewusste aber abgespalten ist, in desto kräftigeren Gestalten tritt es dann dem Bewusstsein gegenüber; wenn nicht in Form göttlicher Figuren, dann in der ungünstigen Form der Besessenheitszustände (‚Obsessionen‘) und morbider Affekte" (S.177f.). Im Gegensatz zum kirchlichen Begriff der Besessenheit, der auf ganz bestimmte Kriterien beschränkt ist, gebraucht Jung diesen Begriff in einem viel weiteren Umfang: Jeder relativ *autonome Komplex* , der nicht unter der Herrschaft des bewussten Willens steht, übt mehr oder weniger eine Obsession auf das Bewusstsein aus und schränkt damit dessen Freiheit ein.

Mit seinen Ausführungen wird Jung allerdings der Besessenheits-Problematik nicht gerecht. Ungewöhnliche mentale Vorgänge und Besessenheitsphänomene werden in das enge Korsett psychologischer Begriffe hineingezwängt und damit der Grundstein zu einer eingleisigen Sichtweise gelegt. Forscher, denen der Glaube an eine unsichtbare Welt suspekt ist, bevorzugen eine rein psychologische Erklärung für außergewöhnliche Erfahrungen.

Sogen. ‚abnorme‘ psychische Fähigkeiten werden gern dem Unterbewusstsein bzw. Unbewussten zugeschrieben. Doch letztlich ist das Unterbewusstsein nur sehr unvollkommen erforscht. Daher ist die Praxis, schwer erklärbare psychische Phänomene in die Verantwortung des Unbewussten abzuschieben, ein bequemer Ausweg, der das Unerklärliche begreifbar macht und dennoch viele Fragen offen lässt.

Autonome Komplexe

Wir haben allen Grund, unserem Intellekt nur eine beschränkte Gültigkeit einzuräumen.
C.G. Jung

Alle Menschen werden von affektbetonten Komplexen beeinflusst, die ihr Tun und Handeln bis zu einem gewissen Grade bestimmen. Durch einen gemeinsamen Gefühlston zusammengehaltene Komplexe beeinflussen C.G. Jungs Theorie zufolge die psychischen Inhalte und Reaktionsweisen der Menschen. Unter *Komplexen* werden Gedankeninhalte verstanden, die imstande sind, pathogen zu wirken, indem die Absichten der Person durch die eigenmächtige Intervention des Komplexes gestört werden können. Das bedeutet, der Komplex kann sich selbständig und entgegen den Intentionen des Individuums verhalten.

Bei unerfreulichen Inhalten versucht das Individuum, deren Existenz zu leugnen oder wenigstens die Wirksamkeit abzuschwächen. C.G. Jung meint, hier wäre das Gleichnis von „aufrührerischen Vasallen" angebracht. Die ungewöhnliche Selbständigkeit in der Hierarchie der Seele hänge mit dem starken Gefühlston zusammen, denn der Affekt sei „eine selbständige Größe, indem er leicht die Selbstbestimmung und Kontrolle des Individuums durchbricht." (Vgl.: Gesammelte Werde Bd 2, S.622f.)

Jedes mit starken Gefühlen verbundene Ereignis wird potentiell zu einem Komplex. Ist das Ereignis nur von vorübergehender Dauer und Bedeutung, dann klingen die Gefühle ab und der Komplex wird latent. Er ruht solange, bis ein ähnlicher Eindruck ihn wieder aktiviert. Trifft aber ein gefühlsbetontes Ereignis auf einen bereits bestehenden Komplex, dann wird dieser verstärkt. So erklärt sich, warum scheinbare Kleinigkeiten heftige Gefühlsausbrüche hervorrufen können.

C.G. Jung betrachtet die Komplexe sogar als ‚kleine Sekundärseele‘, denn durch ihre Autonomie sind sie von der zentralen Kontrolle des Bewusstseins relativ unabhängig und daher imstande, die Intentionen des Individuums zu durchkreuzen. In der Regel sind sie allerdings dem bewussten Ich untergeordnet. Sie verschaffen sich lediglich in Träumen und Fehlleistungen der Psyche Ausdruck. Ist die Kontrolle des Ich-Bewusstseins nicht mehr in genügendem Maße gegeben, beginnen die Komplexe, die Persönlichkeit umzubilden und zu spalten.

Die von dem bewussten Zentrum der Persönlichkeit abgespaltenen unbewussten Komplexe sind der Kritik des bewussten Ich nicht mehr zugänglich. Die psychischen Tendenzen haben eine Neigung, sich immer weiter zu verselbständigen. Das Grundgefüge der Psyche ist gelockert. In eine Metapher gekleidet bedeutet das: Der Dirigent verliert seinen Einfluss. Jedes psychische Motiv, jede Intention kann sich mit unbändiger Kraft durchsetzen und die psychische Tätigkeit in oft schädlicher Weise beherrschen.

Von Dämonen besessene Patienten „haben tatsächlich ‚autonome Komplexe‘ in sich, welche die Selbstkontrolle manchmal völlig zerstören. In einem gewissen Sinne ist der Aberglaube also berechtigt, von Besessenheit zu reden, indem die Komplexe sich dem Ich gegenüber selbständig verhalten und ihm einen quasi fremden Willen aufoktroyieren“ erklärt Jung. Ob diese Auffassung geeignet ist, für die verschiedenartigen Phänomene der Besessenheit eine ausreichende Erklärung zu bieten, bleibt fraglich.

Allen Neurosen liegen autonome Komplexe zugrunde, meint Jung. Auch psychotische Erkrankungen zeigen deutlich die Autonomie von Komplexen, z.B. durch eine Übermacht der Stimmen, die Obsession durch katatone Impulse usw. Bei den Psychosen fixieren sich die Komplexe derart, dass sie den Fortschritt der Gesamtpersönlichkeit lahm legen. In der Phantasie von Patienten wird der fixierte Komplex in einer außergewöhnlichen Weise bearbeitet, wobei die Wahnideen und Halluzinationen aus im Grunde sinnvollen Zusammenhängen hervorgehen.

Ab einem gewissen Grad wird es schwierig, sich in die Seele der von Komplexen beeinflussten Person einzufühlen. Von schuldhaft erlebten Bewusstseinsinhalten zieht das Ich seine Besetzung ab, meint V. Aderhold. Diese Inhalte treten sodann ichfremd ins Bewusstsein. Dieses Abwehrmanöver wird als ein Versuch des Ich gewertet, sich zu schützen und zu erhalten. Doch letzten Endes erweist sich die Abwehr als nutzlos und die Kohärenz des Ich wird zerstört.

Diesen Entwicklungsverlauf fasst Aderhold wie folgt zusammen: „Das nun Fremde bleibt im Bewusstseinsfeld erhalten und gewinnt an Bedrohlichkeit. Indem das Fremde, der nicht ichhafte Teil des Bewusstseinfeldes, eindringt – dabei kann es sowohl dem körperlichen Innenraum als auch dem sozialen Außenraum zugeschrieben werden – übernimmt es immer mehr die Kontrolle und Steuerung, wodurch der ichhafte Eigenbereich immer weiter schwindet bzw. durch das feindliche Fremde kontrolliert, manipuliert oder als entzogen erlebt wird. Die ichhafte Verfügung über das Gedachte, über den eigenen Körper und die intentionalen Handlungen schwindet und so kommt es in Sprache und Bewegung zu Unterbrechungen, Wiederholungen, Nachahmungen und Selbstversicherungsversuchen" (S.179f.).

Die Komplexe sind Dämonen vergleichbar, die eigenmächtig das Denken und Handeln stören. Das Dämonische liegt Jung zufolge in der Unbeherrschbarkeit und Übermacht, denn: „Alle Dinge, die große Wirkung ausüben, wurden als Götter oder Dämonen aufgefasst." (In: Gesammelte Werke Bd 6, S.222.) Der Autor behauptet, eine kranke Person, die sich von Geistern und Dämonen besessen und verfolgt fühlt, werde in Wirklichkeit von ‚autonomen Gestalten' und Gedankenformen überfallen. Dabei sei es schwierig zu entscheiden, ob die Ursache der Geistesgestörtheit in einer Schwäche des Bewusstseins oder einer übermäßigen Stärke des Unbewussten zu suchen ist. Der latente Geist könne in schwierigen Situationen plötzlich mit Inhalten hervorbrechen, „die zu unverständlich und zu seltsam sind, um assimiliert werden zu können. In einer großen Anzahl von Fällen markiert ein solcher Augenblick den Beginn einer Psychose." (In: Gesammelte Werke Bd 3, S.275.)

Diesen ‚autonomen Gestalten' sowie ‚unverständlichen' und ‚seltsamen' Inhalten geht Jung leider nicht mit genügender Akribie auf den Grund. Daher bleibt er mit seinen Anschauungen einem begrenzten Rahmen verhaftet.

Personifikationen und Spukphänomene

Nur in einem gespaltenen Bewusstsein kann Beeinflussung stattfinden. Der Schweregrad der Spaltung entscheidet über den Grad der Beeinflussung.

Das Unterbewusstsein ist kein einheitliches Gebilde, sondern es teilt sich auf in Unterpersönlichkeiten bzw. *Personifikationen*, in Teilaspekte der menschlichen Psyche, die abgetrennt sind von der bewussten Persönlichkeit. Wenn die Motive und Anschauungen einer Person vorwiegend gegensätzlicher Natur sind, spiegelt sich diese Unentschiedenheit und innere Zerrissenheit im Unterbewusstsein wider. Die gegensätzlichen Anteile liegen im Kampf miteinander um die Vorherrschaft.

Jemand, der sehr streng mit sich selbst ist und seinen eignen Fehlern und Mängeln mit großer Intoleranz gegenübersteht, erzeugt auf lange Sicht in seiner eigenen Psyche feindselige Gedankenformen, die im Zweifelsfall auch gegen den eigenen Organismus zu Felde ziehen. Die tagtäglich erzeugten Gedanken sind lebendige Kräfte, die mit der Zeit eine eigene Dynamik entwickeln. Ist das Innenleben eines Menschen relativ ausgeglichen, dann werden sich die innewohnenden Kräfte nicht störend in den Vordergrund drängen, doch in Fällen, in denen die Gedankengänge eines Menschen eine stark destruktive Färbung annehmen, wird ein immer bedrohlicher werdendes Bewusstseinsfeld erzeugt.

Werden die Spannungen zunehmend stärker, kommt ein fataler Kreislauf in Gang. Je mehr das negative Bewusstseinsfeld expandiert, desto größere Spannungen machen sich bemerkbar. Diese haben wiederum eine Rückwirkung auf die Gedankenwelt. Der Mensch beginnt, sich selbst zu misstrauen; seine eigenen Bewusstseinsinhalte setzen ihn unter Druck und machen ihm Angst. Das Innenleben wird zunehmend von angstbesetzten und aggressiven Strebungen bestimmt.

In seiner Not beginnt der Betreffende, die ihn quälenden Gedankenformen abzuspalten bzw. nach außen zu projizieren, da er die Existenz dieser gefährlichen Mächte in seinem eigenen Innern nicht wahrhaben will. Projektion und Verleugnung sind die Mittel, eine psychische Struktur relativ stabil zu erhalten. Doch die sich daraus ergebende Sicherheit ist trügerisch und nicht von Dauer, denn die nicht akzeptierten Stiefkinder des Bewusstseins sind weiterhin im Verborgenen wirksam.

Die Präsenz abgespaltener Anteile in der Psyche eines Menschen führt zu periodischen Durchbrüchen, sogenannten ‚Schüben', die aufgrund ihres langen Schattendaseins nun besonders stark hervortreten. Sie sind kaum zu zügeln, da die übrigen Anteile der Psyche durch Abspaltung und Verleugnung innerpsychischer Vorgänge geschwächt worden sind. Die nach außen projizierten Anteile werden als feindlich erfahren, als gegen das eigene Ich gerichtet. Der Betreffende wird nun mit denselben Ängsten konfrontiert, die er durch die Projektion vermeiden wollte.

Wenn im Unterbewusstsein eines Menschen mehrere gleich starke Anteile miteinander konkurrieren, nehmen die Spaltungstendenzen in der Psyche zu. Die Anteile versuchen, die Aufmerksamkeit des Wachbewusstseins in unterschiedlicher Weise auf sich zu lenken. Dies geschieht z.B. in Form plötzlich auftretender Konflikte oder heftiger Gefühlsaufwallungen. Die Aufgabe der bewussten Persönlichkeit liegt darin, die Absichten der gegensätzlichen Anteile aufzudecken und mit anderen Teilen der Psyche in Einklang zu bringen.

Manche Unterpersönlichkeiten repräsentieren bestimmte Seiten der Psyche, die in Vergangenheit und Gegenwart eine herausragende Rolle gespielt haben, wie bspw. das ‚Kind', der ‚Lehrer', der ‚Freund', der ‚Böse' usw. (Vgl. hierzu: L. Staudenmaier.) Die Unterpersönlichkeiten können entweder gleichzeitig präsent sein oder sich miteinander ablösen als ‚alternierende Persönlichkeit'. Diese Anteile exstieren neben der Hauptpersönlichkeit und streben nach Beachtung und Erfüllung ihrer Wünsche. Wenn dies unterbleibt, können sie sehr unangenehm werden, indem sie für Aufruhr und Unruhe sorgen.

Einige Autoren haben versucht, eine spiritistische Deutung für die Unterpersönlichkeiten zu finden, doch nach Ansicht von R. Tischner spricht die „merkwürdige Ich - Verschmelzung verschiedener Unterpersönlichkeiten" gegen ein spiritistisches Phänomen. Er sieht die Spaltungen als „eine innere Auseinandersetzung widerstreitender Strebungen der Persönlichkeit" (S.125). Die Frage, ob ein okkulter Einfluss mit Sicherheit ausgeschlossen werden kann, wird nicht gestellt. Ob eine fremde geistige Entität oder Teilpersönlichkeiten des Unterbewusstseins eine Verschmelzung mit dem Ich anstreben, bleibt dahingestellt. Über die Welt der Geistwesen und die ihnen zur Verfügung stehenden Möglichkeiten sowie die Mittel und Wege, mit einem menschlichen Bewusstsein in engen Kontakt zu kommen, ist wenig ist bekannt.

L. Staudenmaier, ein Hochschulprofessor für Experimentalchemie in Freising, erforschte experimentell die verschiedenen Teilpersönlichkeiten seines Unterbewusstseins. Staudenmaier beschreibt, wie sich im Laufe seiner Bewusstseinsexperimente einzelne Vorstellungsbilder immer deutlicher herausbildeten und immer öfter wiederkehrten. Schließlich traten sogar sichtbare Gestalten in Erscheinung, die er auch akustisch wahrnehmen konnte!

Diese Gestalten, die sich nach Auffassung Staudenmaiers aus den wiederkehrenden Vorstellungen seines Unterbewusstseins gebildet hatten, bezeichnet er als *Personifikationen*. Sie drängten nach einiger Zeit immer stärker in den Vordergrund und ließen sich kaum noch abweisen. Er konnte sich mit den *Personifikationen*, die über ein feines Wahrnehmungsvermögen verfügten, wie mit selbständigen Wesen unterhalten. Als ‚Teilpersönlichkeiten' vertraten sie in ihren Auffassungen ein spezielles, eng begrenztes Interessengebiet.

Eine wichtige Rolle spielte dabei eine diabolische Personifikation, der gehörnte ‚Bock- und Pferdefuß'. In Zeiten der Arbeitsüberlastung oder wenn Staudenmaier in ärgerlicher, aufgeregter Stimmung war, trat der ‚Gehörnte' gefährlich weit in den Vordergrund.

Der Bericht von Staudenmaier zeigt, wie eine skeptische Einstellung übersinnlichen Phänomenen gegenüber durch persönliche Erfahrungen eine grundlegende Wandlung erfährt. Mediale Schreibversuche, auch unter dem Begriff *automatisches Schreiben* bekannt, aktivierten bei ihm Anteile der Psyche, die bislang in Verborgenen lagen. Der Autor hat beim medialen Schreiben „ganz unbedingt den Eindruck, als ob ein mir völlig fremdes Wesen dabei im Spiele sei" (S.19). Als auch andere Geistwesen sich zu Wort melden, zeigt sich ein verändertes Schriftbild.

Eine ‚innere Stimme' meldet sich, und Staudenmaier lernt ‚innerlich zu sprechen'. Neben akustischen Halluzinationen zeigen sich in seinem Blickfeld außergewöhnliche optische Phänomene: Er sieht Gestalten in den Zweigen der Bäume; vorüberziehende Wolken formen sich zu phantastischen Gebilden etc. Raue, spöttische Stimmen flüstern ihm Gemeinheiten zu. Verschiedene Wesen melden sich und nehmen, auch gegen seinen Willen, Kontakt zu ihm auf.

Ein unheimlicher Spuk beginnt, ihn heimzusuchen. Er hört Geräusche im Zimmer und erlebt „feindliche Demonstrationen der verschiedensten Art. Manchmal schienen alle Teufel los zu sein. Teufelsfratzen sah ich wiederholt längere Zeit mit völliger Klarheit und Schärfe. Einmal hatte ich, als ich im Bette lag, ganz deutlich das Gefühl, dass mir jemand eine Kette um den Hals schlinge. Gleich darauf nahm ich einen sehr üblen Schwefelwasserstoffgeruch wahr und eine unheimliche innere Stimme sagte zu mir: Jetzt bist du mein Gefangener. Ich werde dich nicht mehr loslassen. Ich bin der Teufel."

Massive Drohungen werden ausgestoßen, die Staudenmaier zu der Bemerkung veranlassen: „*Ich habe es an mir selbst erlebt: Die dem*

218

modernen Menschen vielfach als Schauermähren des Mittelalters erscheinenden Erzählungen über böse Geister, sowie die spiritistischen Angaben über Spottgeister und Poltergeister sind nicht aus der Luft gegriffen!" (S.26f.) Derartige Berichte werden leicht für Unsinn gehalten, wenn man sie nicht selbst erlebt hat.

Zu diesem Zeitpunkt leidet Staudenmaier begreiflicherweise unter großer Anspannung, befindet sich aber weiterhin im Vollbesitz seiner geistigen Kräfte. Doch er nimmt die Warnungen des ‚Teufels' nicht ernst, denn er setzt seine Experimente unverdrossen fort.

Die Urheber der Spukphänomene erscheinen ihm wie selbständige Wesen, dennoch glaubt er, sie seien seinem eigenen Innern entsprungen. Zwar zeigen ihre Reaktionen unzweifelhaft ein gewisses Maß an eigenständiger Intelligenz, doch Staudenmaier fällt mit der Zeit auf, dass ihr Verhalten von seiner eigenen psychischen Verfassung abhängt. Ist er gereizt und übellaunig, dann entbrennt sehr bald ein heftiger Streit. Je energischer er gegen sie auftritt, desto dichter und handgreiflicher werden die Gestalten, die er zuvor nur schemenhaft wahrgenommen hat. „Es konnte für mich kein Zweifel mehr bestehen, nach naiv-mittelalterlichen Begriffen war ich besessen", bekennt der Autor.

Verhält er sich eine zeitlang nachsichtig den Wesen gegenüber, dann üben sie sich gleichfalls in Zurückhaltung und bemühen sich, ihm ihr Verhalten zu erklären. Diese wechselseitige Beeinflussung bringt ihn auf den Gedanken, die Ursachen der Phänomene in seinem eigenen Innern zu suchen. Obwohl er in die Gefahr gerät, vollends zum Spielball dunkler Mächte zu werden, hofft er weiterhin auf grundlegende Entdeckungen, die das ‚Rätsel Mensch' begreifbarer machen.

Vertrauensseligkeit und Hartnäckigkeit verhindern eine angemessene Reaktion auf die Bedrohung durch Spukphänomene und ‚Teilselbste'. Schließlich bringen sie den Erforscher des Okkulten in eine prekäre Lage, die sein psychisches Wohlbefinden untergräbt. Über Wochen leidet er unter Anfällen von Schwermut und fürchtet um seine geistige Gesundheit. Dennoch verbleibt er weiterhin im Einflussbereich unterbewusster Mächte, denen es mit der Zeit gelingt, auch seinen physischen Körper immer mehr zu kontrollieren.

Neben einem ‚Kind-Ich‘, das u.a. bei Überforderung in Erscheinung tritt, existiert ein ‚Helfer des Selbst‘, der ihm mit Rat und Tat zur Seite steht. Der ‚Böse‘ hingegen tritt mit destruktiven Überzeugungen und Angriffen in Aktion.

Besonders das *automatische Schreiben* erlaubt es den Wesen, in verschiedene Körperteile einzudringen: Die Gesichtszüge Staudenmaiers verändern sich häufig auf eigenartige Weise, indem sie einen fremden Ausdruck annehmen. Dieses Phänomen wird von anwesenden Freunden bestätigt. In den Gliedmaßen verspürt er Muskelkontraktionen, die Beine schlafen ein; seine Atmung verändert sich zeitweilig ohne sein Zutun etc. Auch C. Cutomo beschreibt in ihrem Erfahrungsbericht *Medialität – Besessenheit –Wahnsinn* die katastrophalen Auswirkungen des *automatischen Schreibens.*

Staudenmaier kommt letztlich zu dem Schluss, „dass die Ausbildung einzelner Zentren des Unterbewusstseins allmählich auch Einfluss auf anderweitige Organe und schließlich auf einen großen Teil des gesamten Körpers erlangt" (S.100). Dies führt zu halluzinatorischen Wahrnehmungen. Die Objektivität dieser Erscheinungen sieht er als erwiesen an.

Die Beschäftigung mit magischen Experimenten übt auf viele Menschen einen besonderen Reiz aus, der üble Folgen haben kann. Dazu bemerkt Staudenmaier: „Ganz besonders möchte ich jetzt nochmals Unerfahrene warnen, sich mit Magie, namentlich derjenigen des Unterbewusstseins, experimentell zu beschäftigen, denn sie hat ihre großen Gefahren. Man denke nur an die Leiden, die ich… schilderte. Man denke an die schon im Altertum so gefürchtete Besessenheit, an Spott- und Klopfgeister, an Teufel und böse Geister, an Spukgeschichten der verschiedensten Art, die vielfach in einer verunglückten Magie des Unterbewusstseins ihre rein natürliche Erklärung finden" (S.180).

Der Professor beschloss, als traurige Konsequenz seiner über Jahre andauernden Forschungen, die letzten Jahre seines Lebens in einer

Heilanstalt für Geisteskranke. Es kann keineswegs das Ziel einer geistigen Entfaltung sein, das Unterbewusstsein soweit zu entwickeln, dass es letztlich imstande ist, das bewusste Ich der Person zu verdrängen und zu ersetzen, wie das oben genannte Beispiel deutlich zeigt.

J.M. Verweyen setzt der Auffassung, das persönliche Unterbewusstsein allein sei bei alldem beteiligt, Zweifel entgegen: „Ob die hier von Staudenmaier gegebene Erklärung ausreicht, kann mit gutem Grunde bezweifelt werden. Begriffe wie ‚Unterbewusstes' und ‚Halluzination' gleichen einem großen Behälter, aus dem man beliebig viel herausschöpfen kann. Aber man treibt mit solchem Wasser die Mühlen der Erklärung nur schlecht weiter" (S.134).

Begriffe wie ‚Strahlen', ‚Schwingungen' oder ‚Wellen' erhalten im Zeitalter der drahtlosen Übermittlung von Informationen eine besondere Bedeutung. Verweyen erklärt optimistisch: „... die elektromagnetischen Kraftstrahlen, die mit solchen Verschiedenheiten der Verfassung eines Menschen verknüpft sind, werden sich möglicherweise einmal durch den Nachweis ihrer mechanischen Wirkungen genauer ermitteln und objektivieren lassen" (S.136).

Die Auffassung, es handele sich um ‚Halluzinationen des Unterbewusstseins' zur Erklärung außerordentlicher Wahrnehmungen reicht bei weitem nicht aus. Staudenmaier hat offenbar mit seinen ausdauernden Übungen einen Zugang eröffnet für fremde Geistwesen, denen es mit der Zeit gelang, sich immer stärker in den Vordergrund zu drängen und immer größere Anteile der Psyche mit Beschlag zu belegen. Ihre Präsenz unterminierte letztendlich seine inneren Abwehrkräfte und zerstörte seine geistige Gesundheit.

Die schizophrene Spaltung

Die Bewusstseinsspaltung ist der Schlüssel für viele
ansonsten nur schwer verständliche Symptome
und Erscheinungen.

Obwohl Erkrankungen aus dem schizophrenen Formenkreis seit dem Altertum beschrieben werden, konnte bislang noch keine eindeutige Ursache ermittelt werden. Man geht heute von einem Zusammenspiel mehrerer Faktoren aus. Bewusstseinsspaltung ist kein leicht zu fassendes Phänomen; es wird immer facettenreicher, je mehr Informationen zusammenkommen. Eine grundsätzliche Spaltung existiert - vereinfacht ausgedrückt – bei jedem Menschen zwischen Bewusstsein und Unbewusstem.

Fälschlicherweise wird oft angenommen, bei der Schizophrenie handele es sich um eine *dissoziative Identitätsstörung*, eine Spaltung der Persönlichkeit, bei der die Identität des Menschen zwischen verschiedenen Persönlichkeiten wechselt (vgl. nächstes Kapitel). Dies trifft nicht zu, auch wenn Schizophrenie im griechischen so viel wie ‚gespaltene Seele' bedeutet. Der Begriff Schizophrenie leitet sich ab von griech: *schizein* = spalten, zerspalten, zersplittern und *phren* = Geist, Seele, Zwerchfell (vgl.: Wikipedia).

Die Problematik bei der schizophrenen Erkrankung beruht nicht allein auf einer pathologischen Spaltung, sondern Teile des Unbewussten dringen in das Bewusstsein ein und beeinflussen die Wahrnehmung. Schizophrene Patienten wirken oft unberechenbar, da sie Stimmen hören und Dinge sehen, die für Außenstehende nicht vorhanden sind. Aufgrund dieses Einbruchs können Spaltungstendenzen entstehen, die als ‚Zersplitterung' des bewussten Ich bezeichnet werden. Diese Erklärung umfasst allerdings nur einen Teil der Spaltungsproblematik.

Wie sehr das Bewusstsein imstande ist, auch willentlich eine Spaltung herbeizuführen, zeigt die sogenannte ‚hysterische Identifizierung': Eine Frau, die sich für Königin Elisabeth hält, verliert sich allmählich derart in ihre bildhaften Vorstellungen, dass die Phantasien sich allmählich in Halluzinationen verwandeln, in denen sie tatsächlich die Persönlichkeit zu wechseln scheint.

Die phantasiereichen, traumhaften Vorstellungsbilder führen zu Veränderungen der bewussten Persönlichkeit, die in ein ‚hysterisches Delir' übergehen können. Diese Träumereien mit autosuggerierten Erinnerungsfälschungen - bis hin zur eigentlichen Wahnbildung mit Halluzinationen - findet sich auf im Leben vieler Heiliger, behauptet C.G. Jung (in: Psychiatrische Studien, S.75f.). Diese Äußerung wirkt beklemmend eindimensional und unerwartet aus der Feder des geistreichen Wissenschaftlers.

Simplifizierende Deutungen, die in der psychiatrischen Literatur überaus häufig anzutreffen sind, sollen das schwer Fassbare erklärbar machen, indem der Inhalt in das enge Korsett psychologischer Diagnosekriterien hineingezwängt wird. Wie überstrapaziert der Begriff ‚Hysterie' mitunter gebraucht wird, zeigt Jungs Äußerung, dass wir normalerweise im Traumzustand „überhaupt hysterisch denken" (ebd.).

Die menschliche Persönlichkeit besteht nicht aus einem festgefügten Ganzen, sondern die Psyche setzt sich aus einer Reihe von Unterpersönlichkeiten zusammen. Diese gehen aus den mannigfaltigen Erfahrungen der individuellen Lebensgeschichte hervor und können unterteilt werden in primäre und abgelehnte Anteile, wie M. Romme und S. Escher darlegen (S.151):

→ *Primäre Anteile* sind diejenigen Merkmale der Persönlichkeit, die am stärksten hervortreten, da sie sich in zwischenmenschlichen Beziehungen als Erfolg versprechend erwiesen haben.

→ *Abgelehnte Anteile* werden von der Person nicht geschätzt, da sie im Kontakt mit anderen Menschen negative Wirkungen hervorrufen. Sie können zu inneren Konflikten mit den primären Anteilen führen.

Das persönliche Ich verfügt im Normalfall über ein hohes Maß an Autonomie, da es sich vom übergreifenden Bewusstseinsfeld abgegrenzt hat. Diese Abgrenzung bezeichnet V. Aderhold als „die Spaltung des Normalen vom Primärprozess des Seelischen" (S.175). Die

Spaltung ist jedoch nicht vollkommen, denn hinter dem realitätskonformen Ich existiert die bewusstseinsferne Tiefe. Während gewisser Stufen des seelischen Reifungsprozesses drängen Inhalte des Unbewussten an die Oberfläche und setzen entweder eine Weiterentwicklung in Gang oder bewirken Stagnation und psychotische Entgleisung, sofern das Ich der Entwicklung nicht standzuhalten vermag. Bei schizophrenen Patienten verursachen Ich-Entgrenzung und Ich-Auflösung ein Abgleiten in pathologische Zustände.

Die unbewussten verdrängten Komponenten der menschlichen Psyche, ihre affektbetonten Anteile und unverwirklichten psychischen Tendenzen, wirken normalerweise nur unerheblich auf das Erleben und Handeln der bewussten Persönlichkeit ein. „Es muss eine tiefliegende Ursache haben, wenn die Komplexe eine so ganz andere Rolle bei der schizophrenen Persönlichkeit spielen, welche sich in der durch sie vorgezeichneten Richtung umbilden und spalten kann" überlegt G. Bychowski (S.65f.). Die Einheitlichkeit der Psyche ist stark gefährdet. „Die sonst wie in dem Brennpunkte einer starken Linse vereinigten Strahlen werden nicht mehr zusammengehalten und divergieren."

Die Spaltungsbereitschaft der schizophrenen Persönlichkeit ist Folge einer mangelhaften Unterordnung der affektbetonten Komponenten unter höhere psychische Instanzen, die für die Realitätsanpassung zuständig sind. Gegensätzliche psychische Tendenzen werden nicht im Gleichgewicht gehalten; das ‚seelische Orchester' muss teilweise ohne Dirigenten auskommen. Die innere Struktur, die planvolle Entwicklung der Leitmotive, geht verloren, sobald es einzelnen Orchestermitgliedern gelingt, sich lärmend in den Vordergrund zu drängen. Lebhafte Impulse von innen, intuitive Einfälle, ein bestimmtes Motiv, können sich in aufdringlicher Weise durchsetzen und die Psyche völlig beherrschen.

Die schizophrene Persönlichkeit fühlt sich zunehmend entfremdet, wenn die Einheit verloren geht. Ihre Welt gerät aus den Fugen, da sie nicht genügend zentriert ist. Das Fehlen eines festen Mittelpunktes hat eine mangelhafte innere Steuerung zur Folge. Verschiedenartige

Bestrebungen bleiben nicht mehr im Gleichgewicht; gegensätzliche Antriebe können sich durchsetzen. Daher kann es bspw. geschehen, dass während der Teilnahme an einem Begräbnis laut gelacht wird oder zu unpassender Zeit ein Lied in voller Lautstärke geträllert wird.

Antriebe und Komplexe können sich unabhängig von der Ich-Instanz, welche die Nähe zur Realität aufrechterhält, in Szene setzen. Bei katatonen Symptomen geht die Loslösung noch tiefer. Der Körper und seine Motorik entgleiten dem bewussten Willen. Unzweckmäßige, störende Bewegungen werden wie unter Zwang vollzogen, da sie nicht mehr der Herrschaft des Ich unterworfen sind.

E. Bleuler bezeichnet die Bewusstseinsspaltung als „das primärste eigentliche schizophrene Symptom", als eine elementare Schwäche bei der Integration der Emotionen und Triebregungen sowie der Assoziationen im engeren Sinne. Bleulers Konzeption der Störung, die auch psychoanalytische Überlegungen mit einbezieht, konnte „nicht verhindern, dass die Schizophrenie von der europäischen Psychiatrie weithin in der verkürzten Sicht einer ‚körperlichen Krankheit mit schlechter Prognose' betrachtet wurde", kritisiert A. Finzen (S.27).

Zu den Fällen seelischer Spaltung zählen auch *Automatismen*, die vor allem Teil der schizophrenen Symptomatik sind. E. Bleuler beschreibt diese merkwürdige Anomalie des Verhaltens: „Öfter ist im Gegensatz zu den nur teilweise automatischen Handlungen die ganze automatische Handlung von der bewussten Person des Patienten abgespalten; die Glieder tun etwas, der Mund spricht etwas, von dem die Patienten nur als Zuschauer während der Ausführung durch ihre Sinne Kunde erhalten wie eine dritte Person. Namentlich Schreiben und Sprechen kommt oft auf diese Weise zustande" (S.166).

Der Psychoanalytiker A. Lowen versteht unter der schizophrenen Spaltung des Bewusstseins eine grundlegende Aufspaltung zwischen Aggressionstrieb und Eros, die er als ‚Triebentmischung' bezeichnet. (In: Körperausdruck und Persönlichkeit, S.418f.) Den Mangel an Einheit bezeichnet er als Verlust der inneren Kohäsion der Persönlichkeit und als ein Zerbrechen der individuellen Psyche in unverbundene Bruchstücke.

Die schizophrene Spaltung führt W. Reich auf diametral entgegengesetzte Tendenzen in der Charakterstruktur, die nicht miteinander vereinbar sind, sondern sich gegenseitig ausschließen, zurück. Diese grundlegenden Tendenzen sind u.a. das Materielle und das Geistige, das bei Reich als ‚diese Welt' und ‚jene andere Welt' bezeichnet wird. Er beschreibt die Analyse einer Patientin, die sich vorwiegend mit ihrer spirituellen Seite identifiziert, während ihr die materielle Welt seltsam fremd erscheint. Sie berichtet von ‚Kräften, die einen beeinflussen'. Diese ‚Kräfte' werden von der Patientin nicht als Teil ihrer eigenen Persönlichkeit erlebt und akzeptiert. Ihr ist zumute, als befände sie sich außerhalb ihrer selbst, „sie fühlte sich doppelt, ein Körper hier und eine Seele dort". (Zitiert in: A. Lowen, Körperausdruck und Persönlichkeit, S.426f.)

Auch das Gefühlsleben schizophrener Menschen zeigt Spaltungstendenzen. Es zeigen sich massive Probleme, in einer von Gegensätzen geprägten Welt zurechtzukommen und mit der menschlichen Ambivalenz umzugehen. E. Bleuler hat das Wesen der gespaltenen, ungerichteten Affektivität geschildert: „Gott und Teufel reißen den Kranken und seine Welt buchstäblich in Stücke, so dass er seine Ambivalenz oft in einem Wahnsystem unterbringen muss" (zitiert in: G. Benedetti, S.20).

Auch die Handlungen sind von ambivalenten Strebungen durchsetzt, wodurch die Entscheidungsfindung erschwert oder gar unmöglich gemacht wird. Es kommt zu plötzlichen, impulsiven Handlungen, die weitgehend ungesteuert und automatisch ablaufen. Die Kontrolle entgleitet partiell dem bewussten Ich. Eine Patientin berichtet: „Die Zunge spricht Worte aus, die ich ablehne."

Der Verlust der innerpsychischen Struktur schizophrener Menschen vollzieht sich vorwiegend zu Lasten des Ich. „Die Schizophrenie ist eine Ich-Krankheit", bemerkt G. Benedetti (S.81). Die Patienten erleben eine Fragmentierung ihrer psychischen Struktur, eine Ich – Spaltung. Das Ich ist in Auflösung begriffen oder nicht mehr existent. Ein Patient erzählt dem Therapeuten, dass seine Gedankengänge „immerfort abrissen". In den entstehenden Lücken hat er zunehmend das Empfinden, „große Teile seiner selbst zu verlieren, und es breitete sich ein Leere in ihm aus, die ihn mit Grauen erfüllte" (S.49).

Die schizophrene Spaltung zeigt sich in drei Varianten:
- **Gespaltene Identität;**
- **Verlust der Kohärenz der Persönlichkeit;**
- **Ich-Entgrenzung.**

Gespaltene Identität: Die Patienten fühlen sich in ihrem Innern entzweit oder fragmentiert. Sie nehmen verschiedene Personen wahr, die sie als Stimmen, außerirdische Mächte, innere Autoritäten, gefährliche Verfolger u.ä. beschreiben. Diese Mächte reden über sie, kommandieren sie herum, lachen sie aus und fällen sogar Urteile über sie. Die Betroffenen fühlen sich oft völlig ausgeliefert, da sie den Anfeindungen aus dem eigenen Innern keine angemessene Reaktion entgegensetzen können. Manche sehen, wenn sie in den Spiegel schauen, nicht das eigene Gesicht, sondern das Antlitz eines Fremden, oder die Fratze eines Ungeheuers, einen grausigen Totenschädel, oder aber - der Spiegel bleibt leer!

Es kann vorkommen, dass ein Patient sich im Traum in zwei Personen aufspaltet: „Während die eine seine negativistischen Anteile repräsentiert, seine ,alte' Persönlichkeit gewissermaßen, symbolisiert die andere das neu erwachende Ich. Es kann auch vorkommen, dass dieses Traum-Ich sich maßlos über ,seine andere Hälfte' aufregt, ihr wegzugehen befiehlt, ihr beizubringen versucht, sie habe ausgedient, oder ihr ganz einfach die Daseinsberechtigung abspricht", berichtet G. Benedetti (S.281).

Schizophrene Patienten klagen, ihre Gedanken würden ihnen permanent entzogen. Wie ein Spielball fühlen sie sich den Einflüssen der Umwelt ausgesetzt oder wähnen sich unter andauernder Beobachtung. Die eigene Person scheint sich in den Wänden des Zimmers fortzusetzen oder sie wird zu jemand anderen, zu einem Fremden.

227

Kohärenzverlust der Person: Die Ich-Grenze wird durchlässig (*Depersonalisation*). Abgespaltene Ich-Teile werden auf Dinge und Menschen projiziert. Körperorgane wirken plötzlich verschoben; es scheint, als entstünden Löcher im Innern. Mit fortschreitender Desintegration setzt ein Empfinden des körperlichen Zerfalls ein. Der Körper scheint auseinander zu driften; die innere Ordnung geht verloren. Das Selbst löst sich auf; die Vergangenheit existiert nicht mehr. Das absolute Chaos droht. Manche Patienten fühlen sich zwischen göttlichen und dämonischen Mächten hin- und hergeworfen.

Das Fehlen der Kontinuität wirkt sich auch auf das Bewusstsein aus. Das Denken wird zerfahren und sprunghaft. Die Spaltung erfasst ebenfalls die affektive Seite der Psyche und drückt sich in gegensätzlichen und wahnhaften Vorstellungen aus.

Schizophrene Ich - Entgrenzung: Die Grenzen des Selbst beginnen zu verschwimmen; die Ich-Grenzen sind in Auflösung begriffen. Es ist, als ob schizophrene Patienten in einer extrem unstrukturierten Welt leben (vgl. G. Benedetti, S.160). Der Verlust der Ich-Grenze verhindert die Selbstabgrenzung gegenüber der Außenwelt. Alles Geschehen verknüpft sich mit dem Ich, daher ist es für Umweltreize äußerst durchlässig. Häufig bezieht es alles, was in seiner Umgebung vorgeht, auf sich.

Auch die Gedanken- und Gefühlswelt der Mitmenschen kann ungehindert zu den Kranken vordringen. Teilweise fühlen sie sich wie auf einer Bühne, auf der sie von jedem beobachtet werden.

Das Selbst schizophrener Patienten ist im Extremfall zu Fragmenten reduziert. Der Eindruck einer chaotischen Nicht-Identität entsteht. Im Gespräch ist es schwierig, einzuschätzen, *wen* man eigentlich vor sich hat. Es scheint, als ob verschiedene Fragmente bzw. unvollständige Persönlichkeiten gleichzeitig agieren. In den Zeiten der Integration, die sich hin und wieder einstellen, steigen intensive Ängste an die Oberfläche des Bewusstseins.

Die Entgrenzung und Durchlässigkeit des Ich hat bei einigen Patienten eine autistische Abkapselung von der Welt zur Folge. Sie fühlen sich wie eine Schale ohne Inhalt, deren Wand zersplittert ist, während der Innenraum mit fremden Inhalten ausgefüllt wird. Viele Schizophrene befürchten eine unmittelbar bevorstehende Katastrophe. Traurige, verzweifelte Stimmungen ergreifen Besitz von ihnen. Die Verzweiflung steht im Widerspruch zur phantasierten Größe eines aufgeblasenen Selbst, das hin und wieder zutage tritt.

Manche versuchen, im inneren Chaos ein Minimum an Ordnung aufrechtzuerhalten. Einer von ihnen klagt: „Mein Ich ist tot: ein von tausend Projektilen durchlöcherter Leib" (ebd., S.102). Die Erlebnisse des Identitätsverlustes, des Zerfalls, der Verschmelzung mit der Welt und die autistische Abtrennung von ihr, bilden die Grundlage eines Beziehungs- und Beeinflussungswahns. Einer der Patienten bringt sein Empfinden zum Ausdruck: „Es kommt mir vor, als würde ich inmitten anderer Menschen auf dem Wasser treiben; ich weiß gar nicht mehr, ob ich eigentlich existiere oder nicht…" (S.159).

Der schizophrenen Ich-Spaltung scheint etwas Unwiderrufliches innezuwohnen. Ein Zerstörungsprozess findet nicht nur auf der psychologischen, sondern auch auf einer meta-psychologischen Ebene statt. Abgesehen von traumatischen Erschütterungen und Spannungen, die das Fundament der Psyche erheblich ins Wanken bringen, „ist das Auseinanderbrechen des Ich die Folge einer ‚tellurischen Katastrophe', die mit pschodynamischen Gedankengängen allein nicht nachvollzogen werden kann, denn diese verlaufen zwar teils unbewusst, überwiegend jedoch in den Bahnen der Logik. Die Katastrophe des psychischen Zerfalls setzt aller Logik ein Ende", schreibt Benedetti (S.189).

Daher ist es verständlich, wenn ein Therapeut sich ohnmächtig fühlt und eingestehen muss, gar nichts mehr zu begreifen. „Und tatsächlich versteht er in solchen Augenblicken nichts mehr", fährt Benedetti fort. „Für sein Unbewusstes ist das der große Wendepunkt: Nun beginnen jene Zeichen und Symbole, Bilder und Gefühle ins Bewusstsein aufzusteigen, die nicht ‚erklären' wollen. Sie stürzen ihn in jene Abgründe, die zwischen den auseinander gebrochenen Ich-Anteilen des Patienten klaffen." Es gelingt den Therapeuten nicht, das Symptom logisch in den Griff zu bekommen. Zahllos sind die sich vermengenden ineinander zerfließenden Bestandteile. Die Gefühlsebene wird zum integralen Bestandteil aller kognitiven Prozesse.

Die Über-Ich-Struktur vermag in vielen Fällen den Auflösungsprozessen besser standzuhalten als das Ich. Während die Ich-Fragmentierung weiter fortschreitet, übersteht ein strenges Über-Ich den Prozess relativ unbeschadet. Das Zusammensein des schwachen Ich mit einem noch strukturierten, zum Teil sadistischen Über-Ich führt zu einer Störung der Selbstidentität. Gegenüber der machtvollen Instanz des Über-Ichs vermag es seine Autonomie nicht aufrechterhalten.

Mit der Zeit setzt sich das Ich gegen die Angriffe des Über-Ichs und die daraus folgenden absurden Schuldgefühle nicht mehr zur Wehr. Die entfremdeten Gedanken wachsen sich zu einem gigantischen Schuldkomplex aus. Das schwache und ungefestigte Ich schwankt zwischen Aggression und Abhängigkeitsbedürfnis. Unsichere Auflehnungsversuche werden von Resignation und unterwürfigem Verhalten abgelöst. Mit dem Begriff *Ambivalenz* werden jene Reaktionen ausgedrückt, bei der jede Tendenz von einer Gegentendenz zurückgedrängt und ausgelöscht wird. „Das kann so weit gehen, dass ein Kranker, der sich vom Stuhl erhebt, sich gleich wieder hinsetzen muss, weil sein Handeln von einer Gegenvorstellung blockiert wird", erläutert G. Benedetti (S.121).

Der Patient ist außerstande, irgendeine Entscheidung zu fällen. „Auf jeden Gedanken, auf jede Vorstellung und jeden Willensimpuls folgt sofort der Gegengedanke, die Gegenvorstellung, der Gegenwille, wobei letztere umso intensiver sind, je heftiger sich die ersteren in der Psyche des Patienten zur Geltung bringen möchten." Das Ich ist gespalten und daher unfähig, sich zu irgendeiner Entscheidung durchzuringen oder zwischen gegensätzlichen Vorstellungen eine Wahl zu treffen. Dieser „schizophrene Zweifel… verrät sich durch die Unfähigkeit, darüber zu entscheiden, was man eigentlich denken will…" Fragen, die sich Schizophrene oft stellen, lauten etwa: „Gehören meine Gedanken wirklich mir?" – „Ist das, was ich denke und sage, auch wirklich wahr?" – „Werden mir fremde Gedanken über-tragen?"

Da das Ich als Ordnungs- und Entscheidungsinstanz seine Funktion nicht mehr ausüben kann, wird es zum passiven Beobachter autonom gewordener Gedanken und Impulse. „Kein Gedanke wird vom Pati-enten als ihm zugehörig erlebt, kaum hat er Gestalt angenommen, entzieht er sich ihm wieder, um sich ihm, nunmehr ins Gegenteil verkehrt, erneut aufzudrängen; jede getroffene Entscheidung wird durch eine Gegenentscheidung aufgehoben"; so schildert G. Bene-detti das Dilemma (S.155). Er beschreibt eine ‚Koexistenz der Ge-gensätze' in der Psyche, die das Ich in Stücke zerfallen lassen: „Nie gelingt es diesem Ich, zwischen verschiedenen Gemütsverfassungen eine Rangfolge zu etablieren. Kaum ist eine Vorstellung im Bewusst-sein aufgetaucht, wird ihr Gegenteil auf den Plan gerufen, das sie unweigerlich vernichtet" (S.67).

Die Erfahrung der Freiheit, der Entscheidungsfähigkeit ist norma-lerweise Teil der menschlichen Psyche. Der schizophrene Patient kann sich nicht mehr einig werden, ob er abhängig oder frei sein will, ob er liebt oder hasst, etc. Jeder Gedanke wird von einem Gegenge-danken durchkreuzt. Die zunehmende Ambivalenz zerstört seine Selbstidentität. Als Folge davon entsteht im Innern eine unendliche Leere, die nur schwer zu ertragen ist.

Über schizophrene Menschen bricht das ‚Überindividuelle' herein, bemerkt G. Benedetti. In der Folge kommt es zu einem ambivalenten Ohnmacht- und Allmachtsempfinden. Die Ich-Entgrenzung lässt ei-nerseits das Ich sterben, führt aber gleichzeitig zu einem Einheitser-leben mit dem All. Das Ende der normalen Existenz in der Welt lässt die Betreffenden eine zeit- und raumlose Existenz erahnen, die den Psychotherapeuten in der Regel fremd ist.

Multiple Persönlichkeiten

Unser Geist braucht die feste Bindung an die Realität,
sonst zerbricht er irgendwann.

Die Barriere, die in der Psyche der meisten Menschen den Zugang zu unterbewussten Inhalten erschwert, wirkt als Schutzmechanismus, um Spaltungstendenzen vorzubeugen. Die Aufspaltung des Bewusstseins in Teilpersönlichkeiten führt zu pathologischen Auswüchsen. Bei einer tiefergehenden Spaltung stehen sich die inneren Anteile fremd, ja zuweilen feindselig gegenüber. Zwei oder mehrere Seelen in der Brust ringen miteinander um die Vorherrschaft.

Multiple Persönlichkeitsstörungen werden auch als *dissoziative Identitätsstörungen* bezeichnet. Verschiedenartige pathologische Bewusstseinszustände fallen unter diesen Begriff. Der Begriff *Dissoziation* (lat.: Trennung) umschreibt den Zerfall eines zuvor einheitlichen Bewusstseins. Zur *dissoziativen Störung* zählt das *Lexikon der Psychologie* (Berlin 2000) u.a.:

- Trance- und Besessenheitszustände;
- katatoner Stupor;
- motorische Ausfälle (z.B. Lähmungen und Krämpfe);
- psychogene Dämmerzustände.

Eine *multiple Persönlichkeitsstörung* liegt dann vor, wenn zumindest zwei Anteile der Persönlichkeit große Unterschiede aufweisen und abwechselnd die Kontrolle übernehmen. Das Individuum macht die äußerst unangenehme Erfahrung, dass zwei oder mehrere Persönlichkeiten im Bewusstsein unabhängig voneinander existieren. Es scheint, als hätten geheimnisvolle Eindringlinge vom Körper Besitz ergriffen und handelten ohne bewusste Kenntnis der ursprünglichen Persönlichkeit. Wenn diese nach einem *Blackout* ins normale Bewusstsein zurückkehrt, fehlt ihr meist die Erinnerung an die Geschehnisse, die in der Zwischenzeit passiert sind.

Multiple Persönlichkeiten dürfen nicht verwechselt werden mit schizophrenen Menschen. Diese erleben vielmehr eine andere Realität und reagieren auf diese Wirklichkeit in einer Weise, die von außen nicht leicht nachvollziehbar ist.

Der Bericht von L. Staudenmaier zeigt, dass sich bestimmte Unterpersönlichkeiten auch in der Psyche geistig Gesunder herauskristallisieren können, wenn diese über einen längeren Zeitraum hinweg ihr besonderes Augenmerk darauf richten. Er beweist mit seinen Experimenten, dass die Veranlagung zur multiplen Persönlichkeit tendenziell in jedem Menschen vorhanden ist. Eine stabile Ich-Struktur kann allerdings eine Dominanz der verschiedenen Unterpersönlichkeiten verhindern.

Manchmal lassen sich vier oder mehr Persönlichkeiten unterscheiden, die unterschiedliche Charaktermerkmale aufweisen und sogar miteinander im Streit liegen können. Auch die Kenntnisse und Fähigkeiten der verschiedenen Persönlichkeiten sind nicht dieselben. Während die eine über besondere Sprachkenntnisse oder sonstige Begabungen verfügt, sind diese bei einer anderen Persönlichkeit nicht mehr präsent.

Nach einer mehr oder weniger langen Zeitdauer, in der eine der *Personifikationen* dominiert, tritt ein Austausch ein. Die verschiedenen Persönlichkeiten wechseln sich ab - sie alterieren -, wobei die jeweilige seelische Verfassung völlig unterschiedlich sein kann. Die eine Persönlichkeit hat an den Entscheidungen und Handlungen der anderen oftmals keinen Anteil und auch die Erinnerung fehlt teilweise oder ganz. Die Gefühlswelt, Verhaltensweisen und Gedanken der *Personifikationen* sind von unterschiedlicher Prägung bis hin zu Polarisierungen, was einem *Jekyll-Hyde-Syndrom* gleichkommt. Manchmal existieren sechs bis zwölf ‚Kernpersonen' nebeneinander. Daneben sind oft noch weitere weniger ausgeprägte Persönlichkeitsteile vorhanden, die nicht dominant in Erscheinung treten.

Bei einer extremen Ausprägung der multiplen Störung verselbständigen sich die Gedächtnisinhalte und entwickeln eine weitgehende Eigenständigkeit. Völlig unterschiedliche Persönlichkeitsanteile entstehen, die voneinander keine Kenntnis haben. Zu unterschiedlichen Zeiten kommen sie zum Vorschein und übernehmen die alleinige Kontrolle. Die Eigenständigkeit dieser Teilpersönlichkeiten geht sehr weit; sie kommt sogar in unterschiedlichen Handschriften zum Ausdruck. Verschiedene Vorlieben und Fähigkeiten zeigen sich. Sogar ein unterschiedlicher Bildungsgrad und Lebenswandel sowie die Bevorzugung eines anderen Freundeskreises können jeweils in den Vordergrund treten. Selbst Alter und (psychologisches) Geschlecht wandeln sich mitunter.

Einer Aufspaltung der Persönlichkeit gehen gewöhnlich traumatische Erlebnisse in der frühen Kindheit voraus. Manchmal bricht eine menschliche Psyche – etwa unter Einwirkung eines starken Schocks – an den Schwachstellen des geringsten Widerstandes seines Wesens entzwei. Eine Abspaltung findet statt, wenn Ereignisse für die kindliche Psyche nicht zu verkraften sind. Schmerzhafte, traumatische Erlebnisse gefährden den Persönlichkeitskern eines Kindes. Menschen mit multipler Persönlichkeit wurden oft als Kinder missbraucht in einem Umfeld, das ihnen keine Möglichkeit bot, sich dem traumatischen Geschehen zu entziehen und Schutz zu suchen. Eine Spaltung entstand zwischen gegensätzlichen Ich-Anteilen.

Häufig wird bei multiplen Störungen eine fehlerhafte Diagnose gestellt, bemängelt F. Howland (in: J.F. Casey, Ich bin viele, S.433f.). Die Krankheit wird von Psychiatern nicht allgemein als solche akzeptiert. Erst 1980 wurde sie in das diagnostische Handbuch der *American Psychiatric Association* aufgenommen. Das Symptom des Stimmenhörens wird voreilig mit Schizophrenie, Borderline-Störungen oder Manie in Verbindung gebracht, selbst wenn Dialoge zwischen verschiedenen Persönlichkeiten geführt werden, die in der Psyche einer multiplen Persönlichkeit in den Vordergrund drängen.

„Die alternierenden Persönlichkeiten unterscheiden sich teilweise in Alter und Geschlecht von der Primärpersönlichkeit, und etliche betrachten sich auch nicht als biologisch zur Familie zugehörig", erklärt F. Howland. Und er fährt fort: Die „Dissoziation… bewirkt, dass die originäre Persönlichkeit zeitweilig ‚nicht da' und damit gegen Angst und Stimmen abgeschaltet ist." Eine multiple Persönlichkeit hat das Empfinden, dass die traumatischen Erfahrungen nicht dem Selbst, sondern jemand anderem zugestoßen sind.

Wenn sich die traumatisierenden Vorfälle wiederholen und über einen längeren Zeitraum andauern, empfinden die Opfer Todesangst. Sie werden desorientiert, ohne Hoffnung auf Entrinnen. Der einzige Ausweg scheint die innerliche Abwesenheit zu sein. Sie versetzen ihr Bewusstsein an einen anderen Ort und entziehen sich damit partiell der unerträglichen Situation. Die Psyche spaltet sich auf in immer mehr Teilpersönlichkeiten.

Der Wechsel der Persönlichkeiten entzieht sich der bewussten Wahrnehmung. „Im typischen Fall weiß die originäre Persönlichkeit nichts von den anderen Persönlichkeiten. Diese wiederum sind sich oft der Aktivitäten und der inneren Einstellungen der Primärpersönlichkeit wohl bewusst. Sie können nicht selbst bestimmen, wann sie erscheinen, sondern werden oft in völlig unberechenbarer Weise durch bestimmte Auslösereize im täglichen Leben der Primärpersönlichkeit auf den Plan gerufen. Das bedeutet für die originäre Persönlichkeit eine ständige Verwirrung, da ihr aufgrund der ‚Okkupation' des Bewusstseins durch die anderen Persönlichkeiten Augenblicke, Stunden, Tage und manchmal sogar Jahre fehlen", erklärt F. Howland.

Morton Prince, ein Arzt aus Boston, schildert in seinem Buch *Die Spaltung der Persönlichkeit* den Fall einer Studentin, die sich anfangs mit großem Eifer ihren Studien widmet. Dem Leben und sozialen Miteinander hat sie sich mehr und mehr entfremdet. Sie klagt unter Kopfschmerzen und Schlaflosigkeit. Der Arzt, den sie konsultiert, stellt nach ausführlicher Untersuchung eine multiple Störung fest: Vier verschiedene Persönlichkeiten sind präsent in der Psyche der Studentin.

Eines der Wesen nennt sich *Sally*. Zu den Interessen und Überzeugungen der primären Persönlichkeit steht *Sally* in völligem Gegensatz, ja, sie empfindet sogar Hass auf diese. Bei jedem Auftreten von

Sally schwindet das Bewusstsein der Studentin. Ähnlich wie im Schlafzustand stellt es seine Tätigkeit ein. Ganz wie eine fremde Person übernimmt das neue Wesen einen großen Teil der körperlichen Funktionen, der Nervenbahnen und psychischen Zentren.

„In den lichten Zwischenzeiten jammerte die Studentin, dass sie nicht mehr Herrin ihrer Seele sei und oft lange Zeit hindurch nicht wisse, was ihr Körper tue. Sie erfahre dann nachträglich, dass sie während dieser Zeit allerhand tolle Streiche gespielt habe, ihre Freunde auf das schamloseste anlüge und ihr Geld mit vollen Händen hinauswerfe. Manchmal fand sie sich beim Wiedereintreten des normalen Bewusstseins völlig erschöpft bis zum Umsinken durch einen langen Marsch, den Sally gemacht hatte…" (S.132).

Sally behauptet hartnäckig von sich, ein Geist zu sein. Sie verfügt über die Fähigkeit, die übrigen Persönlichkeiten zu hypnotisieren und zu dominieren. Hin und wieder quält sie die anderen mutwillig. Dem Arzt gelingt es mit einer Behandlung, die auf Suggestion basiert, günstige Resultate zu erzielen. Während der Therapie machen sich auch Anteile der Psyche bemerkbar, welche die Hauptperson verteidigen und schützen. Schließlich gelingt es in der Therapie, denjenigen Persönlichkeiten, die eine ernsthafte Bedrohung für die Einheit der Psyche darstellen, die Macht zu entziehen. *Sally* willigt erst nach langen Auseinandersetzungen ein, ihre Existenz in der fremden Psyche aufzugeben.

Teilselbste sind imstande, einen erheblichen Einfluss auf den Körper - vor allem auf die Muskulatur - auszuüben. Die Spannungen zwischen der Primärpersönlichkeit und den anderen Persönlichkeiten sind zeitweilig sehr heftig. Sie treten mit dem bewussten Ich ähnlich wie feindselige Gegenspieler in Konkurrenz. Es kommt zu inneren Kämpfen, in denen je nach Stärke abwechselnd einer der Pole die Oberhand gewinnt. Akustische Halluzinationen in Form streitender Stimmen zerren an den Nerven. Für Außenstehende unerklärlich scheinende Verletzungen, wie Schnittwunden, Verbrennungen und sogar Verstümmelungen, können Ausdruck erbitterter innerer Kämpfe sein. Einige Teilselbste führen sich wie teuflische Wesen aus dem *Abyssus* auf, die das Ich zu schädigen suchen.

Psychopharmaka bewirken bei multiplen Patienten kaum je eine Besserung der Symptome, bedauert F. Howland. Eine intensive Vertrauensbeziehung zu einem Therapeuten kann dagegen optimale Voraussetzungen schaffen, um einen Heilungsprozess einzuleiten mit dem Ziel, die verschiedenen Persönlichkeiten letztendlich zu integrieren und zu einer Einheit zusammenzubringen.

Gewisse Täterkreise, die sich dem Satanismus verschrieben haben, richten Kinder systematisch darauf ab, zu dissoziieren und ihnen nach Belieben zu Willen zu sein. Eindrucksvoll sind diese Machenschaften bei M. Huber beschrieben. Satanische Kulte initiieren in systematischer Art und Weise bereits Kleinkinder für die Zwecke der Gruppe. Die Täter verfügen über ausgefeilte Techniken der Bewusstseinskontrolle, denen Psychotherapeuten in der Regel hilflos gegenüberstehen. Diese Techniken, ‚Programme' genannt, dienen den destruktiven Kulten dazu, Menschen gefügig zu machen und unter ihre mentale Kontrolle zu zwingen, bis sie zu hilflosen Opfern und willfährigen Handlangern werden. Jedem Befehl des Machthabers bzw. ‚Priesters' wird in absolutem Gehorsam ohne zu Zögern Folge geleistet.

Derartigen Tätergruppen, die zum Teil aus sogen. ‚besten Kreisen' kommen, ist sehr an der Geheimhaltung ihrer Machenschaften gelegen. Sie verfügen über weitreichenden gesellschaftlichen und politischen Einfluss. Daher gibt es immer wieder Versuche von dieser Seite, das Krankheitsbild der multiplen Persönlichkeit in der Öffentlichkeit als Nonsens darzustellen.

Magisch-mediale Spaltungen

Um Bewusstseins-Spaltung zu verstehen, ist es unabdingbar, sich mit okkulten Themen zu befassen, denn im unsichtbaren, feinstofflichen Bereich ist deren Ursache zu finden.

Nächtliche Wanderer: Der Tag- und Nachtwechsel des Bewusstseins kann ebenfalls als *Dissoziation*, als Trennung oder Spaltung bezeichnet werden. Jede Nacht verlieren die Schläfer ihr normales Tagesbewusstsein und gleiten in einen veränderten Bewusstseinszustand hinüber, aus dem Traumerinnerungen das Ufer des neuen Tages erreichen und damit dem Wachbewusstsein zugänglich sind. Einige Menschen verharren nicht in der physischen Passivität des Schlafzustandes, sondern Geist und Körper erwachen in dieser Zeit zu besonderer Aktivität.

Bereits in den Tagen des *Hippokrates* und *Aristoteles* haben Schlafwandler die besondere Aufmerksamkeit der Mitmenschen auf sich gezogen, denn ihr seltsames Verhalten stieß weitgehend auf Unverständnis. Schlafwandler verfügen über besondere Fähigkeiten. Auch im Dunkeln bewegen sie sich mit großer Sicherheit. Bekannt ist ihre akrobatische Geschicklichkeit, mit der sie Zäune und Mauern überwinden, um dann plötzlich ins Bett zurückzukehren und in einen tiefen Schlaf zu fallen. Manche verfassen Briefe während des Schlafwandelns oder unterhalten sich mit Angehörigen.

Nach dem Erwachen können sie sich nicht an ihre nächtlichen Streifzüge erinnern oder meinen, geträumt zu haben. Bei der nächsten Exkursion kehrt bei vielen das Gedächtnis zurück und sie sind imstande, sich an frühere Ausflüge zu erinnern. F. Moser bemerkt zu dieser eigentümlichen Leistung: „Es findet also eine vollständige Spaltung des Bewusstseins und Gedächtnisses beider Zustände statt: Zwei Freunde wechseln miteinander ab, ohne sich zu kennen. An diesen Tatsachen geht selbst der Arzt und Psychologie merkwürdig gleichgültig vorbei" (S.195f.).

Die Autorin erwähnt den französischen Psychiater Janet, der, als sei es das Alltäglichste, von einem Nachtwandler berichtet, welcher den Tag über das Bett hütet. Nachts aber springt der Mann behände aus seinem Bett, öffnet leise die Tür, gelangt über mehrere Höfe zur Regenrinne und klettert mit erstaunlicher Geschicklichkeit hinauf. Danach ist er auf verschiedenen Dächern zu sehen.

F. Moser beschreibt verschiedene Stadien des Somnambulismus, „von den einfachsten Formen bis zu den höchsten, die den Menschen in einer ganz neuen, oft höheren Existenz zeigen, in der eine rastlose Tätigkeit wunderbarster Art entfaltet werden kann. Diese Tatsache hat noch lange nicht die gebührende Berücksichtigung gefunden, besonders bei der Beurteilung okkulter Leistungen..." (ebd.). Sie beklagt das mangelhafte Wissen zu diesem Themenkreis.

Bis heute geben somnambule Zustände erhebliche Rätsel auf. Nachtwandler sind zu außergewöhnlichen Leistungen fähig. So können sie bspw. bei völliger Dunkelheit ungewöhnlich scharf sehen und zeigen erstaunliche Gedächtnisleistungen: Alles das, was ein Individuum jemals gesehen, gelesen oder gelernt hat, wird im somnambulen Zustand erinnert. Skeptiker suchen nach einfachen Erklärungen und vermuten eine *Hyperästhesie*, eine Überempfindlichkeit gegenüber Sinnenreizen, die allerdings „kaum ein geringeres Wunder wäre", betont F. Moser.

Trancereisen: Von der Beweglichkeit des menschlichen Bewusstseins zeugen Trance- und Astralreisen. Okkultisten benutzen einen Zustand geistiger Dissoziation, um sich auf geheime, mystische Pfade zu begeben, die normalerweise unzugänglich sind. Vor ihrem inneren Auge öffnen sich Tore, die sie in andere Welten führen.

Eine imaginative Technik zielt darauf ab, in der eigenen Vorstellungswelt geistige Bilder zu erzeugen, die einem magisch-mystischen System entsprechen. Als Anschauung für dieses System nennt N. Drury den kabbalistischen *Baum des Lebens*. Nach der imaginativen Gestaltung des Bildes versetzen die Mystiker bzw. Magier ihr Bewusstsein mittels ihrer Vorstellungskraft an die gewünschte

Stelle und führen damit einen Zustand der Dissoziation herbei. Der Körper verfällt in eine tiefe Trance, während das Bewusstsein auf Reisen geht. Mit der Erinnerung an ihre visionären Erfahrungen kehren die Wanderer von der Reise zurück.

Die magische Imagination führt das Bewusstsein, ähnlich wie bei schamanischen Reisen, in außerkörperliche Bereiche. Derartige Exkursionen sind nicht ungefährlich, daher spielt eine ausreichende Kenntnis und Erfahrung auf diesem Gebiet eine bedeutende Rolle. Auch Astralreisen über bestimmte Ebenen hinaus bergen ein Gefahrenpotential, denn sie führen auf den Abgrund, den *Abyssus*, zu.

Die Wanderer, die immateriellen Pfaden folgen, dürfen sich von keinem Wesen oder Bild, das ihnen unterwegs begegnet, überwältigen lassen, warnt N. Drury. Andernfalls geraten sie in Gefahr, von diesen Wesen besessen zu werden. Drury behauptet, nur wenigen Magiern sei es bisher gelungen sein, den *Abyssus* unbeschadet zu überqueren (S.88).

Mediale Spaltungen: Die mediale Empfänglichkeit für Botschaften aus unsichtbaren Bereichen setzt in gewisser Weise eine Bereitschaft zur Spaltung der Psyche voraus. Dies trifft vor allem dann zu, wenn fremde ‚Wesenheiten' mit dem Bewusstseins eine Verbindung eingehen, während sich das Medium in tiefer Trance befindet. (Vgl. dazu mein Buch: Channel-Medien. Zwischen Licht und Schatten.)

Der Spiritismus deutet diese Wesen als Geister aus jenseitigen Welten, die das mediale Bewusstsein umlagern. Sie bemächtigen sich zeitweilig des Mediums als Mittler zwischen Diesseits und Jenseits und bedienen sich seiner als ‚Instrument' oder ‚Werkzeug', um ihre Botschaften zu übermitteln.

Ein allgemeines Kennzeichen medial begabter Menschen ist ihre ausgeprägte Sensibilität, meint J.M. Verweyen. Medien sind aufgrund ihrer Empfänglichkeit gute ‚Antennen' für Eindrücke aller Art und damit prädestiniert für eine mediale Tätigkeit. Auf jeden Fall sei es angezeigt, „scharf zu unterscheiden zwischen der Bewusstseinsspaltung als einem psychologischen oder psycho-pathologischen Vorgang und der medialen Leistung, die damit verbunden ist" (S.29).

Die Voraussetzung für eine mediale Betätigung ist in der Regel ein Trancezustand, der verschiedene Grade annehmen kann, von einer leichten Veränderung des Tagesbewusstseins bis zur sogen. Tieftrance, in der das Wachbewusstsein weitgehend ausgeschaltet ist. In spiritistischen Zirkeln wird die Ansicht vertreten, Menschen mit medialen Fähigkeiten seien in psychischen Grenzzuständen fähig, die Materie zu beeinflussen. Im Gegenzug sind auch sie selbst vermehrt Einflüssen ausgesetzt.

Im Zustand der tiefen Trance nimmt das herabgedämpfte Bewusstsein Kontakt auf mit astralen Ebenen. Die Erfahrungen sind nicht immer Teil der bewussten Erinnerung. Das Ichbewusstsein verlässt häufig sogar den physischen Körper, der dann von Geistwesen ‚eingenommen' wird, die ihn für die Dauer der Übermittlung bewohnen. Jeder bewusste Willensimpuls der ursprünglichen Persönlichkeit ist ausgeschaltet, weshalb tatsächlich von einer Bewusstseinsspaltung auszugehen ist.

Der veränderte Bewusstseinszustand ist von begrenzter Dauer. Medien sind offenbar in besonderer Weise dazu befähigt, eine vorübergehende ‚Umlagerung' des Bewusstseins, ein ‚Anders werden' zuzulassen, überlegt J.M. Verweyen. Wenn es zweifelhaft ist, ob die Leistung eines Mediums auf den Einfluss von Geistwesen zurückzuführen ist, kann das „einzige Kennzeichen, das hier schließlich in Frage kommen könnte, …die außermediale Leistung selbst" sein (S.30).

Mediale Bewusstseinszustände unterscheiden sich grundlegend von der pathologischen Bewusstseinsspaltung, unter der bspw. Epileptiker leiden. „In den sogen. epileptischen Dämmerzuständen wird eine Form des Bewusstseins, ein ‚Ich' wirksam, das mit dem ‚Ich' des normalen Bewusstseins gar keinen Zusammenhang aufweist, ja, zu diesem in seinen Handlungen **in einen direkten Gegensatz treten kann**. Es zeigt sich dabei eine Störung des seelischen Gleichgewichts, eine Durchbrechung der inneren Einheit eines übergreifenden zentral herrschenden Ich, das gleichsam die Fäden des seelischen Gleichgewichts in der Hand behält" (ebd.).

Mit dem seelsorgerischen Aspekt okkulter Betätigung hat sich K.E. Koch befasst. Er berichtet von verschiedenen psychischen Störungen, die sowohl bei Medien als auch unter Teilnehmern spiritistischer Sitzungen anzutreffen sind. Diejenigen, die unter okkultem Einfluss stehen, erleben innerhalb ihrer Psyche Abspaltungsprozesse. *Alle Individuen, deren Unterbewusstsein in okkulter Weise - entweder aktiv oder passiv – beeinflusst wird, erleben eine Bewusstseinsspaltung* (S.199). Darüber hinaus werden sie in ihrer häuslichen Umgebung nicht selten von Spukerscheinungen heimgesucht.

Parapsychologen machen abgespaltene psychische Kräfte, die jenseits der bewussten Willenssteuerung eine Sonderexistenz führen, für Spukphänomene verantwortlich. Ob allerdings jeder Spuk mit dieser These erschöpfend erklärt werden kann, ist fraglich, zumal diese Vorgänge unterhalb der Bewusstseinsschwelle ablaufen und damit keiner bewussten Kontrolle unterliegen. Mit derartigen Annahmen, die bislang keineswegs bewiesen werden konnten, lässt sich jedenfalls nur eine kleine Anzahl der bekannt gewordenen Fälle erklären, kritisiert K.E. Koch. Den Parapsychologen und auch den Psychologen mangelt es an einleuchtenden Erklärungen für die außergewöhnlichen Vorkommnisse.

Spaltungs-Magie: Eine besondere Schulung ist erforderlich, um Kräfte zu erlangen, die einen Kontakt mit Wesen der Astralebene herstellen können. Das Praktizieren magischer Übungen erlaubt es Adepten bis zu einem gewissen Grad, die geistigen Ebenen zu betreten. Die gegebenen Anweisungen müssen allerdings strikt eingehalten werden, um nicht den Wesen, denen man begegnet, schutzlos ausgeliefert zu sein.

Die Übungen verschaffen angehenden Magiern die Fähigkeit, andere Menschen in weit stärkerem Maß zu beeinflussen, als dies gewöhnlich der Fall ist. Infolge ihrer geistigen Entfaltung sind sie fähig, einem jeden Menschen, der nicht über einen ähnlichen Entwicklungsstand verfügt, Suggestionen ins Unterbewusstsein einzuflößen. Für einen Magier ist es eine Leichtigkeit, auch auf große Entfernungen hin suggestive Anweisungen zu erteilen. Er kann im Geiste die betreffende Person aufsuchen, um Einfluss auszuüben, was am besten gelingt, während sie schläft. Nicht nur für die Gegenwart, sondern auch für die entfernte Zukunft können Suggestionen erteilt werden, wobei der Zeitpunkt der suggestiven Wirksamkeit in das Unterbewusstsein der betreffenden Person verlegt wird.

Mit dem Thema *Spaltungsmagie* befasst sich eingehend G.A. Gregorius. Den physischen Körper betrachtet er als einen Organismus, der in einem materiellen Tätigkeitsfeld wirkt und auf einer grobstofflichen Ebene schwingt. Ein ähnlicher Organismus ist der Astralkörper, auch *Fluidalkörper* genannt. Doch dieser ist von feinstofflicher Beschaffenheit und schwingt auf einer subtileren Ebene. Der feinstoffliche Körper hat unter gewissen Bedingungen die Fähigkeit, den physischen Körper zu verlassen. Diesen Vorgang nennt man Spaltung.

Dabei wird unterschieden zwischen

▶ der Spaltung des eigenen Astralkörpers vom grobstofflichen Körper und

▶ der Spaltung des Astralkörpers anderer Menschen von deren physischem Körper.

Das Erreichen dieser Ziele setzt eine Reihe von Übungen voraus. Eine Spaltung kann durch Anwendung verschiedener Mittel bewirkt werden:

◘ Trancezustände;
◘ Einnahme von Rauschmitteln;
◘ ein plötzlicher Schock;
◘ intensive Angstzustände;
◘ gewisse Tanzübungen;
◘ hypnotische Einflussnahme und
◘ magische Experimente

Der grobstoffliche Körper wird ganz oder teilweise ausgeschaltet. Auch während des natürlichen Schlafs ist der Körper dem Einströmen fremder Kräfte vermehrt preisgegeben, behauptet Gregorius.

Die eigentliche Spaltungsmagie wird mit Personen ausgeübt, die medial veranlagt sind. Als Vorbedingung, um mit Menschen Spaltungsexperimente magischer Art durchführen zu können, nennt Gregorius: „Sensibilität und Gehorsam in physischer und geistiger Beziehung!" Die ‚Ausbildung' des Mediums sieht vor, es unter Anwendung magnetischer Striche in einen somnambulen Zustand bzw. in den ‚magnetischen Schlaf' zu versetzen.

Ist dies gelungen, stellt der praktizierende Magier einen ‚psychischen Rapport' zu dem Medium her und erteilt entsprechende Suggestionen, um eine Spaltung einzuleiten. Der Magier gibt im Geiste solange suggestive Anweisungen, bis sich der feinstoffliche Körper des Mediums tatsächlich lockert und schließlich loslöst. Damit ist die Spaltung vollzogen.

Nach mehrmaliger Wiederholung gelingt die Abspaltung des Astralkörpers vom physischen Körper immer leichter. Der Magier kann nun darangehen, dem feinstofflichen Körper des Mediums Befehle zu erteilen. Er ist in der Lage, ihn zu allen möglichen Handlungen zu veranlassen und seinen eigenen Interessen gemäß zu nutzen. Das Gedächtnis des Mediums kann während der Experimente suggestiv völlig ausgeschaltet werden. (!)

Selbst wenn sich eine medial veranlagte Person anfangs freiwillig für Spaltungsexperimente zur Verfügung stellt, so wird ihr doch mit der Zeit die bewusste Kontrolle über das Geschehen völlig entzogen. Sie begibt sich ganz in die Hand eines Anderen, dessen Absichten nicht zwangsläufig mit den eigenen in Übereinstimmung sind. Durch die Spaltungsexperimente wird dem Medium zudem eine große Menge an Lebenskraft entzogen, wodurch die Gefahr einer Überanstrengung gegeben ist. Es büßt nicht nur seinen freien Willen, sondern auch die Verfügungsgewalt über den feinstofflichen Körper ein. Daher ist von Experimenten dieser Art dringend abzuraten!

D. Fortune hat sich mit dieser Thematik eingehend beschäftigt und in ihrem Werk *Liebe aus dem Jenseits* den Stoff in Romanform verarbeitet. Darin verliert ein weibliches Medium die Kontrolle über ihren Astralkörper, indem es sich Kräften anheim gibt, die es für eigene Zwecke benutzen und denen es sich im Laufe der Zeit nicht mehr ohne weiteres entziehen kann.

Hier wird deutlich, dass neben einer unfreiwilligen, pathologischen Bewusstseinsspaltung, die ihre Opfer in psychische Ausnahmezustände bringt, eine gewollte, medial oder magisch induzierte Spaltung existiert. Diese ist in der magischen Praxis und der medialen Arbeit anzutreffen. Im ungünstigen Fall führt sie ebenfalls in Bereiche, in denen die psychische und physische Gesundheit untergraben wird.

Die zwei Naturen des Menschen

Bei der Höherentwicklung teilt sich das Bewusstsein.

Wie bereits im äußeren Erscheinungsbild des Körpers zu erkennen ist, teilt sich der menschliche Organismus in zwei Teile, in zwei Naturen. Zwei Welten entwickeln sich in der Seele des Menschen, erklärt R. Steiner. Die eine ist dem sinnlich-physischen Dasein zugekehrt, während die andere empfänglich ist für Offenbarungen aus dem Geistigen. (In: Die Geheimwissenschaft im Umriss, S.297.)

In der modernen Psychologie ist die Anschauung weit verbreitet, das Ichbewusstsein sei identisch mit dem Körperbewusstsein. „Diese fast naiv anmutende Auffassung ist unhaltbar geworden, seit sich bei bestimmten pathologischen Fällen gezeigt hat, dass trotz innerer Anästhesie das Bewusstsein des Ich dennoch vorhanden war, und umgekehrt, dass bei Gegenwart des Körperbewusstseins Depersonalisation vorkommen konnte. Die Identifikation von Körperbewusstsein und Ichbewusstsein lässt sich danach nicht länger aufrechterhalten", kritisiert R. Rösel (S.54). Das Körperbewusstsein ist eine Funktion des Ichbewusstseins. Das Ich ist tatsächlich imstande, seine Aufmerksamkeit abzuziehen und sich von den Körperempfindungen zu isolieren.

Der Zweck von Hathayoga-Übungen liegt darin, eine Loslösung des Körpers vom Ichbewusstsein zu erreichen. Dies geschieht durch Konzentration auf die Energiezentren des Körpers, auch *Chakren* genannt, sowie verschiedene weitere Übungen (S.53). Der physische Organismus verliert für den Yogi seine Bedeutung. Er vollzieht mittels wiederholter Übungen eine Ablösung des Bewusstseins vom Körper. Dabei wird insbesondere der Regulierung des Atems große Bedeutung beigemessen.

Während einer geistigen oder magischen Schulung, - die häufig auf telepathischem Wege erfolgt -, werden verdrängte Inhalte des Unterbewusstseins mit Kraft geladen. Mitunter können diese Inhalte, da sie traumatisch sind, nicht ohne weiteres in das normale Wachbewusstsein integriert werden, erklärt W.E. Butler: „In diesen seltenen Fällen kann es geschehen, dass eine Art ‚mentaler Bruch' des Geistes oder sogar dessen Zerfall eintritt" (S.106).

Bereits der schwedische Mystiker Emanuel Swedenborg erklärte in seinen Theorien über Geisteskrankheiten, diese entstünden durch eine Spaltung des ‚äußeren' und des ‚inneren' Menschen (vgl.: M. Lamm, S.133). In somnambulen Zuständen wandert der äußere Mensch mechanisch herum, während der innere sich im Halbschlaf befindet. In der Ekstase hingegen geschieht das Gegenteil: Die Seele verlässt den Körper und streift ohne diesen umher.

Sehr deutlich nimmt Swedenborg neben seinem äußeren auch einen inneren Menschen wahr. Er hat die Empfindung der Verdoppelung seiner Persönlichkeit. Dabei wundert er sich, wie er zwei völlig verschiedene Gedanken gleichzeitig haben kann. In seinem Bewusstsein ist eine Spaltung eingetreten. Swedenborg bemerkt dazu: „Das Merkwürdigste war, dass ich nun den inneren Menschen verkörperte, als wäre ich es nicht selber, so dass ich meine Gedanken begrüßen, meine Erinnerungen erschrecken und sie anklagen konnte, als gehörten sie einem anderen Menschen. Dies zeigt, dass es jetzt umgekehrt ist. Jetzt ist es so weit gekommen, ich verkörpere den inneren Menschen, der ein Gegner des äußeren ist…" (S.163). Er unternimmt alle möglichen Anstrengungen, um frei zu werden von seinem ‚äußeren' Menschen, d.h. von seiner Persönlichkeit, um ein Werkzeug zu werden in der ‚Hand Gottes'.

In fast allen wissenschaftlichen Theorien findet das innere Selbst des Menschen kaum Beachtung, obwohl ihm in esoterischen Schriften eine bedeutende Rolle zuerkannt wird. Das innere Selbst, das von Psychologen dem Unbewussten zugeschrieben wird, ist im Grunde die organisierende Instanz aller Erfahrung. Während das Ichbewusstsein sich mit den Bedingungen in der materiellen Welt auseinandersetzt, diese verändert und steuert, organisiert das innere Selbst die psychische Realität des Individuums.

Das komplizierte und vielschichtige Unbewusste, dessen Erforschung C.G. Jung ein Anliegen war, dem auf diesem Gebiet tiefgründige Erkenntnisse zu verdanken sind, ist aber keineswegs unbewusst. Lediglich die begrenzte Sichtweise des Ichbewusstseins lässt die Aktivität des ‚Unbewussten' chaotisch erscheinen.

Das kreative Werk des inneren Selbst vollzieht sich keineswegs im Dunkel der Unbewusstheit, sondern wird von einer bewussten inneren Instanz in sinnvoller Weise bewerkstelligt. Das äußere Ich ist nur ein Schatten dieses kreativen Selbst, während psychologische Theorien geradewegs vom Gegenteil ausgehen, indem sie das bewusste Ich an die erste Stelle setzen. Die dunkle Blindheit, die dem Unbewussten im Allgemeinen zugeschrieben wird, ist eher beim Ich anzutreffen.

In Wahrheit ist das innere Selbst dem Ich übergeordnet, denn das Ich beruht maßgeblich auf den Eindrücken und Impulsen, die ihm aus dem Inneren zufließen. Das innere Selbst kann als Schöpfer des Ich angesehen werden und ist damit allen Zweifeln zum Trotz bewusster als sein Geschöpf. Da es dem Ich in der Regel an Bewusstheit mangelt, ist es nicht fähig, die Zusammenhänge vollständig zu erfassen und zu begreifen. Das äußere Ich ist darüber hinaus weit weniger stabil als das innere Selbst, wenngleich das Ich vorgibt, über ein hohes Maß an Stabilität zu verfügen, bemerkt J. Roberts. Im Gegensatz zum inneren Selbst erleidet das äußere Ich ständig Ausfälle. Es existiert nichts, dessen sich das Ich ständig bewusst wäre; - häufig vergisst es sogar sich selbst. (In: Seth und die Wirklichkeit der Psyche.)

Nicht alle psychischen Erkrankungen lassen sich mit schulmedizinischen Annahmen in Einklang bringen. *Eine ganze Anzahl pathologischer Bewusstseinszustände hängt mit außergewöhnlichen Bewusstseinserfahrungen zusammen, was in seiner Tragweite in der Regel nicht erkannt wird. Wenn eine Störung aber nur ungenügend ergründet wird, ist es schwierig, ein adäquates Heilmittel zu finden.*

In außergewöhnlichen Bewusstseinszuständen gelingt es Menschen, ihr inneres Selbst zu ergründen und diese Erfahrung in das normale Wachbewusstsein zu integrieren. Den Betreffenden ist es daraufhin nicht mehr möglich, sich ausschließlich mit dem bewussten Ich zu identifizieren. Während der Fokus einerseits auf die materielle Welt und deren Beherrschung gerichtet ist, befasst sich die andere Seite mit den subtilen Offenbarungen der Geisteswelt.

In naher Zukunft werden sich die zwei Seiten der menschlichen Seele, die materielle Natur und das geistige Leben, wieder verbinden. Die Voraussetzung dafür ist, dass sich ein Verständnis entwickelt für visionäre Erlebnisse und zudem die Erfahrungen der Sinne als Offenbarungen des Geistes begriffen werden. In der Gegenwart ist ein Teil der Menschheit dabei, sich mit dem inneren Selbst in Verbindung zu setzen und Möglichkeiten der Entfaltung ihres Bewusstseins zu erkunden.

Psychose oder Inbesitznahme?

*Durch die Unglaubwürdigkeit entzieht sich die Wahrheit
dem Erkannt werden.*
Heraklit

Unter fremdem Einfluss

Unter Naturvölkern wird seit alters her die Auffassung vertreten, dass psychische Krankheiten wie Epilepsie, Hysterie und Psychosen durch unsichtbare Geister verursacht werden, die vom Körper Besitz ergriffen haben. Dem griechischen Dichter Homer werden die Worte zugeschrieben: *„Ein Kranker, der dahinsiecht ist einer, den ein böser Geist angeblickt hat."*

In den heiligen Schriften der Inder, den *Veden*, werden als Urheber von Krankheiten verschiedene dämonische Wesen beschrieben. Die Verursacher krankmachender Einflüsse waren unzählige winzige Lebewesen, die später von der Wissenschaft *Bakterien* genannt wurden. Die Bakterien bildeten den unsichtbaren Körper eines Krankheitsdämons, der in den physischen Körper des Lebewesens eindrang und diesen in Besitz nahm. Gelang es dem bösen Geist, mit der Psyche eines Menschen eine Resonanz herstellen, wurde derjenige krank. Immun waren dagegen solche Personen, deren Schwingungshöhe nicht mit der des dämonischen Wesens übereinstimmte.

„In den heiligen Schriften der Inder sind alle diese bösen Krankheitsgeister beschrieben, auch wie sie aussehen, sie sind sogar in farbigen Bildern dargestellt", erläutert E. Haich. „Es sind erschreckende Gestalten, ein jeder besitzt ein charakteristisches Aussehen und eine charakteristische Farbe. So ist zum Beispiel der Dämon der Pest ein schwarzes Ungeheuer, man nennt die Pest auch den ‚schwarzen

Tod'. Der Geist einer ebenfalls tödlichen Krankheit ist ein gelber Dämon, man nennt die Krankheit, die er verursacht, ‚gelbes Fieber'... Lungenentzündung wird durch einen roten, riesigen Dämon verursacht, der wie aus Feuer und Flammen geflochten ist" (S.141f.).

Auffallend dabei ist, dass die von derselben Krankheit befallen Menschen unabhängig voneinander die gleichen bildhaften Eindrücke beschreiben. „Die Kranken sehen diese Dämonen natürlich sehr oft im Moment, da sie besessen werden. Manchmal auch später, während der Krankheit, wenn sie mit dem Dämon kämpfen." Ein Mönch des *Daoismus* (= eine religiösen Glaubensrichtung in China), nennt sich noch heute „der vollkommene Krieger, der Dämonen bezwingt und Krankheiten besiegt".

Bei der Frage, ob Besessenheit existiert, sind die Ansichten sehr geteilt. Menschen, die sich mit Magie beschäftigen, kommen zu der Überzeugung, dass hier Geister ihr Unwesen treiben. Auch Patienten, die unter einer schizophrenen Erkrankung leiden, äußern häufig der Angst, von dämonischen Wesen verfolgt oder besessen zu werden, während die meisten Psychiater Theorien formulieren über Konstellationen psychischer Energien, die sich in beunruhigender Weise wie gesonderte Persönlichkeiten verhalten. Die psychologische Erkenntnis hat Probleme damit, die Dämonie als Möglichkeit zu akzeptieren, weil die metapsychologischen Mächte, die ins Spiel gebracht werden, für sie schlichtweg nicht existieren.

Der Zürcher Psychiater D. Naegeli-Osjord hat dennoch versucht, Zusammenhänge zwischen schizophrenen Symptomen und geistigen Übernahmen durch Fremdwesen herzustellen. Ihm ging es darum, zu entscheiden, „ob es sich bei einem Wahnkranken um ein nur innerpsychisches, vom Patienten allein fehlgesteuertes Geschehen (Schizophrenie) oder um einen Fremdeinfluss, die Steuerung durch ein feinstoffliches Wesen (Übernahme, Besessenheit) handelt" (S. 237f.). Die aussagekräftigsten Unterscheidungsmerkmale bieten symptomfreie Zeiten, in denen schizophrene Patienten sich der Normalität entsprechend verhalten. In der anfallsfreien Zeit ist der psychische Zustand der Betroffenen relativ ausgeglichen. Die auffallende Veränderung, die im schizophrenen Schub stattfindet, kann aus dieser Sicht als Fremdeinfluss gewertet werden.

Der Autor Arthur Guirdham ist davon überzeugt, dass sämtliche Formen schwerer krankhafter Störungen von externen Bewusstseins-Persönlichkeiten verursacht werden. Der Mediziner R. Teutsch, dem einige ungewöhnliche Problemfälle in seiner Praxis begegnet sind, findet kritische Worte für die vorherrschende wissenschaftliche Lehrmeinung in Bezug auf Fremdbeeinflussung: „Die Wissenschaft streitet Besessenheit absolut ab, sie leugnet und verspottet überhaupt alles, was sie nicht versteht oder nicht verstehen kann." Auch scheinen „Wahnsinn und Epilepsie ansteckend zu sein. Ich habe Nervenärzte und Krankenpfleger in Nervenheilanstalten erlebt, die sich der krankhaften Beeinflussung durch die Patienten nicht entziehen konnten. Doch diese Ansteckung ist keineswegs offiziell anerkannt. Wenn man nicht mehr weiß, was man mit den armen Menschen machen soll, warum versucht man nicht, einen Exorzisten hinzuzuziehen?" (S.116).

Mit der Frage, ob es möglich sei, dass ein körperloser Geist, ein Wesen aus dem Jenseits, Kontrolle über einen lebenden Menschen ausüben und in der Folge Bewusstseins- und Verhaltensstörungen hervorrufen kann, befasst sich der amerikanische Psychiater Raymond A. Moody jr. Ohne eine schlüssige Antwort auf die Frage geben zu können, ob Besessenheit tatsächlich real ist oder nicht, gibt er zu bedenken, „dass ich - wie viele andere Psychiater - in meiner Praxis einigen sehr schwierigen Fällen begegnet mit, bei denen die betroffene Person an einer besonderen Bewusstseinsveränderung zu leiden schien, die in keine mir bekannte Kategorie von Geisteskrankheit zu passen scheint, jedoch der Beschreibung von ‚Besessenheit' glich, die ich in mittelalterlicher Literatur fand" (zitiert in: E. Fiore, S.11f.).

Nach der Anwendung exorzistischer Prozeduren seien die Symptome einiger der Patienten plötzlich verschwunden gewesen. Hier liege eine besondere Störung vor, „die sich von Geisteskrankheit unterscheidet und es wert ist, untersucht zu werden." Und er fügt hinzu: „Seltsamerweise ist es seit dem frühen zwanzigsten Jahrhundert unter Profis auf dem Gebiet der Psychologie unmodern geworden, die vielen ungewöhnlichen und manchmal spektakulären Veränderungen, zu denen das menschliche Bewusstsein neigt, sorgfältig zu erforschen."

Gegenwärtig scheint sich ein Wandel in dieser starren Haltung anzubahnen, denn eine erstaunlich hohe Anzahl von Fachleuten der Psychologie und Psychiatrie befasst sich zunehmend mit dem Studium veränderter Bewusstseinszustände und zeigt sich dabei aufgeschlossen für außergewöhnliche Zusammenhänge.

Orakelheiler und Besessenheit

Im ‚Schamanismus ist Possession ein zentrales Element. „Am Anfang einer Laufbahn zum Orakelheiler steht die Berufung", erklärt A. Schenk, die Schamanen in Ladakh besucht und erforscht hat. Die Übergangszeit, bevor ein gewöhnlicher Mensch mit besonderen Fähigkeiten ausgestattet wird, gestaltet sich oft schwierig und wird zu einer „langwierigen Geschichte des Leides und der sozialen Abnormität" (S.22f.). Bei fast allen nichtwestlichen Völkern ist diese schwere Zeit der ‚Berufungsleiden' nachgewiesen. Der zukünftige Heiler wird von Geistern und Gottheiten bedrängt und geplagt. Daher wehrt er sich oftmals am Anfang gegen diesen ‚Überfall', was ihm aber schlecht bekommt. Unter ungünstigen Umständen kann sich aus Unwissenheit und Widerstand gegen die Berufung eine lange Schmerzens- und Leidenszeit entwickeln, die umso gefährlicher ist, je länger die Krankheit andauert.

Während der Berufungszeit ergreifen Schutzgeister und Dämonen Besitz vom Körper eines Kandidaten. Die Unglück bringenden Mächte wechseln mit den hilfreichen Geistern ab; sie kommen niemals gleichzeitig. Häufig streiten sie um die Inbesitznahme des Körpers. Ein Neuling weiß nicht zwischen Schutzgeistern und Dämonen zu unterscheiden. Daher konsultieren angehende Orakelheiler in der

Regel mehrere Lamas und Rinpoches, denen die Aufgabe zukommt, diese Unterscheidung zu treffen. Wenn die Zeit reif ist, werden höhere und niedere Geistwesen voneinander getrennt während der ersten Initiation. *Sind vorwiegend dämonische Kräfte im Kandidaten anwesend, eignet sich dieser nicht zum Orakelheiler, sondern leidet unter Besessenheit.*

A. Schenk beschreibt den Werdegang eines zukünftigen Orakelheilers, der in absonderliche, veränderte Bewusstseinszustände gerät und äußerst unverträglich wird. Er träumt von einem dreiäugigen *lha,* der in seinen Körper eintritt. Dabei handelt es sich um den Beschützergott eines nahegelegenen Klosters, der durch die Lüfte saust. Der Geist hetzt ihn von einem Ort zum anderen.

Das angehende Orakel sucht Rat bei einem Geistlichen, einem *Rinpoche,* der die Echtheit des *lha* überprüfen will. Er händigt ihm zwei Amulette aus und verbietet ihm, Bier zu trinken
Bereits der Glaube an die Wirkung des Amuletts hilft dem jungen Mann, sich zu beruhigen. Es ist ein weit verbreitetes „Mittel der Abwehr, das kraft der ihm innewohnenden, von einem hochstehenden Lama übertragenen geistigen Macht dazu dient, Unheil vom Menschen fernzuhalten" (ebd., S.26). Doch der Träger eines Amuletts zieht auch Wesenheiten an: Im Fall der Besessenheit wirkt das Amulett wie ein Katalysator der Kraft des Geistes, die im Begriff ist, sich zu manifestieren, sowie Unheil abwehrend gegen nicht erwünschte, Unheil bringende Wesenheiten.

Eine weibliche Heilerin, eine *Lhamo,* berichtet A. Schenk von einer Tante, die kürzlich verstorben sei. Zu Lebzeiten war sie ein weithin bekanntes Orakel. In den Jahren vor ihrem Dahinscheiden wurde sie häufig bewusstlos. In einem Traum reist sie mit ihrer Tante in den Himmel. - Vier Tage nach ihrem Tod gesellt ihr *lha* zu der Nichte. Diese leidet daraufhin unter Übelkeit und wird krank. Als sie sich bei hochstehenden Lamas Rat einholt, deuten sie ihren Zustand als bösartige Besessenheit.

Auf einer Reise leidet sie unter Schwindelgefühlen; ihr Körper fühlt sich schwer an, sie wirkt geistig abwesend und ihr Gedächtnis ist lückenhaft. In der Nacht sieht sie in einer Vision einen Altar und die Vorbereitungen für eine Zeremonie. Ihre geistige Verfassung erscheint den Mitreisenden so bedenklich, dass sie ein ortsansässiges Orakel hinzuziehen, welches ebenfalls eine Besessenheit feststellt. Zu den Merkmalen des *lha*-Zustandes, bei dem ein Geistwesen im Körper des Orakels anwesend ist, zählt A. Schenk: „Niesen, Zuckungen, Schluckauf, hohe spitze Schreie, lange Pfeiftöne, schnelles Trommeln und Läuten der Glocke" (S.135).

Am nächsten Abend wird die Nichte erneut von einem Geistwesen bedrängt, das auf Befragen behauptet, es sei gekommen, um ihren Körper vor dämonischen Wesen zu beschützen. Verschiedene Male fällt sie in einen veränderten Bewusstseinszustand. Dabei wirkt sie für kurze Zeit wie verwandelt. Einerseits gibt sie sich frech und vorlaut, dann wieder wirkt sie stumm und geistesabwesend. Plötzlich redet wie wirr durcheinander und ist nicht zur Vernunft zu bringen.

Die junge Frau sucht Rat bei mehreren Rinpoches, die ihre Befähigung zum Orakel bestätigen. Sie berichtet: „Als ich vor den Rinpoche trat, segnete er mich mit Weihwasser und dabei war mir, als ob mein Körper zusammengequetscht werden würde. Sofort kam dann der lha. Was dann weiter geschah, weiß ich nicht mehr" (S.30). Nun wurde von ihr verlangt, auf Pilgerfahrt zu gehen, verschiedene Klöster aufzusuchen und eine Ausbildung durchzumachen.

Zwischen einem Kandidaten und dem Geist, der ihn in Besitz nehmen will, kann es zu einem regelrechten Kampf kommen. Sibirische Schamanen erzählen, dass erst nach einem „fürchterlichen, endlosen Ringen" der eindringende Geist den Körper in Besitz nehmen kann. Bei F. Goodman findet sich folgende Beschreibung: „Der Geist, der im Körper des Schamanen Wohnung nehmen will, kämpft zunächst mit dessen Seele und versucht, sie sich gefügig zu machen. Häufig gelingt ihm das erst nach langer, ingrimmiger Gegenwehr. Daher geht dem Erlebnis der völligen Ekstase in diesen Fällen eine lange Agonie voraus, die von nervösem Zittern, Schwindel und Erbrechen begleitet ist. Wenn der Geist schließlich gesiegt hat, ist die Seele des Schamanen gefesselt und geknebelt; sie kann sich nicht mehr äußern.

Der eingedrungene Geist übernimmt nun das Sprechen; *er* handelt und bewegt sich und bedient sich dabei des Körpers des Schamanen" (S.28, Zitat von V. Diószegi).

Der veränderte Bewusstseinszustand, in dem ein lha, ein Schutzgeist, anwesend ist, gilt als heiliger Zustand. Das persönliche Bewusstsein wird durch ein anderes (des lha) ersetzt; es dient als Gefäß für Wesenheiten, die einer anderen Daseinsordnung angehören. Hierdurch wird die Möglichkeit geschaffen, eine umfassendere Sicht auf die Dinge zu erhalten, befreit von den Täuschungen des Alltags. Der Bewusstseinswandel, der mit der Anwesenheit eines Geistwesens einhergeht, soll eine größere Überschaubarkeit über die Geschehnisse erlauben. Er tritt nur vorübergehend während der Trance auf.

Die *Geistinkorporationen* in afro-brasilianischen Kulten, die im Verlauf religiöser Riten stattfinden, werden von H.H. Figge anschaulich beschrieben. Eine ‚Sekundärpersönlichkeit', oder besser: ein inkorporierter Geist tritt neben die normale Persönlichkeit und übernimmt zeitweilig die Steuerung des Verhaltens. Das Phänomen der *Inkorporation*, das sich in den Kulten großer Beliebtheit erfreut, lässt sich keineswegs mit Impulsen des persönlichen Unbewussten erklären oder mit verleugneten Inhalten der Psyche, wie dies leider oft geschieht. Die mediale Tätigkeit hat mit einer seelischen Erkrankung nicht das Geringste zu tun.

Kann ein Medium während des Rituals die Vorgänge in seinem Innern beobachten, wird von einer ‚partiellen Besessenheit' ausgegangen. In tiefergehender medialer Versunkenheit ist das Medium, die Primärpersönlichkeit, nicht nur teilweise, sondern vollständig abwesend. Das Primärbewusstsein ist völlig ausgeschaltet und besitzt somit keine Möglichkeit, die Anwesenheit eines Geistes in ihrem Körper zu spüren oder irgendeinen Einfluss auf das Verhalten des fremden Gastes auszuüben. Eine totale Inbesitznahme hat stattgefunden.

Aufgrund eigener Beobachtungen hält es H.H. Figge für „völlig unbegründet", ja sogar für „eine Torheit... der Sekundärpersönlichkeit (dem Geist) ein eigenes Ichbewusstsein und ein eigenes Erleben anderer Inhalte abzusprechen, nur weil diese dem Ichbewusstsein und dem Erleben der Primärpersönlichkeit nicht zugänglich sind. Von ‚Personifikationstendenzen des Unbewussten' zu sprechen, mag in bezug auf die partielle Besessenheit bis zu einem gewissen Grade gerechtfertigt erscheinen. Die voll entwickelte Sekundärpersönlichkeit in totaler Besessenheit hat mit ‚Unbewusstem' nicht mehr zu tun als die Primärpersönlichkeit desselben Menschen" (S.15).

Die Beobachtungen Figges verdeutlichen, wie vielschichtig das Phänomen der Inbesitznahme im Grunde ist. Um sie in ihrer Ganzheit zu erfassen, reicht für derartige Vorgänge ein einziges Deutungsschema nicht aus. Im Gegensatz zu den vorübergehenden und freiwilligen Inkorporationen, die Teil kultischer Rituale sind, existiert auch – wie bereits erwähnt - eine pathologische, unfreiwillige Inbesitznahme.

Schamanische Heiler, denen von ihren Schutzgeistern besondere Gaben verliehen werden, - zu denen vor allem Heilkräfte gehören -, können diese unter Umständen wieder verlieren. Die Gaben werden entzogen, wenn die Probanden ihre Aufgaben nicht ernst genug nehmen, wenn sie nachlässig werden oder schwerwiegende Fehler begehen und die Warnungen, die zuvor ergingen, missachten. Die Schutzgeister entfernen sich verstimmt. In schweren Fällen stürzen sie den Kandidaten in den Wahnsinn oder töten ihn (vgl.: K.E. Müller, S.61).

Trotz anfänglicher Abwehr entschließen sich die meisten ‚Berufenen', - von einem inneren Zwang geleitet -, Heiler zu werden. Das krisenhafte Geschehen wird durch eine Ausbildung in die richtigen Bahnen gelenkt; Trance und Besessenheit werden zum Nutzen der Gemeinschaft als eine Instanz in Gesundheitsfragen fest verankert.

Psychologie und Geisterglaube

Psychische Probleme rufen manchmal emotionale Zustände hervor, die nicht leicht zu begreifen sind, was manche Patienten zu dem Satz veranlasst: „Ich weiß gar nicht, was in mich gefahren ist", so beschreibt der Arzt und Psychotherapeut A. Lowen seine Erfahrungen. „Solche Feststellungen deuten darauf hin, dass ein psychisch kranker Mensch unter dem Einfluss einer fremden Kraft oder Macht zu stehen scheint." Der Begriff ‚Besitz' wird häufig dazu verwendet, Normalität oder geistige Gesundheit zu kennzeichnen. Ist jemand im ‚Vollbesitz' seiner geistigen Kräfte, dann definiert Lowen dies als „Kontrolle des Ichs über die instinktiven Kräfte des Körpers. Geht dieser Besitz verloren, geraten die Kräfte außer Kontrolle" (S.264).

Schizophrene Patienten handeln häufig so, als wären sie ‚besessen' von irgendeiner fremden Macht, über die sie keine Kontrolle haben. „Der Eindruck des ‚Besessenseins' des Kranken drängt sich immer auf, ob der Psychotiker nun komisch, tragisch, wahnhaft oder in sich zurückgezogen wirkt. Er ist bis zum heutigen Tag ein wichtiges Indiz für die Diagnose der Krankheit geblieben" (ders. S.66f.). Der Blick von Menschen, die unter Schizophrenie leiden, wirkt manchmal seltsam entrückt, so als wären sie geistig abwesend. Dieser Augenausdruck hat etwas Beunruhigendes: „Man hat nicht das Gefühl, dass er einen ansieht oder dass sein Blick einen ‚berührt', sondern meint, dass er einen mit sehenden, aber irgendwie ‚unbeteiligten' Augen anstarrt." In seiner Nähe entsteht Unbehagen, *„weil wir in ihm die Macht einer unpersönlichen Kraft spüren, die ausbrechen und uns zerschmettern könnte, ohne unsere Existenz auch nur zur Kenntnis zu nehmen"* (ebd.).

In von Verzweiflung heimgesuchten Patienten wohnt nicht selten eine dämonische Macht, ohne dass sich die Betroffenen darüber im Klaren sind. A. Lowen sieht den physischen Körper der Kranken als „Stimme des Dämons", dem es gelingt, das Ich zu überwältigen und zeitweilig wie eine feindselige, negative Macht die Kontrolle zu übernehmen. Der Patient hat die ihm normalerweise zur Verfügung stehende Selbstbeherrschung verloren; sein „Selbstbesitz" ist einge-schränkt. Ein Grund für diesen Kontrollverlust ist die partielle Auflö-sung des Ichs, das sich in einem anarchischen Zustand befindet. Mehrere Assoziationen können gleichzeitig im Bewusstsein ablaufen. Eine von diesen Bewusstseinsreihen muss zur Dominanz gelangen, um die Kontinuität des Bewusstseins zu gewährleisten.

Für schizophrene Menschen werden unbewusste Inhalte überwältigend real, während sie den Halt in den konkreten Gegebenheiten der Realität verlieren. „Vom psychologischen Standpunkt aus gesehen ist die Psychose ein geistiger Zustand, bei dem vorher unbewusste Elemente den Platz der Realität einnehmen", erklärt C.G. Jung (in: Gesammelte Werke, Bd 3, S.251). Die Veranlagung entscheidet darüber, ob Patienten schizophren werden oder hysterisch.

Wenn die Persönlichkeit zerfällt, verliert das Ich seine dominierende Stellung: „Während beim gesunden Menschen das Ich Subjekt seines Erlebens ist, ist beim Schizophrenen das Ich nur eines der erlebenden Subjekte,… das Subjekt ist in eine Mehrheit von Subjekten zerfallen, in eine Mehrheit von autonomen Komplexen, wie der technische Ausdruck lautet" (ebd., S.256).

In schweren Fällen sind die Heilungschancen nicht sehr vielversprechend, da die Art der Erkrankung, der Persönlichkeitszerfall, die seelische Beeinflussbarkeit stark reduziert und damit auch therapeutische Interventionen verhindert.

Bei C.G. Jung findet sich die Erklärung, katatone Erscheinungen seien „Veränderungen des Willens selbst durch ein Agens, welches als außerhalb der Ichkontinuität gefühlt und demzufolge als fremde Macht gedeutet wird." (In: Gesammelte Werke Bd 3, S.32f.)

Der Kontakt zu ihren Körperfunktionen ist psychotischen Menschen partiell abhanden gekommen. Daher wirken diese auf geheimnisvolle Weise wie eine unbekannte, fremde Kraft auf sie ein, behauptet A. Lowen. Der mit seinen „animalischen Instinkten" zurück-gewiesene Körper rächt sich am Ich, das ihn verleugnet und sich damit der Illusion der Autarkie hingegeben hat, „Der Körper, der gezwungen gewesen war, der Illusion zu dienen, reagiert destruktiv, wenn die lenkende Kraft nicht mehr da ist. Er überwältigt das hilflose Ich und übernimmt zeitweilig die Kontrolle über seine Fähigkeiten" (S.138).

Allerdings stellt sich bei diesen Ausführungen die Frage, wie ein mit ‚animalischen Instinkten' ausgestatteter physischer Organismus auf äußerst wirkungsvolle Weise reagieren und zeitweilig sogar die Kontrolle übernehmen kann? Solange Lowen seine Auffassung, die sich auf den physischen Körper bezieht, nicht erweitert, bleiben seine Theorien unvollständig und an der Oberfläche.

Für die Entstehung des Geisterglaubens kommt den psychischen Erkrankungen eine Bedeutung zu, nicht zu übersehen ist: „Immer und überall wurden Geisteskranke als von bösen Geistern Besessene angesehen" bemerkt Jung. (Vgl.: Die psychologischen Grundlagen des Geisterglaubens, in: Gesammelte Werke Bd.8, S.345.) Die Kranken kommen diesem Glauben entgegen aufgrund der Symptomatik, unter der sie leiden: Sie hören Stimmen, sehen erschreckende Bilder, geraten in deliröse Zustände oder verfallen in eine katatone Starre. Die Herablassung der Wissenschaft gegenüber früheren Anschauungen teilt auch Jung: Vom psychologischen Standpunkt aus seien die Geister „unbewusste autonome Komplexe", die projiziert erscheinen, denn eine direkte Assoziation mit dem Ich sei nicht erkennbar.

Den ‚Seelenglauben' sieht er als notwendiges Korrelat zum ‚Geisterglauben'; allerdings existiere ein wichtiger Unterschied: „Während die Geister als fremd und als dem Ich nicht zugehörig empfunden werden, ist dies bei der oder den Seelen nicht der Fall." Die Nähe oder der Einfluss eines Geistes werde als unangenehm empfunden und dessen Bannung mit Erleichterung aufgenommen. Umgekehrt aber gelte der Verlust der Seele als schwere Krankheit.

Der als Ursache von Krankheiten in Betracht kommende ‚Seelenverlust' einerseits und die Besessenheit durch Geister andererseits ist eine Unterscheidung, die Jungs Auffassung vom Unbewussten entspricht. Um die merkwürdigen Phänomene, die er bei einer beträchtlichen Anzahl seiner Patienten beobachtet hat, in einer Theorie zusammenzufassen, lässt Jung das Unbewusste in zwei Teile zerfallen.

Neben dem persönlichen Unbewussten, das alle diejenigen psychischen Inhalte speichert, die im Laufe des Lebens vergessen wurden, existiert ein unpersönliches bzw. *kollektives Unbewusstes.* Dieses *kollektive Unbewusste* enthält, wie bereits der Name zeigt, „keine persönlichen Inhalte, sondern kollektive, d.h. solche, welche nicht einem Individuum allein zugehören, sondern mindestens einer ganzen Gruppe von Individuen, meist einem ganzen Volke, ja sogar der ganzen Menschheit" (ebd., S.351f.). Die Inhalte des unpersönlichen Unbewussten bezeichnet Jung als Urbilder, auch *Archetypen* genannt, welche die Grundlage des menschlichen Denkens von jeher bildeten; sie sind „der ganze Reichtum an mythologischen Motiven." Hinzu kommen angeborene Formen und Instinkte.

Der Einbruch fremder Inhalte aus dem kollektiven Unbewussten in die individuelle Psyche gilt als charakteristisches Symptom am Beginn vieler Psychosen. Ideenverbindungen und Symbole, die nicht auf die Erfahrungen eines individuellen Daseins beschränkt sind, finden sich gehäuft bei psychotischen Menschen. Die Betroffenen empfinden den Inhalt als „fremd, unheimlich und zugleich faszinierend; auf jeden Fall wird das Bewusstsein dadurch in beträchtlicher Weise beeinflusst..."

Die Inhalte des kollektiven Unbewussten erscheinen zum Teil bizarr und wie von außen kommend. Die Patienten werden „von fremden und unerhörten Gedanken befallen; die Welt sieht verändert aus; die Menschen haben fremde, verzerrte Gesichter usw." Der Einbruch des Unpersönlichen wird von den Patienten als überaus unangenehm, oft sogar als Gefahr, empfunden. Durch diesen Einfluss, den sie in der Regel als krankhaft erleben, fühlen sie sich dem normalen Leben entfremdet.

Die „Seelen der Naturvölker" entsprechen nach Jungs Auffassung den *autonomen Komplexen* des persönlichen Unbewussten, während die „Geister" den Komplexen des *kollektiven Unbewussten* entsprechen. Die Annahme eines *kollektiven Unbewussten* ist ein geschickter Schachzug des Therapeuten, der es ihm erlaubt, dort alles Rätselhafte, das dem rationalen Denken nicht ohne weiteres zugänglich ist, unterzubringen.

Bei denjenigen Komplexen, die aus Inhalten des *kollektiven Unbewussten* bestehen, handelt es sich „um irrationale Inhalte, welche den Individuen zuvor nie bewusst waren und die es darum vergebens irgendwo nachzuweisen versucht. Die primitive Auffassung drückt dies treffend aus mit der Überzeugung, dass ein fremder Geist dabei seine Hand im Spiele habe" (S.355). Im gleichen Atemzug kritisiert Jung die Psychoanalyse, die eine zwar wissenschaftliche, aber „bloß rationalistische Auffassung" vom Unbewussten habe, welche ungenügend ist. Selbst die Triebe, die gemeinhin als bekannt gelten, seien im Grunde unbekannt. „In Wirklichkeit wissen wir nur, dass uns aus der dunklen Sphäre der Psyche Wirkungen zukommen, welche irgendwie ins Bewusstsein aufgenommen werden müssen, damit verheerende Störungen anderer Funktionen vermieden werden" (S.419f.).

Das Unbewusste erscheint als die große Unbekannte, von der allerdings beträchtliche Wirkungen ausgehen. „Ein Blick auf die Religionen der Weltgeschichte zeigt uns, wie bedeutsam diese Wirkungen historisch sind", bemerkt Jung. In früheren Jahrhunderten behauptete man, jemand sei „vom Teufel besessen" oder „verhext", heute gilt die Person als hysterisch oder psychotisch. Die Erklärungen aus früheren Zeiten bezeichnet Jung als „beinahe exakt", denn: „Jetzt haben wir rationalistische Symptombezeichnungen, die eigentlich inhaltslos sind. Denn wenn ich sage, dass jemand von einem bösen Geist besessen sei, so beschreibe ich damit die Tatsache, dass der Besessene nicht eigentlich... krank ist, sondern unter einem unsichtbaren geistigen Einfluss leidet, dessen er auf keinerlei Weise Herr werden kann. Dieses unsichtbare Etwas ist ein sogen. autonomer Komplex" (ebd.).

Viele Patienten erleben sich in Kontakt mit einer unsichtbaren Macht, die sich ihrer Einflussnahme entzieht. Jung fährt in seinen aufschlussreichen Darlegungen fort: „Es ist unglaublich, wie sich die Menschen in Wörtern fangen können. Immer meinen sie, mit einem

Namen sei auch eine Sache gesetzt, wie wenn man dem Teufel einen seriösen Tort angetan hätte, dass man ihn jetzt Neurose (oder Psychose) nennt! ... Das, was hinter <u>Teufel</u> oder <u>Neurose</u> steckt, kümmert sich sicher nicht drum, wie man's nennt. *Wir wissen ja gar nicht, was Psyche ist. Wir nennen das Unbewusste bloß darum so, weil uns unbewusst ist, was es ist. Wir wissen es so wenig, wie der Physiker weiß, was Stoff ist"*, gibt Jung in selbstkritischer Offenheit zu. „Wir wissen schlechterdings nicht, was uns in diesem fremdartigen Störungsfaktor, den wir wissenschaftlich als das Unbewusste oder das Objektiv-Psychische bezeichnen, entgegentritt." (Vgl.: Die Bedeutung der Psychologie für die Gegenwart. In: Gesammelte Werke Bd 10, S.171.)

Die Ausführungen Jungs haben bis in die Gegenwart hinein nichts von ihrer Aktualität verloren, denn noch immer ist es den psychologischen Fachrichtungen nicht gelungen, Licht in das unergründlich scheinende Dunkel der menschlichen Psyche zu bringen. In der *Internationalen Klassifikation psychischer Störungen (ICD)* finden sich unter *Besessenheit* die Merkmale: "Störungen, bei denen ein zeitweiliger Verlust der persönlichen Identität und der vollständigen Wahrnehmung der Umgebung auftritt; in einigen Fällen verhält sich ein Mensch so, als ob er von einer anderen Persönlichkeit, einem Geist, einer Gottheit oder einer ‚Kraft' beherrscht wird" (ICD-10:178).

C.G. Jung konnte auf flüchtige Einblicke in tiefere Seelenschichten zurückblicken, deren Beschreibungen allerdings subjektiv gefärbte Verzerrungen enthalten. Der Therapeut, der in seinen Forschungen weiter ging als sein Kollege S. Freud, hat viele bedeutsame Resultate erzielt. Dennoch gelang es ihm nicht, in seinen Auffassungen über einen selbst auferlegten begrenzten Horizont hinaus zu gelangen.

Während im westlichen Denken Besessenheitsphänomene durchweg als krankhaft eingestuft werden und unter Umständen die Unterbringung in eine psychiatrische Einrichtung nach sich ziehen, ist die Sichtweise in anderen Kulturen vielschichtiger. Die Wesen aus der Geisterwelt werden anerkannt und in ethischer Hinsicht keineswegs abfällig beurteilt. Nicht jede Besessenheit hat zwangsläufig bösartige

Beweggründe. Selbst eine ‚dämonische' Inbesitznahme vermag eine Entwicklung zum Positiven in Gang zu setzen.

In Tibet können ursprünglich negative Manifestationen von Geistwesen sich sogar „als hochgeachtete Orakelgottheiten ins Positive wandeln" (vgl.: J. Zutt, S.59f.). In asiatischen Kulturen wird nicht streng unterschieden zwischen wohlmeinender und bösartiger Inbesitznahme. Die Besessenen erfüllen mehrere Funktionen in der Gemeinschaft. Eine davon ist die Mittlerrolle, da durch sie das gemeine Volk Kunde erhält von fremden geistigen Mächten.

J. Zutt stellt die Frage, „ob nicht im abendländischen Kulturkreis auch Verhaltensweisen vorkämen, die als Besessenheit zu bezeichnen wären, ohne dass eine krankhafte Störung im psychiatrischen Sinne vorliegt." Die Begriffe Krankheit und Besessenheit stimmen demzufolge nicht in jedem Fall überein. Inbesitznahme beruht auf einer Urerfahrung, die nicht auf die christliche Religion beschränkt ist. Sie tritt häufig spontan in einer bestimmten Phase der geistigen Entwicklung auf, von der die Medizingeschichte mit ihrer ständigen Tendenz, eine wissenschaftlich rationale Erklärung zu finden, wenig Kenntnis nimmt.

Der Unterscheidung zwischen psychischer Erkrankung und Inbesitznahme ist nicht immer leicht zu treffen. Die Frage, ob jemand unter krankhafter Besessenheit leidet oder sich ergriffen und erfüllt fühlt von übernatürlichen Mächten, lässt sich nicht schematisch beantworten. Es ist nicht möglich, aufgrund bestimmter Symptome grundsätzlich auf eine Geisteskrankheit zu schließen. In Fällen, in denen Betroffene unter der Inbesitznahme leiden, ist es natürlich angebracht, das subjektive Leiden als Kriterium des Krankhaften zu sehen.

W. Mühlmann beleuchtet das Problem aus anthropologischer Sicht: „Wir Anthropologen sind genötigt, manches für ‚normal' zu halten, was an Orten, wo psychiatrische Kliniken bestehen, vielleicht zu bedenklichen Konsequenzen für die betreffenden Personen führen würde. Wir kennen gewisse Verhaltensformen, die eklatant abweichen von dem, was man im Rahmen *unserer* modernen Kultur als

‚normal' ansprechen dürfte" (zitiert in: J. Zutt, S.76). Der moderne, rationalisierte Mensch ist für den Autor keineswegs ein Maßstab für Normalität.

Nur eine transkulturelle Psychiatrie mit einem weiten, umfassenderen Blickwinkel ist in der Lage, die Kenntnisse über diese Zusammenhänge zu vermehren und damit die therapeutischen Möglichkeiten zu verbessern. In den Schichten des Unbewussten und darüber hinaus ist bislang noch vieles unentdeckt geblieben. Flexibilität im Denken, Intuition, Geduld und Wissensdurst können Horizonte eröffnen, von denen die meisten Psychologen nicht einmal zu träumen wagen.

Multiple Persönlichkeitsstörungen

Das Licht in einem Menschen verhindert, dass die
Dunkelheit Besitz von ihm ergreift.

Gewisse außergewöhnliche Erfahrungen, über die Psychiatriepatienten berichten, scheinen den Rahmen des wissenschaftlichen Kategorienschemas zu sprengen. Zu ihnen gehört die *multiple Persönlichkeitsstörung* (*Multiple Personality Disorder/ MPD*). Sie wird im psychiatrischen Standardwerk *Diagnostical and Statistical Manual of Mental Disorder* wie folgt dargestellt:

„Das wesentliche Merkmal für MPD ist das Vorhandensein von zwei oder mehreren verschiedenen Persönlichkeiten eines Individuums, von denen jede in einer bestimmten Zeit dominiert. Jede Persönlichkeit ist eine voll integrierte und aus vielen Teilen bestehende Ganzheit mit einmaligen Erinnerungen, Verhaltensmustern und sozialen Beziehungen, die alle die Art des Handelns des Betroffenen bestimmen, wenn jene Persönlichkeit dominiert."

Diese Definition unterscheidet sich grundlegend von den psychotherapeutischen Annahmen hinsichtlich abgespaltener Seelenteile bzw. Teilpersönlichkeiten. Einem psychologischen Grundsatz zufolge wird ein vom Bewusstsein abgespaltener Seelenteil nur scheinbar inaktiv. Werden abgespaltene Bewusstseinsteile bis zur vollständigen Ausschließung verdrängt, kommt der unbewusste Inhalt in irgendeiner Form, z.B. als ‚fixe Idee' oder als krankhafte Einbildung, wieder zum Vorschein. Die fixen Ideen drängen sich hartnäckig dem Bewusstsein auf und erwecken den Eindruck, als hätten sie eine eigene, vom Bewusstsein unabhängige Existenz.

C. G. Jung behandelte Patienten, die unter ähnlichen Störungen litten. Sie zeigten verzögerte Reaktionen, was darauf hindeutet, dass autonome Inhalte zum Vorschein kamen, die den Patienten nicht bewusst waren. Einige Antworten auf direkte Fragen wurden offenbar ohne bewusste Absicht aus

einem ‚psychischen Komplex' heraus erteilt. Jung kommentiert: „Es ist gerade so, als wäre der Komplex ein selbständiges Wesen, das fähig ist, die Absichten des Ichs zu stören. Komplexe benehmen sich tatsächlich wie Neben- oder Teilpersönlichkeiten, die ein eigenes geistiges Leben besitzen.

Manche Komplexe sind lediglich vom Bewusstsein abgespalten, weil dieses es vorzog, durch Verdrängung ihrer los zu sein. *Aber es gibt andere Komplexe, die niemals vorher im Bewusstsein waren, und die deshalb niemals willkürlich verdrängt werden konnten.* Sie wachsen aus dem Unbewussten heraus und überschwemmen das Bewusstsein mit ihren seltsamen und unerschütterlichen Überzeugungen und Impulsen." (In: Psychologie u. Religion, S.24f.) Die Patienten fühlen sich nicht imstande, dieser fremden Beeinflussung etwas entgegenzusetzen. Wie diese geheimnisvollen Komplexe allerdings entstanden sind und was ihnen zu ihrem immensen Einfluss verholfen hat, bleibt ungeklärt.

Autonome Komplexe, die wie Fremdkörper die Psyche bevölkern, unterschieden sich von multiplen Störungen in grundlegender Weise. Bei der *multiplen Persönlichkeitsstörung* hat die ursprüngliche Persönlichkeit normalerweise keine Kenntnis von der Existenz anderer Persönlichkeiten. Der Übergang von einer Persönlichkeit zur anderen geht häufig sehr abrupt vor sich und ist mit psychosozialem Stress verbunden. Psychiater gehen meist von Schockerlebnissen der Vergangenheit aus, die der abnormen Symptomatik zugrunde liegen. Allerdings widersprechen einige Psychiater dieser Annahme. Der amerikanische Neurologe und Psychiater M. Scott Peck fand heraus, „dass einige multiple Persönlichkeiten keine reinen Bewusstseinsvorgänge des eigenen Bewusstseins sein können, denn durch dieses Leiden verändert sich in vielen Fällen auch die Physiologie des Betroffenen" (zitiert in: M. Brauneis, S.212).

Selbst die Sehschärfe der einzelnen Persönlichkeiten kann sich unterscheiden: Eine von ihnen benötigt bspw. eine Brille, die andere kann ohne Sehhilfe ausgezeichnet sehen. Auch die Augenfarbe kann sich verändern; oder die eine ‚Teilpersönlichkeit' ist Rechtshänder, die andere Linkshänder. Eine der Persönlichkeiten leidet unter Epilepsie, während die andere frei davon ist. Sogar das EEG weist unterschiedliche Kurven auf. Diese Besonderheiten lassen das Phänomen der *multiplen Persönlichkeitsstörung* in einem eigentümlichen Licht erscheinen. Die Theorie eines nur auf individueller Grundlage stattfindenden psychischen Geschehens darf in Zweifel gezogen werden.

Etliche der Patienten, die unter der Störung leiden, zeigen ausgeprägte paranormale Begabungen. Aus diesem Grund zählen einige Forscher mediale Menschen ebenfalls zu den Personen mit einer *multiplen Persönlichkeitsstörung*. Der Unterschied bei Medien sei aber, dass sie völlige Kontrolle über den Zeitpunkt besitzen, zu dem die anderen Persönlichkeiten jeweils hervortreten.

Spaltungsprozesse können den Anschein erwecken, als sei eine Person von fremden Mächten besessen. Während einige Teilpersönlichkeiten bei der Bewältigung schwieriger Situationen behilflich sind, haben viele Kranke, die unter multiplen Störungen leiden, den Eindruck, von dämonischen Wesen verfolgt zu werden. Die Verfolger bedrohen ihre Opfer mit harten Strafen und treiben sie zu autoaggressivem Verhalten bis hin zum Selbstmord. Dennoch wird das Krankheitsbild in der Regel nicht mit Besessenheits-Phänomenen in Zusammenhang gebracht.

Dennoch haben die Betroffenen das Empfinden, aus zwei oder mehr unterschiedlichen Persönlichkeiten zu bestehen. Mit der einen Persönlichkeit identifizieren sie sich, während sie die Gedanken und Handlungen des anderen Teils als ungehörig und fremd ablehnen oder gar an eine Einwirkung dämonischer Mächte glauben. Die verschiedenartigen Beeinflussungserlebnisse, die Halluzinationen, Stimmen, andrängende Gedanken, werden als fremd, als von außen kommend, erlebt. Das Wesen im Innern, mit dem Dialoge geführt werden und das offenbar alle Gedanken lesen kann, ist ein Fremdkörper, von dem sich die Hauptpersönlichkeit unter allen Umständen distanzieren möchte.

Hinweise auf das Problem der ‚Duplizität' einer Persönlichkeit gibt der englische Psychiater R.D. Laing. Er bemerkt dazu: „Ein sonderbares Phänomen der Persönlichkeit, das seit Jahrhunderten beobachtet wurde, aber bisher noch nicht voll erklärt werden konnte, ist es, dass das Individuum das Vehikel einer Persönlichkeit zu sein scheint, die nicht seine eigene ist. Die Persönlichkeit eines anderen scheint es ‚zu besitzen' und durch seine Worte und Aktionen Ausdruck zu finden, wohingegen die eigene Persönlichkeit des Individuums zeitweise ‚verloren' oder ‚fort' ist" (S.51).

Die allgemein anzutreffende Beobachtung, dass ein Kind Charakteristika seiner Eltern in sich trägt, ist in nichts vergleichbar mit der „extremen Qual der Person, die sich unter dem Zwang befindet, die Charakteristika einer Persönlichkeit anzunehmen, die sie vielleicht hasst und/oder als ihr vollkommen fremd empfindet. Dieses Phänomen kann äußerst unerwünscht sein und zwanghaft auftreten. Das Gefühl für die eigene Identität wird empfindlich gestört." Eine Patientin Laings berichtet von ihrer Furcht, „als ob jemand versucht, inwendig emporzusteigen und versucht, aus mir herauszukommen" (ebd.). Unerklärlich scheinende Wutanfälle, die sie überkommen, rufen ein bedrückendes Gefühl der Wertlosigkeit hervor. Sie hasst sich selbst wegen dieser ‚Selbst-Duplizität', gegen die sie sich machtlos fühlt.

Auch andere Patienten Laings leiden unter einem Mangel an innerer Freiheit und dem quälenden Gefühl der ‚Selbst-Duplizität': „Da sind zwei Ichs", beklagt sich eine Patientin. „Sie ist ich und ich bin die ganze Zeit sie." Eine innere Stimme befiehlt ihr, ihrer Mutter etwas Schlimmes anzutun. Sie ist davon überzeugt, dass die Stimme von einem ihrer ‚Ichs' kommt. „Von hier ab", (sie zeigt auf ihre Schläfen) „ist alles Watte. Ich habe keine eigenen Gedanken,... ich weiß, da stimmt etwas nicht mit mir, da passiert etwas mit mir, ich weiß nicht was" (S.131).

Ein innerer Kampf zwischen sich bekämpfenden ‚Phantomen' findet statt und es kann geschehen, „dass Platz und Funktion des inneren Phantoms ‚Selbst' beinahe vollständig übernommen werden von archetypischen Verwaltungsorganen, die alles unter Kontrolle zu haben scheinen und alle Aspekte des individuellen Selbst beherrschen" (S.136).[5] Patienten, die mit dieser Situation völlig überfordert sind, finden wenig Unerstützung bei den Therapeuten, da diese in der Regel keine Erklärung finden für das Phänomen.

Die Bildung einer zweiten Persönlichkeit versucht die psychoanalytische Theorie zu erklären, indem sie die Personifikation eigener Gedanken, Wünsche und Ideen als gegeben annimmt. Diese werden von den Patienten nach außen projiziert oder ins Unterbewusstsein verdrängt. „Die abgespaltene Psyche ist jener Dämon", behauptet S. Freud. Geister sind für ihn, ähnlich wie bei C.G. Jung, ‚innerseelische Komplexe'. In die Außenwelt projiziert, erscheinen sie dort als objektive Kräfte. (Vgl.: S. Freud, Studien über Hysterie.) In der scheinbaren Besessenheit werden diese Kräfte introjiziert und können nun im Innern der Person ihr Unwesen treiben.

Die Einschätzung der Psychoanalyse bleibt an der Oberfläche. Sie berücksichtigt nicht die außergewöhnlichen und teilweise grotesken Verhaltensweisen, die mit Zuständen, die einer Besessenheit ähneln,

---

[5] In meiner Buchreihe **Tore in die unsichtbare Welt** bin ich ausführlich auf die Themen Psychopathologie und Okkultismus und die Doppelgänger-Problematik eingegangen.

einhergehen. Die psychologischen Erklärungsversuche erwecken den Eindruck, dem komplexen Erscheinungsbild der Symptomatik nur mangelhaftes Verständnis entgegenzubringen.

Therapeuten gelingt es mitunter, die ‚Geburt' einer neuen Persönlichkeit zurückzuverfolgen. Doch sie geraten auch immer wieder an ihre Grenzen, da sich nicht in jedem Fall der untersuchte Patient in das von ihnen anerkannte Schema einordnen lässt: Dies geschieht, wenn:

▶ der Zeitpunkt der Entstehung einer Persönlichkeit
  nicht bestimmt werden kann;

▶ die Persönlichkeit keinem erkennbaren Zweck zu
  dienen scheint;

▶ die Persönlichkeit sich selbst als ‚Geist' bezeichnet
  und sich hartnäckig weigert, ihre Position aufzugeben.

Es liegt nahe, in derartigen Fällen einen Unterschied zu anderen multiplen Störungen anzunehmen. Tatsächlich berichten Therapeuten wie F. Fiore, die in solchen Fällen exorzistische Praktiken anwenden, vom Erfolg ihrer Behandlung. (Vgl. hierzu auch F. Goodman.) Erstaunlich ist in derartigen Fällen die Auflösung der multiplen Symptomatik nach Anwendung der Behandlung.

Die Abgrenzung einer multiplen Störung, bei denen Teilselbste der eigenen Psyche in den Vordergrund drängen, von einer Beeinflussung durch Fremdwesen ist nicht einfach. Diesem Gebiet wird mit viel Skepsis begegnet, wodurch eine grundlegende Erforschung, die mehr Klarheit in die schwierigen Zusammenhänge bringen könnte, erschwert wird.

Für T.K. Oesterreich gehören zur inneren Spaltung der Persönlichkeit u.a. Besessenheitszustände, die er zu den Zwangsstörungen zählt: „Der Besessene fühlt sich zu allerlei Handlungen gegen seinen Willen gezwungen, aber auch Gedanken und Gefühle ihm fremder Art drängen sich trotz seines Widerstrebens ihm auf. Nicht nur ein einzelner psychischer Akt ist in ihm, sondern eine ganze Fülle. Das kann soweit gehen, dass ihm jede Verständigung mit der Umwelt unmöglich wird und er als unzurechnungsfähig gilt, obwohl er volle

Einsicht in seinen Zustand besitzt." (In: Probleme der Einheit und der Spaltung des Ich, S.10).

Aufgrund seiner Forschungen über die vielfältigen Kontrollmechanismen im menschlichen Denken und Handeln ist E. Hilgert davon überzeugt, dass übergreifende Bewusstseinsströme existieren. Es gibt ,verborgene Beobachter', die parallel zum normalen Erleben einer Person anwesend sind und ihren Einfluss geltend machen können. Dissoziative Zustände schaffen im Geist Bedingungen, die unter Umständen unsichtbare Dimensionen, die dem wachen Bewusstsein für gewöhnlich nicht zugänglich sind, in den Vordergrund treten lassen.

Berichte aus der Praxis

Einige Beispiele sollen genügen, um aufzuzeigen, welch seltsame, skurrile Erlebnisse psychotischen Patienten zum Verhängnis werden. Der berühmte Fall des Daniel P. Schreber hat seinerzeit zu langen Auseinandersetzungen in der psychoanalytischen Zunft geführt, wie M. Burckhardt im Nachwort zu den *Denkwürdigkeiten eines Nervenkranken* berichtet. Der Senatspräsident Schreber, ein ehemaliger Bewerber um einen Sitz im Reichstag, war jahrelang in einer Nervenheilanstalt untergebracht.

Der Patient Schreber leidet unter Denkzwängen, denen er sich nicht entziehen kann, wenngleich sein Verstand die Absurdität der Zwangsgedanken erkennt. Er kommt zu der Annahme, der ,göttliche Geist' könne mit einzelnen Menschen in eine besondere Verbindung treten. Die Stimmen, die er hört, nennen diesen Vorgang ,Nervenanhang'. Dieser ermögliche einen Verkehr mit übersinnlichen Mächten, welche direkt mit den Nerven in Kommunikation treten. Schreber glaubt, auch mit seinem Psychiater auf diese ,direkte Weise' zu verkehren. Die Frucht einer solchen Verbindung sieht er in bedeutsamen Gedankeneingebungen. Eine derartige Verbindung sei allerdings nicht die Regel, führt Schreber weiter aus. Menschen im Zustand hochgradiger Erregung besäßen eine enorme Anziehungskraft auf die ‚göttlichen Nerven'. Diesen gelinge es dann nicht ohne weiteres, auf Distanz zu gehen.

Das Problem der ungewollten Einflussnahme ist hier ins Gegenteil verkehrt: Nicht der Mensch wird durch ‚Strahlen' aus dem Unsichtbaren behelligt, sondern die menschlichen Nerven üben eine große Anziehung auf die feineren ‚Gottesnerven' aus. Um diesen Vorgang begreiflich zu machen, weist Schreber darauf hin, „dass die Strahlen belebte Wesen sind und dass es sich daher bei der Anziehungskraft nicht um eine rein mechanisch wirkende Kraft, sondern um etwas den psychologischen Triebfedern Ähnliches handelt" (S.9).

Um Gefahren aus dem Wege zu gehen, sei die ‚Reinheit' des mit dem Göttlichen in Verbindung stehenden Menschen unabdingbare Voraussetzung. Das letztendliche Ziel dieser Annäherung ist erreicht, wenn es dem göttlichen Geist gelingt, vermittels seiner Strahlkraft die menschlichen Nerven des Körpers zu sich heraufzuziehen. Der Mensch wird erweckt zu einem neuen, höheren Dasein.

Auch S. Freud wurde auf die Schrift, die der Patienten Schreber verfasst hatte, aufmerksam und unternahm eine Deutung der darin beschriebenen psychotischen Erkrankung. Hierzu bemerkt M. Burckhardt: „Zweifellos gehört… seine Deutung des Textes zu seinen schwächsten Arbeiten…" Das „mindeste, was man sagen kann (ist), dass er an dem Text... einfach vorbeizielt. Dies nimmt vielleicht nicht mehr allzu sehr wunder, wenn man die - mit einer unterschwelligen Gereiztheit vermischte - Zurückhaltung Freuds in religiösen und künstlerischen Fragen in Anschlag bringt..." (S.264f.).

Die Eintönigkeit der Freudschen Deutung ist sogar diesem selbst nicht entgangen. Die *Denkwürdigkeiten* werden zu einer bloßen Krankengeschichte heruntergestuft, wodurch die Besonderheiten des Krankheitsverlaufs vollständig verloren gehen. Eine von vorgefassten Meinungen geprägte Einstellung ist nicht sehr hilfreich bei der Entschlüsselung einer komplexen Symptomatik wie die des Patienten Schreber. Auch andere Autoren haben sich mit dem Fall befasst.

Bei den Wahnideen des D.P. Schreber kann man Übereinstimmungen mit dem gnostischen System feststellen, meint P. Vandermeersch. Gott steht mittels eines subtilen Nervensystems in Beziehung mit den Menschen. „Schrebers komplizierte Kosmologie erinnert sowohl an den Manichäismus als auch an gnostische Schriften, in denen davon die Rede ist, dass die *emanatio* des Göttlichen sich mittels subtiler Brücken aus dem nur Geistigen in die irdische Leiblichkeit übergibt. Auch die sexuelle Dimension, die in den psychotischen Wahnbildungen meistens im Vordergrund steht, findet man in diesem speziellen religiösen Bereich wieder. Der Mythos, auf dem der Manichäismus gegründet ist, sieht in dem menschlichen Samen die ‚subtile' Kondensation alles Geistigen." (In: Ch. Henning, S. 25.)

Für A. Kardec (Buch der Medien) gehört die bizarre Symptomatik Schrebers eindeutig in den Bereich der Besessenheit. Der Autor unterscheidet je nach Schweregrad der fremden Einflussnahme drei Stufen der Inbesitznahme. Die schweren Beeinträchtigungen des Patienten Schreber entsprechen wegen ihrer deutlichen Ausprägung der dritten Stufe der Besessenheit, die bei Kardec „vollständige Unterjochung" genannt wird. Damit verbunden sind Zwänge, die das Opfer gegen seinen Willen handeln lassen. Die Unterjochung kann entweder die Seele oder den Körper betreffen. Im ersten Fall ist das Opfer u.a. gezwungen, lächerlichen Einfällen nachzugeben oder Worte auszusprechen entgegen dem eigenen Vorsatz. Im zweiten Fall wirken Geistwesen auf die Körperorgane ein und rufen unfreiwillige, teils grotesk anmutende Bewegungen hervor.

Für Schreber selbst besteht nicht der leiseste Zweifel, dass die von ärztlicher Seite als ‚Halluzinationen' bezeichneten Vorgänge in seinem Innern in Wahrheit ein „Verkehr mit übersinnlichen Kräften" sind. Schreber wähnt sich auch in direktem Kontakt mit der Sonne. Die Stimmen, mit denen er spricht, werden mit dem niederen Aspekt Gottes, mit *Ahriman,* gleichgesetzt. Den oberen Gott, *Ormuzd,* sieht er als „kleine, sonnenähnliche Scheibe, die vermöge ihrer Winzigkeit jedoch fast einem bloßen Punkte gleicht...", der im Innern seines Kopfes erscheint (S.65).

Er argwöhnt, dass er von den mit ihm in Verbindung stehenden Mächten als Mittel zu bestimmten Zwecken benutzt wird. Die ‚göttlichen Strahlen', die aufgrund der Anziehungskraft seines Organismus abgefangen werden, können von fremden ‚Seelen' für ihre Belange verwendet werden. Sie sind u.a. in der Lage, damit Wunder zu bewirken. Daher sei es von Wichtigkeit für die fremden Mächte, über den physischen Organismus des Menschen eine gewisse Verfügungsgewalt zu erlangen (S.82).

Eine Patientin P. Schilders führt ihre Beschwerden auf hypnotischen Einfluss zurück. Den ‚Hypnotiseur' beschreibt sie als mittelgroß; er befinde sich in ihrem Innern und beherrsche den ganzen Tag über ihre Gedanken. Er teile ihr mit, was sie zu tun und zu lassen hat. „Ihre Augen seien zeitweise fremde Augen", erzählt die Frau (S.68f). Diese fremden Augen beherrschen ihre seelische Verfassung. - In der Folgezeit wird die Patientin zunehmend unzugänglich, da sie immer mehr den Eindruck gewinnt, man könne ihr doch nicht helfen.

Eine weitere Patientin, die von Schilder behandelt wird, behauptet ebenfalls, eine ‚fremde Seele' könne durch die Augen und auch durch die Ohren bis in das Gehirn eines Menschen gelangen. In ihrem Körper befinde sich ein ‚Wurm', der aber ein ‚Heiliger' sei. Auf sein Geheiß hin führe sie verschiedene Bewegungen aus (S.46f.). Eine andere Patientin äußert die feste Überzeugung, Max Rothschild wolle als unsichtbares Gespenst in sie eindringen. Er ist ihrer Ansicht nach der Teufel, der in den Unterleib hineinschlüpft. Sehen kann sie ihn nicht, doch verursache er Unruhe in ihr (S.26). Die Patientin hält Rothschild für den ‚großen Gott', den ‚Teufel' der Welt und wundert sich über die Erkenntnis, „dass der große Gott der Teufel ist." (Diese Auffassung findet sich übrigens in einigen okkulten Lehren, z.B. bei den Theosophen.)

Das ominöse Wesen will in ihren Körper eindringen. In der Nacht sieht sie es vor sich als ‚ganz schwarzes Ding'. Es kommt ihr auch so vor, als wolle dieser Teufel ihr Mann sein. Die Patientin führt weiter aus: Vom Mond komme es wie ein magnetischer Strom. Diesen Strom spüre sie hauptsächlich in der Bauchgegend, aber auch im

Geschlechtsteil. Er verursache ihr Schmerzen. (S.27f.) Der Mond sei wie ein Magnet, der auf sie einwirkt (vgl.: engl.: lunatic = verrückt).

Doch nicht nur von Teufeln, sondern auch von der ‚Mutter Gottes' fühlt sich die Patientin gequält, da sie eine Sünderin sei. Auch hat sie das Empfinden, „von der Sonne gestochen" zu werden. Oft kommt es ihr so vor, als stünde der Teufel direkt hinter ihr. Sie hat sexuelle Empfindungen, ganz „wie beim Geschlechtsverkehr" und steht unter der beiderseitigen Regentschaft des Teufels und der Mutter Gottes.

S. Freud misstraute okkulten Themen und unterließ daher Deutungsversuche in diese Richtung. Er legte bei ungewöhnlichen Inhalten, die das Seelenleben seiner Patienten überschatteten, einen eigenen Maßstab an. Eine Jugendliche, die er behandelt, klagt über Schmerzen in ihrem Bein: „Sie hat ein Gefühl im Leib, als ob etwas darin stecken würde, was sich hin und her bewegt und sie durch und durch erschüttert. Manchmal wird ihr dabei der ganze Leib wie steif."

Zu den Klagen der Patientin bemerkt Freud lapidar: „Das Mädchen selbst hat keine Ahnung von dem Belang ihrer Rede, sonst würde sie dieselbe nicht im Munde führen." Er behauptet, bei den Symptomen handele es sich lediglich um Phantasien, welche die innere Zensur umgangen hätten. Die konkreten Beschwerden wertet Freud als „psychoneurotisches Phänomen", bei dem eine Phantasie „in der Maske einer Klage" zum Bewusstsein vorgedrungen sei. (Vgl.: Gesammelte Werke Bd II/III, S.623.) Anstatt sich mit den Klagen der Patientin ernsthaft auseinander zu setzen, reagiert der Therapeut mit vorgefassten Meinungen, die ihn dazu veranlassen, das besondere Problem einfach beiseite zu schieben.

Diese indifferente Haltung findet sich auch bei anderen Therapeuten. Aus diesem Grund hat Sophie Zerchin ihre psychotischen Erlebnisse, die zu Einweisungen in verschiedene psychiatrische Kliniken geführt haben, ausführlich zu Papier gebracht. Sie ist daran interessiert, im Austausch mit anderen Psychosepatienten die Kenntnisse zu vergrößern und ein Verständnis für die Grundmuster der Krankheit zu entwickeln. Sie schreibt: „Mit der Psychose bricht eine Kraft auf, die die Führung übernimmt. Wohl jeder Schizophrene hat in dieser Situation das Gefühl, nicht mehr selbst zu denken und zu handeln. An die Stelle des Denkens aus eigenem Willen treten ‚eingegebene‘, zuweilen auch ‚entzogene‘ Gedanken; an die Stelle des Handelns aus eigenem Wollen treten innere Impulse oder auch gehörte ‚Stimmen‘, die den Betroffenen und sein Tun nicht nur bewertend und kommentierend begleiten, sondern ihm auch sagen, was er zu tun hat...

Der Einbruch dieser anderen Wirklichkeit hinter der vertrauten Realität löst bei vielen Betroffenen tiefe Ängste aus. Als beängstigend kann aber auch der Verlust der Selbstkontrolle erlebt werden, wenn der eigene Wille sich dagegen sträubt" (S.233).

Sophie Zerchin (Pseudonym von Dorothea Buck) hätte sich während ihrer Zeit als Patientin einen intensiveren Austausch mit den Psychiatrie-Ärzten gewünscht, doch das ausgeprägte Hierarchiedenken auf seiten der Ärzteschaft stand einer fruchtbaren Zusammenarbeit lange Zeit im Wege. Die Entscheidung, psychotischen Erfahrungen vorwiegend als Phantasien und Impulse, die dem persönlichen Unbewussten entstiegen sind, zu betrachten, kann dazu beitragen, massive Ängste abzubauen. Allerdings bleiben bei dieser Sichtweise wichtige Fragen ungeklärt.

Im therapeutischen Prozess tauchen manchmal Wesenheiten auf, die von S. Sagan als *entities* bezeichnet werden. Die *entities* basieren auf einer relativ modernen Auffassung der innerpsychischen Realität. Um sie zu erkennen, ist die intuitive und visuelle Erforschung des eigenen Innern erforderlich. S. Sagan, Therapeut der *Clairvision School in Australien*, verfügt über detaillierte Kenntnisse in bezug auf diese Wesenheiten. Er definiert den Begriff *entities* als ‚nichtphysikalische Wesen‘, die mit menschlichen Lebewesen verbunden sind und sich wie Parasiten verhalten. Dabei erzeugen sie verschiedene emotionale, mentale und physische Probleme, angefangen bei Essstörungen und unkontrollierbaren Emotionen bis hin zu schweren Erkrankungen.

Sagans Darstellung liefert eine Erklärung für eine Reihe rätselhafter Symptome, unter denen Patienten leiden. Sie nehmen die Präsenz als getrennt von sich selbst, als fremdes Wesen in ihrem Innern, wahr. In den meisten Fällen verbinden sie eine bestimmte Form mit der Präsenz. Es sind entweder menschliche Formen, schattenhafte Umrisse oder unterschiedliche monströse Gestalten (S.6f.). Diese Formen befinden sich innerhalb des Körpers oder sie sind mit ihm verbunden; z.B. am Rücken, auf dem Kopf oder – mit Vorliebe – in der linken Körperhälfte. Auch die Geschlechtsteile von Frauen sind häufig betroffen. Meist klagen die Patienten über Energieabzug durch die Wesenheiten, denn diese partizipieren von der Lebensenergie ihrer Opfer.

Derartige Ausführungen seitens der Patienten werden von den meisten Ärzten abgetan mit dem Argument, es handele sich um krankhafte Einbildungen, verursacht durch pathologische Prozesse im Gehirn. Die Ignoranz der psychiatrischen Zunft hindert sie daran, die Klagen ihrer Schutzbefohlenen ernst zu nehmen und sich eine erweiterte Sichtweise anzueignen, die in der Lage wäre, den Betroffenen eine wirkliche Hilfe anzubieten, jenseits begrenzter spezialisierter Sichtweisen.

Mediale Verbindungen

Die allgemein anerkannten Klassifikationssysteme, die angewandt werden, um Symptome der Erkrankungen aus dem schizophrenen Formenkreis zu beschreiben, haben nur eine begrenzte Aussagekraft, erklärt A. Finzen (S.78f.). Wie engstirnig dabei verfahren wird, zeigt ein Diagnosekriterium, das angeblich auf eine schizophrene Erkrankung hinweist: Danach gehören ungewöhnliche Wahrnehmungserlebnisse (z.B. die Anwesenheit einer in der Realität nicht vorhandenen Kraft oder Person zu spüren) sowie Hellseherei, Telepathie, der sechste Sinn etc. zu den Merkmalen, die auf eine Krankheit hindeuten. Medialität wird als ‚eigentümliche Vorstellung' gebrandmarkt und in die Nähe der Psychopathologie gerückt.

Dass diese Bewertung nicht zutrifft, zeigen schamanische Praktiken. Der Schamanismus ist eine weit verbreitete Praxis ekstatischer Erfahrungen der Besessenheit durch ein übernatürliches Wesen oder durch einen verstorbenen Ahnen, der übernatürliche Kräfte erlangt hat. Schamanische Rituale und die damit einhergehenden Erfahrungen wurden lange Zeit als pathologische - oder sogar nahezu psychotische - Zustände betrachtet.

Der Schamanismus wird von der Überzeugung bestimmt, dass Menschen mit übernatürlichen Wesen in Verbindung treten können. Heutzutage gibt es auch christliche Gruppen, die schamanistische Rituale vollziehen. Das Bewusstsein wird geschult, sich auf ein Wesen in einer übernatürlichen Welt zu fokussieren, an dessen Existenz kein Zweifel herrscht.

Bei medialen Menschen ist der Schutzwall zwischen Bewusstsein und Unbewusstem durchlässig geworden. Diese Durchlässigkeit ermöglicht Kontakte zu anderen Bereichen der Wahrnehmung. Bhagwan Shree Rajneesh erklärt: „Wenn andere Kräfte durch einen arbeiten, ist es sehr gut möglich, dass man es selbst nicht merkt. Wenn man dann in seinem Tun erfolgreich ist, weiß man überhaupt nicht, dass eigentlich jemand anderes Erfolg hat" (in: Ich bin der Weg).

Leider ist die erhöhte Sensitivität ein zweischneidiges Schwert, da auch negative Energien und Impulse vermehrt an die Oberfläche des Bewusstseins dringen können. Die Geister von Verstorbenen, die sich nicht lösen können, haften nach ihrem Tod noch an der Erde. Ebenso wie der Mensch Nahrung für den Körper braucht, benötigen sie Energie, um ihre Lebenskraft aufzufrischen, schreibt M. Rogers.

Ein medialer Mensch mit wenig Erfahrung stellt sich häufig auf Kontakte mit dunklen Wesenheiten ein. In diesem Stadium wäre es von Vorteil, eine Anleitung durch einen erfahrenen Lehrer zu haben, der weiß, wie man die negativen Elemente fernhalten kann. Gelingt das nicht, dann gehen die Geistwesen dazu über, ihrem Opfer Energie abzuziehen, indem sie ihm telepathisch Angst einflößen und seine destruktiven Seiten verstärken. „Bleibt ein solcher Zustand unbeachtet, kann es schließlich passieren, dass Verstand, Körper und

Geist des Mediums von dem eindringenden Geist besessen werden", warnt Rogers (S.124).

Besessenheit kommt zustande, weil Gleiches von Gleichem angezogen wird. Bei einem Menschen, in den ein Geist eingedrungen ist, besteht die Gefahr einer Persönlichkeitsspaltung wie bei Dr. Jekyll und Mr. Hyde. Negativ gefärbte Gedanken und Gefühlszustände sowie starke Ängste verlassen den Körper in Form von Energie und schwächen ihn dadurch, während der entkörperte Geist die Energie aufsaugt und an Stärke zunimmt. Auf diese Weise kann er die Verbindung festigen.

Dies kann eine Vielzahl von Phobien verursachen und führt zu emotionaler Instabilität. Eine angemessene therapeutische Hilfe kann in solchen Fällen darin bestehen, die mediale Tätigkeit zumindest zeitweilig zu unterbinden und den Medien zu helfen, emotional ausgeglichener zu werden.

Mediale Kontakte sind keineswegs unproblematisch. (Vgl. dazu mein Buch: Channel-Medien zwischen Licht und Schatten.) Auch während der Übermittlung von Botschaften aus der geistigen Welt kann eine Art Inbesitznahme stattfinden. Der Geist des Mediums zieht sich manchmal völlig aus dem Körper zurück, um ohne Einmischung des persönlichen Egos eine klare Kommunikation zu ermöglichen.

In der fortgeschrittenen Meditation verbinden sich die Geistlehrer energetisch mit dem Medium, wie M. Rogers berichtet. Das Medium spürt, wie sich seine eigene Form verändert, so als bekäme es einen neuen Körper. Dieser kann männlich oder weiblich, größer oder kleiner, alt oder jung sein (S.118f.).

Auch die Gefühle der Geistwesen verschmelzen mit denen der Medien. Sie spüren den Charakter des jeweiligen Geistes, der mit ihnen verbunden ist; er kann sanft oder streng, fest oder weich sein etc. Manchmal kommt es zu einem plötzlichen Wissenszuwachs.

Ein im Diesseits inkarnierter geistiger Lehrer verbindet seine Energien ebenfalls mit denen von medialen Menschen. Er wird zu einem Mittler, in dem sich sämtliche Energien sammeln. Im Laufe der Zeit kann der Lehrer eine völlige Wandlung erfahren, da er durch emotionale Empathie die charakteristischen Züge der Medien absorbiert. Nicht immer verläuft eine solche Verbindung unproblematisch.

Die amerikanische Psychologin E. Fiore schildert, wie eine junge Frau nach medialer Betätigung und einer intensiven Beschäftigung mit automatischem Schreiben in psychische Bedrängnis gerät. Die Studentin kommt nach einem Nervenzusammenbruch in ihre Praxis. Sie hört plötzlich Stimmen in ihrem Kopf. Zuvor haben diese ihr mittels automatischem Schreiben und *Quija-Brett* Botschaften übermittelt. Die Stimmen „redeten viel - den ganzen Tag lang", erzählt die Patientin.

Anfangs geben sie sich höflich und freundlich, beantworten ihre Fragen und erteilen alle möglichen Ratschläge. Doch mit der Zeit bemerkt die Studentin eine Veränderung, erzählt E. Fiore: „Die Stimmen wurden so beharrlich, dass keine Unterhaltung mehr mit anderen Menschen möglich war, und schließlich musste sie erschöpft und verwirrt aus dem College ausscheiden. Sie forderte den neuen ,Trupp' (die bösartigen Stimmen) auf, zu gehen - doch das führte dazu, dass sie sie nur noch ärger beschimpften" (S.145). Auch physische Symptome kommen hinzu. Tagelang leidet die junge Frau unter heftigem Erbrechen. Ein Psychiater, der konsultiert wird, diagnostiziert umgehend Schizophrenie und verordnet eine medikamentöse Behandlung.

Selbst nach diesen erschreckenden Erfahrungen ist die Frau nicht bereit, ihre mediale Tätigkeit aufzugeben, da sie immer noch ,Spaß' hat mit den drei ursprünglichen Geistern, die nun zurückgekehrt sind und die sie für ihre ,Freunde' hält. Diese Unvorsichtigkeit wird sie vermutlich weiter in den Teufelskreis hineinführen, in den sie sich begeben hat.

Besessenheit ist im Grunde ein Phänomen des Unterbewusstseins: Das Ichbewusstsein eines Menschen ist außerstande, sich fremder Geisteinflüsse zu erwehren. Das Bewusstseinsfeld wird infiltriert von einer fremden Energie. Dieser gelingt es mit der Zeit, große Teile des Bewusstseinsfeldes seinem Einfluss zu unterstellen. Das fremde Bewusstseinsfeld beginnt, das ursprüngliche Bewusstsein zu überlagern. Ist das fremde Bewusstsein bis zu einem gewissen Grade erfolgreich, wird es mit der Zeit immer schwieriger, eine Distanzierung zu erreichen.

Die Beeinflussung des ursprünglichen Bewusstseins nimmt zu, wodurch eine Trennung der beiden Bewusstseine erschwert wird. Ist es dem fremden Bewusstsein gelungen, seinen Machtbereich auszuweiten, besteht die Gefahr einer totalen Kontrolle durch das fremde Bewusstseinsfeld; eine Umkehr scheint nicht mehr möglich. Wird das ursprüngliche Bewusstsein ausgeschaltet, kann es seine Energien nicht mehr für eigene Ziele einsetzen. Die Energien werden umgeleitet in eine dem fremden Bewusstsein genehme Richtung. Der Energiefluss wird somit der Kontrolle des ursprünglichen Bewusstseins entzogen.

Welche Möglichkeit der Gegenwehr gibt es? Ein infiltriertes Bewusstseinsfeld ist durchaus in der Lage, Maßnahmen zur Abwehr artfremder Energien zu ergreifen. Verschiedene Übungen können dabei eine Hilfe sein:

● Gedankliche Abstinenz in Bezug auf die Fremdenergie und die Hinwendung zu höheren geistigen Mächten ist ein probates Mittel der Gegenwehr.

● Das ursprüngliche Bewusstsein hat die Möglichkeit, Hilfe aus der geistigen Welt zu erbitten.

● Die bedrängte Psyche kann um Traumbotschaften ersuchen, die ihm eine Lösung aufzeigen.

● Ein völliges Ignorieren der Fremdenergie ist das wirksamste aller Mittel, um eine Distanzierung zu erreichen.

Ein fremdes Geistwesen ist nur so lange mächtig, wie ihm gebührend Aufmerksamkeit zuteil wird. Gelingt es dem Ichbewusstsein, die Aufmerksamkeit permanent auf andere Inhalte zu richten, kann das Fremdbewusstsein wenig ausrichten. Der Eigenanteil wird zunehmend gestärkt, was mit der Zeit eine Distanzierung zur Folge hat. Die eigenen Bewusstseinsinhalte beginnen, die fremden zu überla-

gern und sie damit zu schwächen. Auf Dauer kann das Fremdbewusstsein den Kontakt nicht aufrechterhalten.

Besetzungen als Prüfung

Jeder Mensch ist fortwährend in Kontakt mit geistigen Wesen, doch
läuft dieser Vorgang in der Regel völlig unterhalb der Wahrneh-
mungsschwelle ab. Sobald sich ein Bewusstsein in der Entwicklung
befindet, werden diese Vorgänge immer deutlicher wahrgenommen.
Die geistige Welt ist aus einer Vielzahl von Schichten aufgebaut,
wobei jede Schicht einer spezifischen Schwingungsstufe entspricht.
Die Schwingungshöhe des jeweiligen Individuums entscheidet, mit
welcher der Schichten es jeweils in Berührung kommt.

Ein unentwickeltes Individuum wird es schwer haben, die höheren
Geistebenen mental zu erreichen, daher stehen Helfer bereit, die den
Empfang ermöglichen. Wünscht ein irdischer Mensch eine bestimmte Information, dann wird ein Geisthelfer diesen Wunsch weiter vermitteln; die Entscheidung wird dann auf der nächst höheren Ebene
getroffen.

Der Kontakt zu den geistigen Ebenen ist immer vorhanden, nur
wissen die meisten Menschen davon nichts. Sobald ein Bewusstsein
Bereitschaft zeigt, höhere Weisheit zu akzeptieren, werden die entsprechenden Verbindungskanäle geschaffen, die eine Aufnahme ermöglichen. Aufgabe des Menschen ist es, den Kontakt häufig zu suchen, damit die Verbindung gefestigt wird.

Ein bedeutsamer Lernprozess während der geistigen Entwicklung
besteht darin, die Inhalte des Unterbewusstseins zu ignorieren, da sie
sonst eine Bedeutung erlangen, die ihnen nicht zukommt. Jeder spirituelle Sucher ist Anfeindungen aus dem Reservoir des Unterbewusstseins ausgesetzt, die gleichzeitig eine Prüfung und eine Chance darstellen.

Die Inhalte der eigenen Psyche treten klarer und bewusster in den
Vordergrund. Ein wichtiger Lernprozess besteht darin, den Umgang

mit den eigenen Energien zu lernen, d.h. die Inhalte .des Unterbewusstseins zu kontrollieren. Hierfür ist Disziplin und eine geistige Ausrichtung notwendig.

Gelingt es dem Geistesschüler nicht, die Energien zu kontrollieren, wird er zum Spielball dieser Mächte. Das Bewusstseinsfeld entwickelt sich in nicht vorhersagbarer Weise, jegliche Art von Fehlentwicklung wird möglich. Hierbei gewinnen Mächte die Oberhand, welchen daran gelegen ist, Kontrollfunktionen zu übernehmen, den Geistesschüler zu beherrschen. Hat sich ein Bewusstseinsfeld in dieser Weise entwickelt, ist der Zugang zu den höheren Mächten erschwert. Geistige Zerfallsprozesse können die Folge sein.

Wenn Medien die Hilfe der geistigen Welt erbitten, um anderen Menschen zu helfen, dann kommen sie häufig in Kontakt mit Wesenheiten der astralen Ebene. Hier ist es dringend erforderlich, auf die eigenen Schwingungen zu achten, um nicht in arge Schwierigkeiten zu geraten. Die geistige Welt ist keineswegs so uneigennützig, wie es manchmal scheint. Wesenheiten verbinden sich mit den Bittstellern, um deren Energie zu nutzen. Energie ist der Motor, der die Hilfe in Gang zu setzen vermag.

Diese Wesenheiten beschränken sich aber nicht nur auf die Hilfeleistungen. Oft sind sie bestrebt, mit dem Hilfesuchenden eine engere Verbindung einzugehen, als manchem von ihnen lieb ist. Sie finden einen Weg, das Energie-Reservoir des Menschen anzuzapfen und auf höchst eigennützige Weise ihren Profit daraus zu ziehen. Der Bittsteller bemerkt erst mit der Zeit, dass sein Energie-Vorrat schwächer wird. Meist fällt es ihm schwer, die Zusammenhänge zu begreifen und die Ursache für den Energie-Verlust zu erkennen.

Nach einiger Zeit entsteht eine unauflösliche Verbindung, die im günstigen Fall für beide Teile Vorteile bringen kann, wenn nämlich der Bittsteller Hilfestellungen und einen Wissenszuwachs erhält. Im negativen Fall nimmt seine Energie immer mehr ab und auch die Hilfe wird immer geringer. Das Medium wird zum Spielball astraler Mächte, die auch nicht davor zurückschrecken, ihm seinen Lebensodem zu nehmen, indem sie sich in seinem Organismus verankern und die wichtigen Schaltstellen, die für die Energie-Zufuhr zuständig sind, besetzen. Die einzige Möglichkeit, dem entgegenzusteuern, besteht darin, sich mit der Lichtebene in Verbindung zu setzen, um die astralen Wesen unter Kontrolle zu halten. Die Hinwendung zur Lichtwelt ist ein verlässlicher Schutz für den Hilfesuchenden.

In einer geistigen Entwicklung sind immer unterschiedliche Kräfte bzw. Mächte ‚am Start', die - abhängig von der Schwingungshöhe des Individuums - einen Einfluss ausüben. Dieser führt dann zu unheilvollen Konsequenzen, wenn die negativen Strömungen über einen längeren Zeitraum andauern. Hier gilt: Je intensiver die negative Schwingung, desto unheilvoller wird der Einfluss seitens der geistigen Welt.

Die geistigen Helfer, die u. a. als Dämonen bezeichnet werden und gemeinhin sehr unbeliebt sind, üben allerdings oftmals eine wichtige Funktion aus, indem sie den Menschen mit seinen Ängsten und Schwächen konfrontieren, die ihn bei der Fortentwicklung behindern. Sie sind in der Regel ebenfalls noch in der Entwicklung befindliche Geister, die in wechselseitigem Kontakt dazulernen.

Die Besetzung eines Wesensteils durch eine intelligente Fremdenergie soll Lernschritte ermöglichen, die ansonsten unterblieben wären. Dem Wesensteil werden Einsichten in Zusammenhänge eröffnet, die ihm sonst nicht zugänglich gewesen wären. Eine gewisse Chance ist somit beim Lernen dieser Art gegeben. Die Entwicklung findet allerdings unter Zwang und Druck statt. Der ‚Besetzte' duldet die Fremdenergie in der Regel nicht freiwillig.

Ein Besetzer-Geist handelt mit Übereinstimmung und im Auftrag hoch entwickelter Geistführer. Das zu erreichende Ziel ist dabei sehr hochgesteckt; Entwicklungsschritte sollen ermöglicht werden, die unter anderen Umständen nicht erreicht würden. Eine Schulung der Persönlichkeit auf allen Ebenen kann bei einem günstigen Verlauf stattfinden. Die besetzende Kraft soll den Weg ebnen für den Aufstieg in geistige Gefilde.

Gelingt es den geistigen Helfern, einem menschlichen Wesen bei seiner spirituellen Weiterentwicklung behilflich zu sein, so haben sie damit selbst einen Schritt in ihrer eigenen Entwicklung getan. Die geistigen Helfer werden auch gemeinhin als die *Wächter* bezeichnet. Sie dürfen über einen Schüler nicht beliebig verfügen. Der Rahmen wird vor Beginn der Schulung festgelegt und darf nicht überschritten werden. Der Proband gibt dazu sein Einverständnis und weiß auf einer unterbewussten Ebene in etwa, worauf er sich einlässt. Die Schwingungen von Geisthelfer und Schüler weisen ähnliche Muster auf.

Besetzungen können somit sehr vielschichtig sein und sind daher nicht immer einfach zu verstehen. Eine Betrachtungsweise, die an der Oberfläche bleibt und in einfachen Kategorien von Gut und Böse denkt, trifft nicht den Kern der Sache. Die Besetzung eines Menschen geschieht nicht zufällig, sondern eine höhere geistige Instanz prüft ihn daraufhin, wieviel Stärke in ihm steckt und wie hoch der Anteil an Licht in seiner Seele ist. Dämonen können manchmal als ‚Prüfungsengel' auftreten, meint J.van Helsing.

Das besetzende Wesen sieht er „wie einen strengen Lehrer, der den Schüler prüft, ob er in seiner Situation verharren oder zurunde gehen will oder eine Veränderung seiner Verhaltens- und Denkweise herbeiführt" (S.157f.). Das dunkle Wesen prüft auch das Umfeld der Person, seine Familie und den Arbeitsplatz. Es kommt darauf an, „ob der Prüfling der Versuchung - also der Stimme des ‚Prüfungsengels, des Dämons – erliegt oder nicht."

Von der besetzten Person wird erwartet, dass sie ihr Leben einer kritischen Betrachtung unterzieht und notwendige Veränderungen vornimmt, indem sie bspw. irrationale Ängste überwindet oder sich von Suchtstoffen lossagt. Die Besatzer verschwinden erst dann, wenn ihre Aufgabe – die Prüfung des Menschen – vollzogen ist und eine grundlegende Veränderung erreicht wurde.

„Ist der Prüfling nicht stark genug, kann es sein, dass die Anhaftung, die Besetzung, ihn bis in den Tod treibt. Dann hat er die Prüfung nicht bestanden", erklärt van Helsing. Ein Jeder hat die Wahl, sich in eine andere Richtung zu wenden und auf die Hinweise der Geistführer zu hören, die ebenfalls in seiner Nähe anwesend sind. Jeder nimmt die innere Stimme wahr, die sich häufig als das sprichwörtliche ‚schlechte Gewissen' bemerkbar macht. Falls eine Person aber der Stimme des Dämons folgt, resultiert daraus destruktives Denken und Verhalten.

Es gibt Medien, die Häuser oder Orte von dunklen Energien reinigen und auch Flüche entfernen können. Eine exorzistische Maßnahme bei Menschen wird von van Helsing kritisch gesehen, da sie mit Zwang einhergehe. „Und wo Zwang im Spiel ist, da weicht nur wenig. Da beim Exorzismus die Besetzung durch eine fremde Person – also nicht durch eine Veränderung der betroffenen Person selbst – beseitigt wird, ist die Wahrscheinlichkeit groß, dass der Dämon zurückkehrt und seinen Dienst weiter verrichtet. Nur, wenn eine Entscheidung zu einer Lebensveränderung durch die Person selbst erfolgt, kann die sie prüfende Kraft von ihr lassen" (S.164).

Der Besatzer kehrt nach der Austreibung zurück, sobald das Opfer noch von Ängsten heimgesucht wird, denn *Angst zieht das Dunkle* an. Der Prüfling wächst an seinen Aufgaben. Wenn er den gegnerischen Angriffen widersteht, gewinnt er an Kraft und Durchsetzungsvermögen. Auf eine verdrehte Weise verrichtet somit die dunkle Kraft einen Dienst an dem Geprüften.

Es ist möglich, dass sich Teile einer dämonischen Kraft mit Anteilen der Seele auf eine Weise verbinden und verstricken, dass eine besondere Gegenkraft vonnöten ist, um die Bindung zu lösen. Die gebundenen Seelenteile können als ‚erdlastig' bezeichnet werden. Nach dem Ableben ist erdgebundenen Wesen der Weg ins Licht versperrt.

Erdgebundene Seelenteile lassen sich von einem medialen Heiler auflösen, indem er sie mit Licht anfüllt. „Mit Licht füllen heißt nicht, sie *ins Licht* zu schicken", erläutert van Helsing. „Den Weg *ins Licht* – kennst du ihn? Kein Mensch kennt den Weg ins Licht, doch alles wird ins Licht geschickt…" (S.158). Manchmal unterliegen die Seelenteile zudem einer derartigen Schwere, dass die Kraft des Heilers nicht ausreicht. Wenn eine Seele sehr stark an der Materie hängt, dann wird die Ablösung schwierig. Es bedarf einer höheren und bewussteren Spiritualität, ansonsten kann es sein, dass sich ‚Seelenfäden' die noch nicht abgelöst sind, um den Hals des mediales Helfers schlingen und ihm die Luft abschnüren.

Therapeuten, welche diese Arbeit verrichten, sollten in ihrer Entwicklung bereits höhere geistige Ebenen erreicht haben. Bei einer solchen Tätigkeit ist es enorm wichtig, ausreichend geerdet zu sein. Wenn ein Heiler sicher in der Realität verankert ist und eine Verbindung zu Lichtkräften unterhält, kann ihm kaum etwas Übles widerfahren. J. van Helsing kritisiert: „Oft werden solche Vertreibungen oder Loslösungen gebundener Seelen von ungeschulten Menschen durchgeführt, die dann irdisch gesagt ‚verhext' sind. Da die Seelenaspekte nicht richtig gelöst werden, klammern sie sich nun an den Menschen" (S.171). In solchen Fällen ist es wichtig, den unreifen Seelenaspekten ihre Situation zu erklären und ihnen den Weg in die geistige Heimat zu weisen.

Fremden Bewusstseinsenergien kommt – positiv gesehen - die Aufgabe zu, das ursprüngliche Bewusstsein zu stärken. Die Auseinandersetzung mit ihnen führt letztlich zu einer Verdichtung der psychischen Energien; der Zusammenhalt wird gefördert. Das Ursprungsbewusstsein hat zudem die Chance, aus den Auseinandersetzungen zu lernen und darüber hinauszuwachsen. Am Ziel des Lernprozesses sollte eine Festigung und Harmonisierung der Energien des Ichbewusstseins stehen. Es ist nun bereit für die nächste Entwicklungsstufe.

Dunkle Energien sind die Seismographen der geistigen Welt. Sie registrieren jede Unstimmigkeit in Haltung und Verhalten eines Menschen. Ein Proband, der die Hürde nicht überwindet, gerät in die Gefahr eines tiefen Falls. Die Energien verbünden sich gegen ihn und können seinen Sturz verursachen; ein Absturz, der umso schwerer wiegt, weil seine Aura nicht mehr intakt ist.

Eine Schwächung des Bewusstseins erfolgt nur dann, wenn der Lernprozess nicht erfolgreich abgeschlossen wird. Sollte es dem Bewusstsein gelingen, über die betreffende Stufe hinauszuwachsen, werden negative Energien fortan kein Hindernis mehr darstellen. Das Bewusstseinsfeld ist in sich abgeschlossen. Ein abgeschlossenes Bewusstseinsfeld ist in der Lage, gänzlich eigenständig zu existieren; es ist in seiner Existenz von niemandem abhängig. Hierdurch ist es in die Lage versetzt, autonom über sein weiteres Werden zu bestimmen.

Die Bewusstseinsinhalte erfahren zunehmend eine Verfeinerung und streben eine Rückkehr in die geistige Existenzform an. Hat ein Bewusstsein die rein geistige Ebene erreicht, kann es über die Art seiner Existenz frei entscheiden.

Bundesverband Psychiatrie - Erfahrener e.V.
Wittener Str. 87
44789 Bochum
Mail: info@bpe-online.de

SEN – Deutschland e.V.
(Spiritual Emergence Network)
Graf Dürckheimweg 5,
79682 Todtmoos-Rütte
Internet: www.senev.de/Kontakt.htm

Ein Netzwerk für spirituelle Entwicklung und Krisenbegleitung. SEN vermittelt Selbsthilfe-Aktivitäten und führt eine bundesweite Liste von Therapeuten.

Fachklinik Heiligenfeld
Euerdorfer Str. 4-6
97688 Bad Kissingen
Internet: www.heiligenfeld.de   Stand: 1.02.16

Eine Fachklinik für Psychotherapie, Psychosomatik und Psychiatrie. Es gibt ein spezielles Behandlungsprogramm für die psychotherapeutische, medizinische und psychiatrische Behandlung religiöser und spiritueller Störungen.

Netzwerk für Stimmenhörer
Internet: www.stimmenhoeren.de

IGPP – Institut für Grenzgebiete der Psychologie
und Psychohygiene e.V.
Wilhelmstr. 3a
79098 Freiburg i. Br.

Mail: igpp@igpp.de
Tel.: 0761/207-2152; Beratung: Mail: beratung@igpp.de

Das IGPP in Freiburg ist nicht nur Forschungsstelle, sondern auch Anlaufstelle für Ratsuchende mit außergewöhnlichen Erfahrungen. Ein Beratungsteam, bestehend aus mehreren Psychotherapeuten, bietet einen Informations- und Beratungsservice an. Das Beratungskonzept verbindet psychotherapeutische Kompetenz mit dem Kenntnisstand parapsychologischer Forschung.
Eine Beratung kann per Telefon, schriftlich (Brief oder E-Mail) oder im persönlichen Gespräch gegeben werden.

INTERVOICE
www.intervoice.org

Literaturverzeichnis

Aderhold, V.:
- *Die akute Schizophrenie als Prozess der Selbst-Gestaltung*;
  (Med. Diss.) Köln 1994

Aivanhov, O. M.:
- *Die Antwort auf das Böse*; Fréjus 1995 (Reihe ‚Izvor' Nr. 210)

Augustat, W.:
- *Die Botschaft aus Schambhala: Eine Verkündigung aus der feurigen Welt*; Bergisch Gladbach 1997

Balducci, C.:
- *Priester, Magier, Psychopathen. Grenze zwischen Wahn und Teufel*; Aschaffenburg 1976

Bardon, F.:
- *Der Weg zum wahren Adepten*; 13.Aufl., Freiburg im Breisgau 1994

Benedetti, G.:
- *Todeslandschaften der Seele: Psychopathologie, Psychodynamik und Psychotherapie der Schizophrenie*; 5.Aufl., Göttingen 1991

Besant, A.:
- *Theosophie und moderne psychische Forschung*; Leipzig 1907

Bhagwan Shree Rajneesh:
- *Sprengt den Fels der Unbewusstheit! Ein Darshan Tagebuch*, 16.-22. Tsd, Frankfurt am Main 1980

Binswanger, O.:
- *Die Hysterie*; Wien 1904

Birnbaum, K.:
- *Psychopathologische Dokumente*; Berlin 1920

Blofeld, J.:
- *Die Macht des heiligen Lautes: Die geheime Tradition des Mantra*; München 1978

Bock, T.:
- *Eigensinn und Psychose: ‚Noncomplicance' als Chance*; 3. Aufl., Neumünster 2010

Brauneis, M.:
- *Sieben: Die wahre Weltordnung. The True Worldorder*; Leipzig 2002

Butler, W.E.:
- *Die hohe Schule der Magie: Über die Kunst, willentlich Bewusstsein zu verändern*; 5.Aufl., Freiburg im Breisgau 1994

Bychowski, G.:
- *Metaphysik und Schizophrenie: Eine vergleichend-psychologische Studie*; Berlin 1923 (Abhandlungen aus der Neurologie, Psychiatrie, Psychologie und ihren Grenzgebieten. Heft 21)

Casey, J.F.:
- *Ich bin viele: Eine ungewöhnliche Heilungsgeschichte*; Reinbek bei Hamburg 1992

Conrad, K.:
- *Die beginnende Schizophrenie: Versuch einer Gestaltanalyse des Wahns*; (Sammlung psychiatrischer und neurologischer Einzeldarstellungen) Stuttgart 1958

Cutomo, C.:
- *Medialität – Besessenheit – Wahnsinn*; Flensburg 1989

Dacquè, E.:
- *Das verlorene Paradies: Zur Seelengeschichte des Menschen*; München 1938

Dahlke, R.:
- *Krankheit als Sprache der Seele: Be-Deutung und Chance der Krankheitsbilder*; 8.Aufl., München 1992

Dethlefsen, T. und R. Dahlke:
- *Krankheit als Weg: Deutung und Be-Deutung der Krankheitsbilder*; 4.Aufl., München 1990

DiNola, A. M.:
- *Der Teufel: Wesen, Wirkung, Geschichte*; München 1990

Drury, N.:
- *Der Schamane und der Magier: Reisen zwischen den Welten;* München 1997

Eliade, M.:
- *Schmiede und Alchimisten*; Stuttgart 1980

Eming-Erdmann, A.:
- *Psychopathologie von und Verhalten nach imperativen akustischen Halluzinationen*; (Med. Diss.) Aachen 2001

Engel, H. G.:
- *Der Sphärenwanderer: Reisen, Begegnungen und Offenbarungen in anderen Dimensionen*; 3. verbesserte und erw. Aufl., Interlaken 1988

Engel, M. D.:
- *Ätiologie und Pathogenese der Epilepsie aus iatro-mechanischer Sicht am Beispiel von Friedrich Hoffmann (1660-1742)*; (Med. Diss.), Darmstadt 1999

Enzyklopädie der Psychologie.
- Themenbereich D, Serie 2, Bd 4; Göttingen 2001

Fadiman, A.:
- *Der Geist packt dich, und du stürzt zu Boden*; Berlin 2000

Feer, H.:
- *Zwang und Schizophrenie*; Basel u.a. 1973 (Bibliotheca Psychiatrica, No. 150)

Figge, H. H.:
- *Geisterkult, Besessenheit und Magie in der Umbanda-Religion Brasiliens*; Freiburg und München 1973

Finzen, A.:
- *Schizophrenie – die Krankheit verstehen*; 3.Aufl., Bonn 1995

Fiore, E.:
- *Besessenheit und Heilung: Die Befreiung der Seele*; 2.Aufl.,

Fischer, F.:
- *Der Somnambulismus*; 3 Bde, Basel 1839

Flensburger Hefte. Nr. 65:
- *Doppelgänger: der Mensch und sein Schatten*; Flensburg 1999

Fortune, D.:
- *Selbstverteidigung mit PSI*; Interlaken 1987

Franz, M.:
- *Katatonie: Ein neues psychopathologisches Inventar zur Evaluation des Schweregrades und sein Einsatz bei einer alternativen Therapieform*; (Med. Diss.) Giessen 1993

Frei, G.:
- *Probleme der Parapsychologie*; München u.a. 1969

Frenzel, F.:
- *Epilepsie und Schizophrenie*; (Med. Diss.) Leipzig 1933

Freud, S.:
- *Studien über Hysterie: Frühe Schriften zur Neurosenlehre.* In: Gesammelte Werke: Bd 1 (Nachdruck); Frankfurt am Main 1999
- Gesammelte Werke: Bd I, Bd II, Bd III, Bd VII, Bd VIII, Bd IX, Bd XII, Bd XIV, Bd XVII, London 1940

Galuska, J. und A. Pietzko (Hrsg.):
- *Psychotherapie und Bewusstsein. Spirituelle und transpersonale Dimensionen der Psychotherapie*; Bielefeld 2005

Gehrke, A.:
- *Ausbruch aus dem Angstkäfig: Ein Stimmenhörer berichtet*; Neumünster 2003

Goodman, F.D.:
- *Ekstase, Besessenheit, Dämonen: die geheimnisvolle Seite der Religion*; Gütersloh 1997 (Gütersloher Taschenbücher, Bd 987)

Grabert, H.:
- *Die ekstatischen Erlebnisse der Mystiker und Psychopathen*, Stuttgart 1929 (Beiträge zur Philosophie und Psychologie, 4. Heft)

Gregorius, G.A.:
- *Spaltungs-Magie*; (o. O.) 1962 (Magischer Brief Nr.2)

Grof, St.:
- *Das Abenteuer der Selbstentdeckung*; München 1987

Grosz, St.:
- *Die Frau, die nicht lieben wollte und andere wahre Geschichten über das Unbewusste*; Frankfurt am Main 2013

Gruber, E.:
- *Die PSI-Protokolle*; München 1998

Gruner, S.:
- *Spätkatamnestische Untersuchungen bei sogenannten Zwangsneurosen und endogenen Zwangskrankheiten*; (Med. Diss.) Bonn 1984

Haas, J. U.:
- *Schamanentum und Psychiatrie*; (Geowiss. Diss.) Freiburg

Hahn, G.:
- *Die Probleme der Hysterie und die Offenbarungen der Heiligen Therese*; Leipzig 1906

Haich, E.
- *Einweihung*; 3. Aufl., Ergolding 1991

Hanauer, J.:
- *Wunder oder Wundersucht? Erscheinungen, Visionen, Prophezeiungen, Besessenheit*; 2. Aufl., Aachen 1992
  Handwörterbuch Psychologie: 5. Aufl., Weinheim 1994

Hansen, H. (Hrsg.):
- *Der Sinn meiner Psychose: Zwanzig Frauen und Männer berichten*; 2.Aufl., Neumünster 2014

Helsing, J.v.
- *Wer hat Angst vor'm schwarzen Mann?* 2.Aufl, Fichtenau 2005

Henning, Ch. und J. van Belzen (Hrsg.):
- *Verrückt nach Gott: zum Umgang mit außergewöhnlichen religiösen Phänomenen in Psychologie, Psychotherapie und Theologie*; Paderborn u.a. 2007

Heyne, B.:
- *Über Besessenheitswahn bei geistigen Erkrankungszuständen;* Paderborn 1904

Hilgert, E.:
- *Divided Consciousness: Multiple Controls in Human Thougt and Action*; New York 1977

Hodapp, B.O.:
- *Der magische Spiegel als Tor zu anderen Welten*; 2. überarb. Aufl., Darmstadt 2005

Hoffmann, H.:
- *Der Hexen- und Besessenheitsglaube des 15. und 16. Jahrhunderts im Spiegel des Psychiaters*; Greifswald 1935

Huber, M.:
- *Multiple Persönlichkeiten: Überlebende extremer Gewalt;* Frankfurt am Main 1995

Huiffner, J. H.:
- *Träume zwischen Geist und Schöpfung. Spirituelle Traumdeutung*; Oldenburg 2002

Huxley, A.:
- *Die Teufel von Loudun*; München 1955

Ingerman, S.:
- *Auf der Suche nach der verlorenen Seele: Der schamanische Weg zur inneren Ganzheit*; München 1998

J.B. und R. Teutsch:
- *Unsichtbare Mächte: Magier, Geister und Dämonen*; Rastatt 1997 (Nachdruck der Originalausgabe von 1928) Jacob, Ch.:
- *Wahnformen und Halluzinationen bei Patienten mit paranoider Schizophrenie;* (Med.-Diss. an der Ludwig-Maximilians-Universität zu München) Oberstdorf 1992

Jankovich, St. v.
- *In der Welt von Osiris – Isis - Horus: Gedanken und Meditationen*; München u.a. 1986

Jores, A. und M. v. Kerékjártó,
- *Der Asthmatiker: Ätiologie und Therapie des Asthma bronchiale in psychologischer Sicht*; Bern u.a. 1967

Jung, C.G.:
- *Analytische Psychologie und Erziehung.* In: Ges. Werke, 17.Band, Zürich 1968
- *Die Bedeutung der Psychologie für die Gegenwart.* In: Ges. Werke, 10.Band, Zürich 1968
- *Experimentelle Untersuchungen;* Appendix. In: Ges. Werke, 2.Band, Zürich 1968
- *Der Inhalt der Psychose*; 2.Aufl., Leipzig u.a. 1914
- *Psychiatrische Studien*; Zürich u.a. 1966
- *Die Psychogenese der Geisteskrankheiten.* In: Ges. Werke, 3.Band, Zürich 1968
- *Psychologie und Religion*; Zürich 1947
- *Zur Psychologie sogen. okkulter Phänomene* in: Psychiatrische Studien
- *Die psychologischen Grundlagen des Geisterglaubens.* In: Ges. Werke, 8.Band, Zürich 1968
- *Psychophysische Untersuchungen.* In: Ges. Werke, 2.Band, Zürich 1968
- *Die Schizophrenie.* In: Ges. Werke, 3.Band, Zürich 1968
- *Das Typenproblem in der Psychopathologie.* In: Ges. Werke, 6.Band, Zürich 1968

Kalweit, H.:
- *Liebe und Tod. Vom Umgang mit dem Sterben*; Burgrain 2006

Kardec, A.:
- *Das Buch der Medien*; Freiburg im Breisgau 1987
Kehrer, F.:

- *Die Verbindung von chorea- und ticförmigen Bewegungen mit Zwangsvorstellungen*; Basel u.a. 1938

Knapp, A.:
- *Epilepsie und Epilepsiebehandlung für den Praktiker*; Stuttgart 1946

Koch, K.E.:
- *Seelsorge und Okkultismus*; 25.Aufl., Basel 1982

Koellreutter, P.:
- *Asthma Bronchiale. Eine Fallbeschreibung*; (Med. Diss.) München 1980

Kraemer, R.:
- *Der Wandel in den wissenschaftlichen Anschauungen über Hysterie unter besonderer Berücksichtigung der letzten Jahrzehnte*; (Med. Diss.) Würzburg 1932

Laing, R. D.:
- *Das geteilte Selbst*; Köln 1972

Lamm, M.:
- *Swedenborg. Eine Studie über seine Entwicklung zum Mystiker und Geisterseher*. Leipzig 1922

Lauer, M.:
- *Epilepsie zur Zeit der Romantik im Spiegel eines Laienberichts aus dem Umfeld Justinus Kerners*; (Med. Diss.) Heidelberg 1998

Lechner-Knecht, S.:
- *Reise ins Zwischenreich: Begegnungen mit Wundertätern und Zauberpriestern*; Freiburg im Breisgau 1978

Lowen, A.:
- *Körperausdruck und Persönlichkeit: Grundlagen und Praxis der Bioenergetik*; München 1981

Lütge, L.-R.:
- *Carlos Castaneda und die Lehren des Don Juan*; 3.Aufl.,
  Freiburg im Breisgau 1991

Markides, K. C.:
- *Heimat im Licht: Die Weisheit des ‚Magus von Strovolos'*,
  München 1988
- *Feuer des Herzens: Heiler, Weise und Mystiker*; München 1991

Maupassant, G. de:
- *Der Horla*; Düsseldorf 1963 (Französische Meistererzählungen)

McLean, P.:
- *Kontakte zu deinem Schutzgeist*; 10.Aufl., München 1992
- *Zeugnisse von Schutzgeistern*; 3.Aufl., München 1989

Meckelburg, E.:
- *PSI-Agenten: Die Manipulation unseres Bewusstseins*. München
  1994

Meyrink, G.:
- *Das grüne Gesicht: Ein okkulter Schlüsselroman;* München
  1983
- *Das Haus zu letzten Latern: Nachgelassenes und Verstreutes;*
  Frankfurt am Main, Berlin 1993

Mindell, A.:
- *Schlüssel zum Erwachen: Sterbeerlebnisse und Beistand im
  Koma*; 4.Aufl., Solothurn u.a. 1995

Moser, F.:
- *Der Okkultismus*; Bd 1, München 1935

Müller, K. E.:
- *Heiler – Geister – Rituale*; München 1997 (Beck'sche Reihe 2072)

Muldoon, S.J. und H. Carrington:
- *Die Aussendung des Astralkörpers*; 8.Aufl., Freiburg im Breisgau 1995

Naegeli-Osjord, H.:
- *Besessenheit und Exorzismus*; Remagen 1983

Northoff, G.:
- *Neuropsychiatrische Phänomene und das Leib-Seele-Problem: Katatonie im Knotenpunkt zwischen Medizin und Philosophie*; (Diss. Phil.) Bochum 1993

Oesterreich, T. K.:
- *Die Besessenheit*; Langensalza 1921
- *Die Probleme der Einheit und der Spaltung des Ich;* Stuttgart 1928 (Beiträge zur Philosophie und Psychologie. Heft 1)

Pielow, D.:
- *Lilith und ihre Schwestern: Zur Dämonie des Weiblichen*; Düsseldorf 1998

Prince, M.:
- *Die Spaltung der Persönlichkeit*; Stuttgart 1932

Rijckenborgh, J.v.:
- *Der kommende neue Mensch*; Haarlem 1954 (Renova - Reihe Nr. 1)

Roberts, J.:
- *Seth und die Wirklichkeit der Psyche: Unbekannte Realität.*
  Bd 1: *Die multidimensionale Existenz*, Bd 2: *Reinkarnation
  und Reisen des Selbst*; München 1989

Rodewyk, A.:
- *Dämonische Besessenheit heute. Tatsachen und Deutungen*;
  Aschaffenburg 1966

Rösel, R.:
- *Die psychologischen Grundlagen der Yogapraxis*; Stuttgart
  1928 (Beiträge zur Philosophie und Psychologie, 2.Heft)

Rogers, M.:
- *Reise in unbekannte Welten: mediale Fähigkeiten entwickeln
  und anwenden*; Freiburg im Breisgau 1990

Romme, M. und S. Escher:
- *Stimmenhören verstehen: Der Leitfaden für die Arbeit mit
  Stimmenhörern*; 2.Aufl., Psychiatrie-Verlag 2013

Sacks, O.:
- *Drachen, Doppelgänger und Dämonen: Über Menschen mit
  Halluzinationen*; 2.Aufl., Reinbek bei Hamburg 2013
- *Der Mann, der seine Frau mit einem Hut verwechselte*;
  23.Aufl., Reinbek bei Hamburg 2003

Sagan, S.:
- *Entity possession: freeing the energy body of negative influences*;
  Rochester, Vermont 1997

Schachter, St. C.:
- *Über Epilepsie sprechen: Persönliche Berichte vom Leben mit
  Anfällen*; Berlin u.a. 1998

Scharfetter, C.:
- *Der spirituelle Weg und seine Gefahren: Spiritualität, Begriff Typen, Bewusstseinsbereiche, Induktoren und Inhalte, Meditation, spirituelle Krise, Sekten und totalitäre Kulte; eine Übersicht für Berater und Therapeuten*; 5., unveränd. Aufl., Stuttgart 1999

Schenk, A.:
- *Schamanen auf dem Dach der Welt. Trance, Heilung und Initiation in Kleintibet*; Graz 1994

Schilder, P.:
- *Wahn und Erkenntnis*; Berlin 1918

Schleich, C. L.:
- *Gedankenmacht und Hysterie*; Berlin 1920

Scholz, A. und A. Rothenberger:
- *Mein Kind hat Tics und Zwänge: Erkennen, verstehen und helfen beim Tourette-Syndrom*; Göttingen 2001

Schootemeijer, J.:
- *Fernsehen als Instrument der verborgenen Mächte*; 2. überarb. Ausg., Haarlem 1993

Schreber, D. P.:
- *Denkwürdigkeiten eines Nervenkranken.* Mit e. Nachwort von M. Burckhardt, Berlin 1995

Schulz, B.:
- *Das Problem der Besessenheit aus medizinischer Sicht*; (Med. Diss.) Bonn 1974

Sichler, A.:
- *Die Theosophie (Anthroposophie) in psychologischer Beurteilung*; München u.a. 1921 (Grenzfragen des Nerven- und Seelenlebens, Nr.112)

Starobinski, J.:
- *Besessenheit und Exorzismus: Drei Figuren der Umnachtung*; Frankfurt am Main u.a. 1978 (Ullstein-Buch Nr. 3400)

Staudenmaier, L.:
- *Die Magie als experimentelle Naturwissenschaft*; Leipzig 1912

Steiner, R.:
- *Die Geheimwissenschaft im Umriss*; 30. Aufl., Dornach 1989 (Bibliografie Nr.13)
- *Individuelle Geistwesen und ihr Wirken in der Seele des Menschen*; Dornach 1974
- *Wie erlangt man Erkenntnisse der höheren Welten?* 11-13. Tsd., Frankfurt am Main 1987 (Ausgewählte Werke Bd 4)

Stekel, W.:
- *Störungen des Trieb- und Affektlebens*. Bd VIII: *Sadismus und Masochismus*; Berlin u.a. 1925

Storch, A.:
- *August Stringberg im Lichte seiner Selbstbiographie: Eine psychopathologische Persönlichkeitsanalyse*; München u.a. 192 (Grenzfragen des Nerven- und Seelenlebens, Nr.111)

Süllwold, L. und G. Huber:
- *Schizophrene Basisstörungen*; Berlin u.a. 1986

Swedenborg, E.:
- *Himmel und Hölle nach Gesehenem und Gehörtem*; Wiesbaden 2005

Taube, H.:
- *Im Wahn der Zeichen: Leben mit Schizophrenie*; Selbstverlag 2011

Thigpen, C. und H.M. Cleckley:
- *The Three Faces of Eve*; revised edition, New York, N.Y. 1992

Tischner, R.:
- *Ergebnisse okkulter Forschung: Eine Einführung in die Parapsychologie*; Stuttgart 1931

Traum und Traumdeutung: Geheimnisse des Unbekannten; Amsterdam 1990 (Time-Life Bücher)

Verweyen, J. M.:
- *Die Probleme des Mediumismus*; Stuttgart 1928

Waßmann, B.:
- *Channel-Medien. Zwischen Licht und Schatten.* Frankfurt am Main 2016 (Reihe: Tore in die unsichtbare Welt, Bd 3)
- *Dämon oder Engel? Begegnungen in der anderen Realität.* Frankfurt am Main 2016 (Reihe: Tore in die unsichtbare Welt, Bd 2)
- *Übergriffe aus dem Jenseits: Gibt es Geister und Dämonen?* Frankfurt am Main 2016 (Reihe: Tore in die unsichtbare Welt, Bd 1)

Wilson, R.A.:
- *Masken der Illuminaten*; Reinbek bei Hamburg 2002

Wueschner-Stockheim, M.:
- *Katemnestische Untersuchungen bei zwei Diagnosegruppen: Anorexia nervosa. Zwangsneurose*; München 1982 (Psych. u. Päd. Diss.)

Wyrsch, J.:
- *Über akute schizophrene Zustände, ihren psychopathischen Aufbau und ihre praktische Bedeutung*; Leipzig u.a. 1937

Zerchin, S.:
- *Auf der Spur des Morgensterns: Psychose als Selbstfindung. Ein Erlebnisbericht*; München u.a. 1990

Zutt, J. (Hrsg.):
- *Ergriffenheit und Besessenheit: Ein interdisziplinäres Gespräch*; Bern u.a. 1972

Die Autorin

Birgit Waßmann war Bankkauffrau, studierte Pädagogik und arbeitete einige Jahre in einer psychiatrischen Klinik, bis sie die geheimnisvolle Welt der Spiritualität und Parapsychologie für sich entdeckte und erforschte. Sie arbeitete eine zeitlang als mediale Beraterin und entschloss sich, ihre unkonventionellen Erfahrungen und Überzeugungen in schriftlicher Form zur Verfügung zu stellen.

Meine Homepage: Birgitwassmann.de.tl
Birgitwassmann.blogspot.com

Bereits erschienen:

Trotz einer großen Anzahl an Publikationen, die sich mit psychotischen Fehlentwicklungen und deren Hintergründen befassen, finden sich erstaunlich viele Defizite hinsichtlich der Zusammenhänge von spiritueller Entwicklung und psychotischen Auffälligkeiten.
  Dieses Buch ist ein Versuch, das bisher vernachlässigte Gebiet, bei dem es um spirituelle Aspekte der Psychosenentstehung geht, hervorzuheben und ausreichendes Hintergrundwissen bereit zu stellen.

Das gesteigerte Interesse an spirituellen Themen ist ein fruchtbarer Nährboden für falsche Propheten. Mögliche Gefahren werden leicht unterschätzt und nicht immer ist klar zu erkennen, ob die Wesen, die sich melden, Engel oder Dämonen sind.

Wo liegen die Unterschiede und gibt es auch Gemeinsamkeiten?

Die unsichtbaren Sphären sind geheimnisvoll und oft undurchschaubar. Nicht selten schleichen sich unbemerkt Wesen der Astralebenen in die Kontakte von Medien ein.
Das Wissen um die Voraussetzungen und Bedingungen des Channelings kann dabei behilflich sein, gefährliche Irrwege zu vermeiden und mediale Kontakte mit der gebotenen Vorsicht aufzunehmen.

Birgit Waßmann

Tore in die unsichtbare Welt

Übergriffe aus dem Jenseits
Gibt es Geister und Dämonen?

Für Menschen, die eine Reise in unbekannte Welten antreten ist es mitunter schwierig, die damit verbundenen Probleme zu erkennen. Spiritistische Praktiken wie Wahrsagen, Pendeln, automatisches Schreiben oder Kontakte mit Verstorbnen sind aufregend und faszinierend.

Mit welchen Übergriffen ist zu rechnen und welche Mittel der Gegenwehr gibt es?